번역학 발전사

The Turns of Translation Studies

이화 통역번역학 총서

번역학 발전사

The Turns of Translation Studies

메리 슈넬-혼비 지음 | 김혜림 감수
허지운 · 신혜인 · 허정 · 신오영 옮김

이화여자대학교출판부

한국의 독자들에게

이화여자대학교 통역번역대학원에서 〈이화 통역번역학 총서〉의 두 번째 책으로 『번역학 발전사*The Turns of Translation Studies*』를 출간한다는 소식을 듣고 기뻤습니다. 한국어 번역본이 나오기 앞서 이 기회를 빌려 한국의 독자들에게 인사를 드리고, 번역 작업에 참여한 역자들에게 감사의 말씀을 전하고 싶습니다.

다른 학문에 비해 상대적으로 역사가 길지 않은 번역학은 지난 20년 동안 엄청난 발전을 거듭해왔으며, 세계화의 물결과 함께 현재 새로운 도전과 기회를 맞고 있습니다. 이러한 새로운 바람은 전 세계적으로 감지되고 있으며, 한국에서도 이미 주요 번역학 저서들이 다수 번역, 소개된 것으로 알고 있습니다. 번역학을 알리기 위한 학계의 이와 같은 노력이 번역학에 대한 한국 독자들의 뜨거운 관심으로 이어질 수 있기를 바라며, 또한 지난 수십 년 간 유럽을 중심으로 볼 수 있었던 번역학의 눈부신 발전이 한국에서도 계속될 수 있기를 기대합니다.

『번역학 발전사』가 한국의 번역학 연구자 및 전문 통·번역사, 학생 등 다양한 독자층에게 성공적으로 소개될 수 있기를 바라며, 이 책에 대한 독자 여러분의 귀중한 의견도 기다리고 있겠습니다. 감사합니다.

2010년 6월 빈에서

저자 메리 슈넬-혼비

책머리에

통·번역을 둘러싼 연구는 다른 많은 학문을 포함하는 넓은 틀 속에서 자체의 학문 분야를 정립하는 시기를 거쳐 오늘날 양적 질적으로 폭발적인 부흥기를 맞고 있다.

이 책의 저자인 메리 슈넬-혼비Mary Snell-Hornby는 번역학 연구를 위해 자신의 연구 인생 대부분을 할애한 학자로, 그는 이 책에서 인류의 역사만큼이나 오랜 통·번역의 역사를 돌아보며 번역학의 학문적 발전 궤적을 패러다임의 전환turn을 중심으로 조명하고 있다.

원서는 요한 볼프강 폰 괴테Johann Wolfgang von Goethe, 프리드리히 슐라이어마허Friedrich Schleiermacher, 빌헬름 폰 훔볼트Wilhelm von Humboldt, 발터 벤야민Walter Benjamin, 프란츠 로젠츠바이크Franz Rosenzweig를 주축으로 한 번역학의 선구자로부터 현대 번역학의 개척자인 쥐리 레비Jiří Levý, 유진 나이다Eugene A. Nida, 카타리나 라이스Katharina Reiss 그리고 독일 중심의 일반 통·번역 이론의 대가들을 거쳐 해석론, 의미론에 이르기까지 통·번역 연구의 주요 담론을 총망라하고 있다.

이론적 논쟁의 깊이와 내용의 방대함을 생각해 볼 때, 이를 번역한다는 것 자체가 실로 만만치 않은 작업이었으나 아시아 번역학의 메카로서 활발한 연구 활동을 벌이고 있는 한국에서의 번역학의 발전을 위해 이화여대 통역번역대학원 박사과정의 연구자들이 다시 한번 용기를 내어 힘을 모았다.

직접 번역을 맡아 수고한 허지운, 신혜인, 허정, 신오영 씨 외에도 함께 원서를 읽으며 보다 정확한 의미를 포착하고 이를 적절한 우리말로 옮기기 위해 머리를 맞댄 상우연, 오영아, 김효정, 강경이 씨 또한 번역 작업의 일등 공신이다. 이 지면을 빌려 이들의 학문에 대한 열정과 끊임없는 지적 탐구 정신에 찬사를 보낸다.

아울러 이 번역서가 〈이화 통역번역학 총서〉로 출판될 수 있도록 총서를 기획한 이화여자대학교 통역번역연구소 및 이화여자대학교출판부 최민숙 부장님 이하 관계자 여러분께도 감사를 전한다.

아우구스트 빌헬름 폰 슐레겔August Wilhelm von Schlegel은 의사소통의 본질이 받아들인 내용을 해독하고 해석하는 것이므로 모든 종류의 말과 글은 번역이라고 주장한다. 이제 슈넬-혼비를 통해 새롭게 조명되고 해석된 번역학의 세계가 한국어로 번역되어 독자와 대면한다. 이와 같은 타자와의 교감을 통해 번역학은 그 내용과 깊이를 더욱 풍성하게 채워나갈 것으로 기대한다.

2010년 8월

이화여자대학교 통역번역대학원 교수

김혜림

차례

저자 서문

몇 년 전 존 벤자민스John Benjamins가 필자에게 『번역학: 통합적 접근법 *Translation Studies: An Integrated Approach*』(1988, 1995²)의 3차 개정판 발간 의사를 타진해왔을 때 나는 차라리 완전히 새로운 내용의 책을 한 권 쓰겠다고 그 자리에서 대답했다. 그 이유는 그간 번역학에도 많은 변화가 있었으므로 개정판을 낸다는 것이 적절치 못하다고 판단했기 때문이다. 『번역학: 통합적 접근법』을 저술한 1980년대 중반까지만 해도 번역학을 언어학 혹은 문학 둘 중의 하나에 속하는 연구로 보는 시각이 만연했다. 그래서 필자는 '통합적 접근법'을 통해 기존에 양분되어 있던 접근법을 넘어서려고 노력했고 궁극적으로는 번역학을 하나의 독립된 학문으로 제시하고자 했다. 그 저술에 대한 반응으로 판단하건대 바라던 목적을 달성했다고 생각한다.

오늘날의 관점에서 봤을 때 1980년대 중반에 나왔던 번역학에 관한 주장들은 편파적이거나 단편적이었다. 이는 제임스 홈즈James Holmes의 학술논문과 같이 영향력이 큰 연구물을 접하기가 힘들었던 것이 주된 이유였다. 한편 제도화된 번역학은 이제 몇 가지 방향으로 지류가 형성되었으며, 그에 따라 새로운 관점이 필요하게 되었다. 이 책에서는 그러한 발전사항들에 대한 비판적 평가를 제시하고자 한다. 현시점에서 돌이켜볼 때 기존의 확립된 영역에 대한 단순한 입장 변화(관점의 변화)를 다루는 것이 아니라, 지난 20년간 있었던 변화를 살펴보고 획기적인 연구(새로운 패러다임)는 무엇이었는지를 집중적으로 고찰하고자 한다. 물론 학자나 독자의 관점에 따라 번역학의 경계는 모호하며(앞서의 저술에서처럼 엄격한 범주가 아닌 원형을 중심으로 고찰하고자 한다), 논란거리도 많다. 그러나 가능한 한 토론을 촉발하고 번역학의 현재의 모습과 앞으로의 전망에 대한 논쟁의 불씨를 던지고자 한다.

물론 오늘날의 폭넓은 국제적 관점에서 번역학을 살펴보도록 하겠으나, 필자의 관점이 유럽적 시각이며 그 어떤 결론도 필연적으로 상대적일 수밖에 없다는 점을 스스로도 인식하고 있다. 사실 이처럼 복잡한 주제를 연구하고 일반적 혹은 글로벌한 타당성을 주장하는 학문이라면 어떤 학문이든 마찬가지다. 그런데 번역학에서 영어를 전 세계 출판의 공통 언어로 사용하는 것은 문제가 있다. 그럼에도 불구하고 최근 몇 년간 단순한 의사소통을 위해서가 아니라 논의 대상의 일부로서도 영어를 사용하려는 심상치 않은 동향이 있었다(4.2.3 참조). 영문 출판물은 종종 확연하게 영미 편향성을 보인다. 또한 번역의 일반 원칙으로 제시되는 주장들이 실은 논의 대상의 영역에만 한정되거나 영어의 특정한 지위에 따른 주장으로 판명되는 경우가 있다(4.3 참조). 반대로, 영어 이외의 언어로 작성되고 친영미적 학계의 관심 밖에 놓인 주제를 다루는 논문은 무시되거나 과도하게 단순화되는 경향이 있다. 학설이나 심지어는 전통 역시 마찬가지다. 독일어권 국가에서 40년 이상 살아오면서 필자는 수세기에 걸친 독일의 번역 전통이 얼마나 복잡하고 풍부한지, 지난 20년 넘게 독일어권 학술 공동체가 번역학에서 어떤 역할을 해왔는지, 그리고 이러한 독일의 번역 전통과 위상이 영어권 번역학 논쟁에서 얼마나 부적절한 대우를 받았는지에 대해 충분히 인식하고 있다. 필자가 읽은 영문 저서들 중에서 독일 번역 전통의 역사에 대해 정당한 평가를 내린 책은 앙드레 르페브르André Lefevere의 『문학 번역: 루터에서 로젠츠바이크에 이르기까지의 독일 전통

Translating Literature: The German Tradition from Luther to Rosenzweig』(1977)뿐이다. 이 책 『번역학 발전사』에서도 르페브르의 저서를 출발선상에 놓았다. 그 어떤 학문도(학설이나 개별 학자의 연구도) 진공 상태에서 생기는 것이 아니다. 그럼에도 번역학의 새로운 패러다임 대부분이 과거의 전통에 반발하면서 탄생한 점이 간과되곤 한다(영문 번역을 통해 프리드리히 슐라이어마허와 발터 벤야민이라는 두 이름이 미국의 논쟁에서 재발견되었다). 그와 유사한 운명이 지난 20년간 독일어 및 영어 이외의 언어로 쓰인 저서들에도 다가왔다. 영어권 논의에 포함이 되더라도 종종 상기 저서들은 지나치게 단순화되거나, 아니면 어쩌다 영어로 번역된 개별 저술들만 제한적으로 논의의 대상이 되곤 했다. 따라서 이번 번역학 프로필에는 영어로 출판되어 친숙한 이론뿐만 아니라 비영어권 이론도 많이 소개함으로써 그러한 불균형을 교정하고자 한다. 또한 모든 이론이 역사적·문화적 맥락에 맞게 배치되도록 했으며, 가능한 한 관련 학자들의 주장은 직접 인용했다. 그리고 필요한 경우 영문 번역도 제공했다(영문 번역의 경우 특별한 언급이 없으면 필자가 번역한 것이다).

이 책은 『번역학: 통합적 접근법』의 연속선상에 있는 저술로 쓰여졌다. 다양한 쟁점들을 그 책으로부터 끌어오고 확장하면서 이후의 발전 과정도 추적했다. 일부에서는 필자가 다른 곳에서 발표한 주제나 자료를 사용했으나 현재의 동향에 맞추어 다시 손보았다. 『번역학 발전사』는 전 세계의 학생, 강사 및 이 도전적인 학문에 관심을 가지고 있는 모든 이들을 위한 책이다. 가능한 한 전문 용어를 사용하지 않았으며 비전문가들도 쉽게 읽을 수 있도록 문체를 다듬었다.

여기에 소개된 많은 개념들은 필자에게 언제나 영감을 불어넣어주는 수많은 헌신적인 동료들과의 오랜 논의를 통해 탄생한 것이다. 이들은 스스로 관련 기관을 설립하거나 행사를 조직해서 도움을 주었다. 특히 워릭 대학교 번역 및 비교문화연구소Centre for Translation and Comparative Cultural Studies(훌륭한 회의와 세미나를 개최했다)의 수잔 바스넷Susan Bassnett과 동료들, 탬페레 대학교 번역학연구소Institute of Translation Studies의 유스타 홀츠-맨태리Justa Holz-Mänttäri와 동료들, 베를린 훔볼트 대학교에서 연구 세미나를 개최한 하이데마리 살레브스키Heidemarie Salevsky, 버밍엄 애스톤 대학교의 CILS 세미나를 주최한 크리스티나 섀프너Christina Schäffner 등 여러 연구자들의 도움이 컸다. 이 모든 분들에게 감사의 마음을 전한다. 또한 후원 및 재원 조달이 있기 훨씬 전부터 우리의 '번역정상회의Translation Summits'에 참석하고자 빈에 와준 학자들, 특히 한스 페르메어Hans Vermeer와 파울 쿠스마울Paul Kussmaul 그리고 한스 회니히Hans Hönig에게 깊이 감사드린다. 이러한 그들의 헌신은 1992년 '유럽번역학회European Society for Translation Studies'의 설립으로 이어졌다. 이 외에도 활발한 논의를 가능하게 해준 미카엘라 볼프Michaela Wolf, 색인 작업에 도움을 주었을 뿐 아니라 어려운 시기에도 헌신적으로 곁을 지켜준 미라 카드리치Mira Kadrić, 이 책의 연구에 참여한 빈 대학교의 옛 제자들, 그리고 수년간 인내하고, 도움을 주고, 이해심을 가지고 지켜봐 주었던 토니 혼비Tony Hornby와 아스트리드Astrid에게도 역시 감사의 마음을 전한다.

끝으로 작업 능률을 올릴 수 있도록 시종일관 친절하게 협조해준 존 벤자민스 출판사에 진심으로 감사를 표한다.

2005년 12월 빈에서

메리 슈넬-혼비

서론

2003년 9월에 필자는 브라질에서 열린 제11차 라틴아메리카 독일학 총회에 참석했다. 7일간의 회의는 장소를 세 군데나 옮겨 다니면서 진행되었다. 개회식을 비롯한 몇몇 기조 강연, 패널 토론 및 열 개 분과의 논문 발표 등 첫 3일간의 일정은 상파울루 대학교에서 진행되었으며, 그 뒤 이틀간의 기조 강연과 패널 토론은 파라치에서 열렸다. 파라치는 하인리히Heinrich와 토마스 만Thomas Mann의 모친인 율리아 다 실바 브룬스Julia da Silva-Bruthns의 생가가 있는 식민지 시대의 역사적인 도시다. 총회의 폐회식은 황제의 도시 페트로폴리스에서 진행되었는데, 이 도시는 오스트리아 출신의 작가 슈테판 쯔바이크Stefan Zweig가 1942년 2월에 자살하기 전까지 몇 달간 머물렀던 곳이기도 하다. 이 회의는 'Wanderkongress', 또는 '순회하는 회의'로 일컬어졌는데, 그 명칭은 괴테의 작품 『빌헬름 마이스터의 편력시대*Wilhelm Meister's Wanderjahre*』에서 따온 것이다. 괴테가 말년에 집필한 이 작품은 사회 및 기술적 진보, 교육 개혁, 탈유럽 중심의 세계를 논하고 있다. 포르투갈어와 독일어, 스페인어가 공식 언어로 사용된 이 학회의 분과별 보고와 페트로폴리스의 폐회 강연에서 상당히 인상적인 종합 평가가 내려졌다. 참석자들은 이번 회의가 번역학 연구의 신기원을 열었으며, 무엇보다 다학제적·다문화 간 접근을 통해 이 같은 성과를 이루어냈다는 데 의견이 일치했다. 이러한 변화는 '문학과 미디어', '지그문드 프로이드의 도전: 그의 번역 작품', '세계적 맥락에서의 메가시티 담론' 등 일부 분과의 주제에서 엿볼 수 있지만, 라틴아메리카와 독일학 사이의 연관 고리에서 생성된 새로운 시각을 통해서도 관찰이 가능하다. 예를 들어 쯔바이크의 절망에 대한 논의는 '초국가적 홀로코스트 담론'에 대한 논의로 이어졌고, 나아가 부에노스아이레스의 실종자(아르헨티나 독재정권에 의해 체포된 후 생사를 알 수 없게 된 사람들을 말한다 — 옮긴이) 추모공연이나 내전의 비극을 표현한 콜롬비아 조각가의 작품을 통해 나타난 라틴아메리카의 독재 경험에 대한 토론으로도 발전되었다. 종합해보면 폐회 강연에서 살펴본 바와 같이 독일학은, 독일어가 학문과 과학의 위대한 언어라는 획일적이고 독단적인 입장을 고수하지 않고, 국가와 문화 간에 대화가 필요한 세계화된 현재 상황에 맞게 다른 여러 언어와 문화 사이에서 상대적이라는 생산적인 입상을 취하게 되었다는 것을 알 수 있다.

이는 매우 설득력 있는 평가이며 학회에서 발표된 여러 입장과 논문은 필자가 1960년대 초반 영국에서 독일어와 독일 문학에 대한 학위를 취득하기 위해 수용해야 했던 입장(역사언어학이 큰 부분을 차지하는)과는 매우 거리가 멀다. 또한 1960년대 후반에 빈와 뮌헨 소재 대학교들의 독일어와 영어 관련 학과의 입장(주로 정형화된 텍스트에 대한 주류 신조)과도 큰 차이를 보인다. 하지만 브라질 학회에서 혁신적이라고 평가를 받았던 많은 시각과 견해 중 상당 부분은 번역학에서 이미 수년 전에 수용되었던 것들이기 때문에 그리 낯설게 느껴지지 않았다. 새롭다고 평가되었지만 번역학에서는 이미 오래 전부터 받아들여진 개념의 예로는 문화 간 커뮤니케이션, 학제 간 협력을 통한 무한한 가능성, 담론과 문화적 요인들의 상호 조화, 당면한 시대와 장소 및 목표 청중의 수용에 따른 모든 담론의 상대성 등을 들 수 있다. 학회의 좌우명은 'Blickwechsel'이었는데, 이는 (문화 간 대화와 같이) '시선의 교류'와 (다학제적 연구에서의 시각 전환과 같은) '시각의 변화'라는 이중적 의미를 갖는다. 모든 번역이 저자나 독자 또는 상황에 따라 상대적이기 때문에 'Blickwechsel'이라는 개념 역시 번역에 적용하기 매우 적절한 표현이다. 번역학이라는 새로운 학문은 여러 나라에서 50여 년에 걸쳐 발전하는 과정 중에 셀 수 없을 만큼 많은(충돌하는 개념들의 격렬한 태도를 포함한) '시선의 교류'를 거쳤으며, 그 밖에도 낯익은 개념의 작은 조정에서부터 완전히 새로운 패러다임의 도입에 이르기까지 다양한 형태의 시각의 변화를 경험했다.

1992년 빈에서 열린 번역학 대회의 기조 강연에서 한스 페르메어는 외관상 별다른 진척이 없어 보이는 번역 이론의 역사를 언급하면서 패러다임과 진보에 대해 다음과 같이 말했다.

> 그러나 진보란 무엇인가? 과학에서 진보는 불확실한 개념이다. 나는 세 가지 진보가 있다고 생각한다. 하나는 새로운 생각이나 시각으로 곧장 건너뛰는 것으로, 쿤(1970)이 패러다임의 변화라고 지칭한 극단적인 경우다. 다른 하나는 '소요적인peripatetic' 소용돌이로, 정도의 차이는 있으나 여러 번의 반복 후 원점으로부터 멀어진다. 마지막은 완벽한 원으로, 명백히 현재 진행형 이동은 있지만 같은 질문으로 돌아오는 특성을 갖는다. (그리고 원은 여러 개가 나란히 있어 각각 다른 시작점과 도착점을 가지고 있다는 사실 또한 별로 위안이 되지 못한다.)
>
> 추가로 네 번째 형태의 진보도 있는 것 같다. 네 번째 유형은 지그재그로 움직이며 급속하게 전진하나 동시에 원을 그리며 돌고 무의미한 반복으로 많은 에너지를 낭비하지만, 결국에는 원점에서 어느 정도 거리가 떨어져서 결론을 내는 형태다. (1994: 3-4)

(1960년대의 경향과는 대조적인) 브라질 독일학 대회의 결론으로부터 영감을 얻어 필자는 번역학이라는 신생 학문이 걸어온 길을 추적해보기 시작했다. 오늘날의 기준으로 볼 때 무엇이 새로운 패러다임으로의 도약에 해당되는지를 판단하기 위해 번역학의 소요적이거나 지그재그형인 움직임 모두를 되짚어보았다. 그러한 작업을 시작한지 얼마 되지 않아 번역학의 발전이 얼마나 복잡한 역사적 국면과 얽혀 있는지, 언어의 영향을 얼마나 많이 받았는지, 또한 연구자 개인의 소속이나 국적과의 관련성은 얼마나 큰지, 얼마만큼이 기존의 발언을 기반으로 한 것인지 등을 파악할 수 있었다. 시대가 변하기 때문에 생각과 시각은 역사적 맥락의 변화에 따라 새로운 의미를 갖게 되는데, 이 책은 이 모든 점들을 염두에 두고 구체화되었다.

지난 20년간 있었던 번역학에서의 발전에 대해 비판적 평가를 내리는 내용의 이 책은, 입문을 위한 일반적 소개서가 아니라 번역학의 윤곽을 스케치하고 지금의 기준으로 볼 때 새로운 패러다임을 이끌어낸 획기적인 성과를 강조하는 형식을 취하고 있다. 오늘날의 폭넓은 국제적 시각으로 번역학을 보려고 노력하고는 있지만, 모든 결론은 유럽에서 연구하는 사람의 시각에 따라 내려질 수밖에 없다.

하지만 유럽적 관점을 가지고 있지 않다고 해도 번역학의 기저를 이루는 개념의 상당 부분이 번역학의 역사적 시작점인 독일 낭만주의 시대로부터 유래한다는 사실에 대해서는 학계 전반에서 동의하고 있다. 1장에서는 괴테, 슐라이어마허, 훔볼트, 그리고 벤야민과 로젠츠바이크와 같은 위대한 선구자들의 자취를 추적해 그들의 기본 입장을 구체적인 역사적 맥락에 위치시켜놓고 보았다(1.1). 또한 1970년대의 '화용론적 전환'을 배경으로 레비, 나이다, 라이스와 같은 현대 번역학의 개척자들(1.2)에 대해 살펴보았다(1.3). 선견지명이 있는 듯한 제임스 홈즈의 연구는 1.4에서 오늘날의 관점에서 논의되고 있다. 2장에서는 번역학이 문학 이론과 언어학으로부터 해방되어 독자적인 학문으로 자리잡을 수 있었던 1980년대 '문화적 전환' 시기의 주요 움직임을 분석한다. 기술번역학(2.1), 스코포스 이론(2.2), 그리고 번역행위(2.3)는 독일에서 방향전환Neuorientierung을 가져왔으며, 브라질에서는 기능적 식인주의(또는 캐니벌리즘) 운동을 일으켰다(2.4). 2장은 1980년대를 종합적으로 살펴보는 것으로 마무리된다(2.5).

1990년대에 일어난 주요 발전을 고찰하고 있는 3장과 4장은 이 책의 중심이 되는 부분이다. 3장은 언어학을 넘어서는 다학제적 학문으로서의 번역학을 논하며(3.1), 1990년대 발전한 분야와 이때 소개된 주요 용어에 초점을 맞추고 있다. 특히 투리의 규범과 체스터만의 밈memes을 번역 윤리(3.1.1)와 관련지어 살펴보고, 비언어적 커뮤니케이션(3.1.2), 무대와 스크린을 위한 다모드 및 다매체 번역(3.1.3)을 1990년대에 진행된 연구 사례와 함께 소개한다. 3.2 역시 사례를 들어 '제국주의의 눈' 시대의 영향에 대항해 이후 번역학이 어떻게 반격하고 있는지를 탈식민주의 번역(3.2.1)과 젠더 중심의 번역학(3.2.2)을 통해 알아본다. 3장은 독자와 독자로서의 번역가의 다양한 위치에 대한 생각으로 마무리하면서(3.3), 번역 비평의 매우 생산적인 모델을 사례로 소개한다(3.3.1). 4장은 1990년대 번역학에 일어난 두 차례의 주요 전환을 다루고 있다. 첫 번째는 번역과 통역에서의 실증적 연구의 필요성을 불러일으킨 방법론적 전환이다(4.1). 방법론적 전환은 특히 통역 연구에서 법정 통역, 커뮤니티 통역, 수화 등 새로운 분야의 개척으로 이어졌으며(4.1.1), 번역 과정과 관련한 인지적 영역(사고발화법)과 법률 번역 등의 영역도 살펴본다(4.1.2). 각 분야에 대한 연구는 개별 사례 형식으로 소개되고 있다. 두 번째 대전환은 번역학 밖에서 일어난 글로벌화(4.2)와 기술의 급속한 발전(4.2.1)으로 발생했고, 광고 분야의 사례를 통해 보여주고 있듯이(4.2.2) 번역사의 일에 큰 변화를 가져왔다. 또한 글로벌화된 세계에서 영어의 역할도 논하고 있는데, 세계 공용어로서의 영어를 다른 언어와의 관계나 번역에서의 의미를 중심으로 살펴보고 있다(4.2.3). 이국화(슐라이어마허로부터 도입한 용어)에 대한 로렌스 베누티 Lawrence Venuti의 주장이 번역에서 영어의 지위를 보여주는 사례로 소개되면서, 이국화가 영어가 아닌 언어와 문화와 갖는 관련성도 언급된다(4.3).

5장은 21세기 초의 번역학을 비판적 시각으로 살펴본다. 이 시기의 번역학은 1970년대 우세했던 언어학적 개념과 시각이 다시 지지를 받는 퇴보적인 행보를 보이기도 했으나(5.1) 다른 한편으로는 많은 발전이 있었던 것도 사실이다. 이에 5.2에서는 학문의 경향 중 어떠한 부분이 순수한 혁신인지를 비판적으로 검토한다. 그중 유스타 홀츠-맨태리의 번역행위 모델과 스코포스 이론의 주요 연구 성과가 아직 영어권에서는 제대로 인정받지 못한 상태인데, 이러한 현상은 독일어로 발표된 연구 내용이 독일어권 독자들조차 이해하기가 어렵기 때문일 것으로 추정된다. 이 책에서는 사고발화법과 같이 독일에서 개발된 의미 있는 연구 성과가 국제적으로 주목받을 수 있도록 소개하고자 한다. 5장을 마무리하는 부분에서는(5.3) 다른 분야에서 수용하기 적합한 번역학의 관점을 소개한다. 마지막 장인 6장은 결론과 더불어 미래에 대한 예측을 제시한다.

페르메어가 지적한 바와 같이 그동안 번역학 분야에서 너무나 많은 연구가 발표되었기 때문에 여기에서 그 모든 부분을 다루는 것은 불가능한 일이다. 그러나 지난 20년간 번역학이라는 학문에 중요한 기여를 한 다양한 국가와 학파의 연구는 가능한 한 포함하고자 했다. 과연 이 목표에 충실했는지는 독자가 평가할 일이지만, 그 판단의 과정이 괴테의 말처럼 즐기면서 평가할 수 있는 즐거운 과정이 되기를 바란다.

제1장 독립 학문으로서 번역학의 부상

『문학 번역: 루터에서 로젠츠바이크에 이르기까지의 독일 전통*Translating Literature: The German Tradition from Luther to Rosenzweig*』(1977)에서 앙드레 르페브르André Lefevere는, 게라르드 라드닛츠키Gerard Radnitzky(1970)의 분류를 바탕으로 독일의 번역 이론 전통을 대표하는 인물들을 선구자, 개척자, 거장 그리고 후학으로 나눈다. 선구자란 "후대의 독일 번역 이론 전통의 구성원들에 의해 지명받은" 학자들을 말한다(Radnitzky, 1970: 9). 이러한 의미에서 독일 번역 이론 전통의 주요 선구자로는 마틴 루터Martin Luther(1483-1546)를 들 수 있다. 개척자는 "학계에서 융성하는 다른 지적 전통들에 논쟁적인 경향을 보이는 사람들을 말한다. 개척자는 전통의 기본 틀을 구축하고 종종 선언문을 수립하기도 한다……"(Radnitzky, 1970: 9). 르페브르는 독일 전통의 개척자로 라이프치히학파의 문학 이론가인 요한 크리스토프 고트쉐드Johann Christoph Gottsched(1700-1766), 그의 경쟁자인 스위스 출신 학자 요한 야콥 보드머Johann Jakob Bodmer(1698-1783)와 요한 야콥 브라이팅어Johann Jakob Breitinger(1701-1776), 극작가이자 비평가인 고트홀드 에프라임 레싱Gotthold Ephraim Lessing(1729-1781), 그리고 철학자이자 비평가인 요한 고트프리드 헤르더Johann Gottfried Herder(1744-1803)를 꼽으며 "이들이 독일 번역 이론의 역사와 그 개념에 대해 논쟁적 경향을 보임으로써 번역 이론 전통의 전반에 깊은 영향을 끼쳤다"라고 평가했다(Lefevere, 1977: 1). 거장은 "프로그램의 일부를 이행"하는 사람들을 가리킨다. "거장의 업적은 하나의 기준이 되어, 후대의 후학은 그 기준을 자신의 성공의 잣대로 삼는다"(Radnitzky, 1970: 9). 르페브르가 꼽는 독일 번역 이론 전통의 거장으로는 시인이자 극작가이며 다재다능한 천재인 요한 볼프강 폰 괴테Johann Wolfgang von Goethe(1749-1832)와 신학자인 프리드리히 슐라이어마허Friedrich Schleiermacher(1768-1834), 언어학자이자 교육 개혁가인 빌헬름 폰 훔볼트Wilhelm von Humboldt(1767-1835), 초기 로망스 시인인 노발리스Novalis(필명 프리드리히 폰 하르덴베르그Friedrich von Hardenberg, 1772-1801), 그리고 셰익스피어 작품 번역가인 아우구스트 빌헬름 폰 슐레겔August Wilhelm von Schlegel(1767-1845)이 있다. 한편 대표적 후학으로는 발터 벤야민Walter Benjamin(1892-1940), 프란츠 로젠츠바이크Franz Rosenzweig(1886-1929) 및 '당대 독일의 여러 문학 번역 이론가들'이 있다(Lefevere, 1977: 1).

르페브르는 『문학 번역』에 독일 번역 이론 전통의 위대한 인물들이 쓴 뛰어난 글을 직접 영문으로 번역하여 자신의 논평과 함께 실었다. 여기서 그는 '개척자'와 '거장'의 작품을 집중적으로 조명하고 있지만 네 집단의 개념 모두가 상호 긴밀한 연관 관계를 갖고 있음을 충분히 인지하고 있다.

> 전통으로서의 전통을 인식하는 것이 중요하다. 특정 이론가들이 취한 입장은 이전 이론가들의 주장과 비교(혹은 대조)해서 읽을 때 비로소 완전한 이해가 가능하다. 가령 번역가는 독자를 제자리에 두고 저자가 독자에게 접근하도록 하거나 저자를 제자리에 두고 독자가 저자에게 접근하도록 한다는 슐라이어마허의 유명한 번역관도 이전에 보드머가 처음 주

장한 개념이며 후에 괴테의 주장에도 등장한다. 앵글로색슨계가 독일 문학 번역 전통의 영향에 무지한 채 추앙하는 벤야민의 에세이「번역가의 과업The Task of the Translator」도 실은 새로운 사상을 주장한 것이 아니라 헤르더, 괴테, 슐라이어마허 그리고 쇼펜하우어의 특정 사상을 구체화한 것에 불과하다.(Lefevere, 1977: 2)

1.1 위대한 선구자

르페브르는 당대의 독일 번역학자들을 후학으로 분류하고 있다. 이는 독일의 번역 전통이 그때까지 단순히 내부적 비판만 받았을 뿐 경쟁 패러다임의 반박을 받거나 전복된 경우가 없기 때문이라고 르페브르는 주장한다. 독일의 문학 번역 관점에서만 보면 그의 주장이 맞을 것이다(Kittel & Poltermann, 1998; Hohn, 1998 참조). 하지만 오늘날의 국제적 관점에서 번역학 전체를 보았을 때 르페브르가 언급한 학자들은 이미 1970년대부터 독자적인 정체성을 지닌 새로운 학문으로 부상해온 번역학의 위대한 선구자로 볼 수 있다. 사실 번역학을 독립적인 학문으로 수립해야 한다는 요구는 19세기 초반으로 거슬러 올라가는데, 르페브르가 '거장'으로 칭한 학자들도 이미 그러한 요구를 한 바 있다. 당시 신생 대학교인 베를린의 훔볼트 대학교 신학과 초대 학장이었던 프리드리히 슐라이어마허는 1814년 출간된 에세이를 통해 다음의 견해를 피력하고 있다.[1]

---

1 프리드리히 슐라이어마허Friedrich Schleiermacher,「고대 문학: 고전 산문을 독일식으로 바꾸는 데 있어 옛 것에 색깔을 입히기(랑쥬Lange의 헤로도토스 번역에 의해 촉발됨) Alte Literatur: Ueber die Farbengebung des Alterthümlichen in Verdeutschung alter klassischer Prosa(Veranlasst durch Lange's Uebersetzung des Herodot. Berlin 1812 bis 1813)」. 필명 '푸도르

> 요즘은 이론이 유행이지만 아직까지 탄탄한 기반 위에 세운 논리적이면서 완성도 높은 번역 이론을 제시한 학자는 아무도 없다. 고작 단편적인 이론들만 제시했을 뿐이다. 그렇지만 고고학이라는 학문 분야가 확고하게 있듯이 번역학 또한 하나의 학문으로서 확고히 존재해야 한다.

그러한 '단편적인 이론'들에는 키케로Cicero와 호라티우스Horace의 시대까지 거슬러 올라가는 단어 대 의미, 충실한 번역faithful translation 대 의역free translation 사이의 오랜 이분법이 포함되며(Snell-Hornby, 1988: 9-11; Robinson 1998/1998a 참조), 슐레겔이 자신의 셰익스피어 연극 번역본을 바탕으로 제시한 낭만주의적 번역의 개념 또한 포함된다. 낭만주의적 번역의 개념은 충실성과 시적인 면을 모두 추구했기 때문에 원천 텍스트에 대한 충실성을 목표 텍스트 독자가 요구하는 창조적 변형creative transformation과 결합하고자 했다(Kittel & Polterman, 1998: 423). 19세기 초반 독일에서는 번역학 분야에서의 지적 교류가 눈에 띄게 많았다. 슐라이어마허는 당시의 활발했던 토론과 지적 교류를 통해 자신의 번역관을 밝혔다. 그는 1813년 6월 24일 베를린 왕립학회에서 '번역의 다양한 방식'을 주제로 한 유명한 강연을 통해 번역에 대한 자신의 개념을 피력했다(Störig, 1963 인용). 잔뜩 고양된 이미지와 복잡하고 난해하며 긴 문장들로 가득 찬 슐라이어마허의 텍스트는 200년이나 지난 오늘날의 독자들에게는 한편으로 낡고 시대에 동떨어진 것으로 보일지 모른다. 그러나 다른 한편으로는 이상하게도 친숙한 면이 있다. 가령 '진정한 번역genuine translation'과 '단순 해석mere interpreting' 사이의 구분이 그러한데, 여기서 후자는 상업 텍스트의 구술 번역oral translation과 문어 번역written translation 모두를 가리

Pudor'로 저널 『디 뮤센Die Musen』에 실렸으며 프리드리히 푸케Friedrich Fouqué와 빌헬름 라우만Wilhelm Raumann이 편집했다(1814, p. 104).

킨다. 슐라이어마허에게 '단순 해석'은 '기계적 활동'이었으며, 언급할 만한 가치는 있다고 하더라도 학문적 관심을 집중할 만한 대상은 아니었다. 그는 '진정한 번역'을 주로 학술 텍스트에 적용되는 '바꿔쓰기paraphrase'와 예술문학 작품에 적용되는 '모작imitation'으로 구분했다. 오늘날의 관점에서 보면 이 두 번역 유형의 차이에 대한 다음과 같은 그의 설명은 놀랍다.

> **바꿔쓰기**는 언어의 불합리성을 극복하고자 하지만 기계적인 방법만을 쓰려고 한다. (……) 바꿔쓰기를 하는 이는 두 언어의 요소들을 **수학 부호**처럼 더하거나 빼서 결과적으로 원문과 번역문이 서로 동일한 값을 지니게 만든다. (……) 그에 반해 **모작**은 언어의 불합리성을 인정한다. 모작은 다른 언어로 사본을 만들 때 그 구성 요소들이 원문의 구성 요소와 완벽하게 일치하는 것이 불가능하다는 전제를 두며, 모사 외에는 다른 선택의 여지가 없음을 인정한다. 그러나 원본과는 현격히 다른 부분들로 이루어진 그 **전체**는 비록 재료의 차이를 감안하더라도 **효과 면에서는 원문 전체에 근접**하게 된다. (Lefevere, 1977: 73, 강조 부연)

이러한 주장을 통해 슐라이어마허는 문학 번역과 학술 번역의 구분에 집중하고 있다. 비록 그가 일상적인 상업 텍스트의 '단순 해석'과 학술 텍스트의 '바꿔쓰기'를 모두 '기계적'[2]이라고 기술하고 있지만 슐라이어마허는 문어 중심의 'Übersetzen'과 구어 중심의 'Dolmetschen'을(p. 53~55에 소개된 다양한 의미 참조 — 옮긴이) 처음으로 명확하게 구분한 학자로 볼 수

2 페르메어(1994a: 166)는 슐라이어마허가 '기계적mechanisch'이라는 말을 순수 예술의 미적 우수성을 나타내는 의미가 아닌 '실리적, 목표 지향적'의 의미로 사용한다는 점을 지적한다.

있으며(Salevsky, 1992: 85 참조), 'Dolmetschen'이라는 개념은 적어도 그의 관념 세계에 자리잡고 있다. 슐라이어마허가 '수학 부호'로서의 언어 요소를 언급하면서 고트쉐드('바꿔쓰기' 학자)와 고트프리드 빌헬름 폰 라이프니츠Gottfried Wilhelm von Leibniz의 이론에 대해 날카로운 비판을 하기도 했지만 오늘날의 관점에서 보면 그러한 시각이 구조주의 언어학과 전문 용어 및 기계 번역의 개념에 영향을 주었다고 할 수 있다. 한편 문학 작품의 경우, 총체적 접근법을 대표하는 그의 '모작' 개념은 100년 후 게슈탈트 심리학Gestalt psychology을 통해 수립되었으며(Wertheimer, 1912), 20세기 말에는 유럽의 번역학에서 중요한 역할을 했다(Paepcke, 1986; Stolze, 1982; Snell-Hornby, 1988: 29 참조).

그러나 오늘날 슐라이어마허를 대표하는 것은 번역가에게 열린 '길'을 주제로 그가 왕립학회 강연에서 주장한 번역관이다.

> 오직 두 가지 길만 있을 뿐이다. 번역가가 가능한 한 저자를 그대로 두고 독자를 저자에게 다가가게 하거나 아니면 가능한 한 독자를 그대로 두고 저자를 독자에게 다가가게 하는 것이다. 이 두 가지 길은 서로 완전히 다른 길이기 때문에 양자택일하여 둘 중 한쪽 길을 가능한 한 엄격하게 따라야 하며, 서로 섞일 경우 신뢰성이 극히 떨어질 수밖에 없으므로 저자와 독자는 아예 만나지 못할 수도 있다. (Lefevere, 1977: 74)

이 두 가지 번역 방식이 독일어로는 'Verfremdung'과 'Entfremdung'으로 알려지고 최근에는 영어권 학계에서 'foreignization이국화'와 'domestication자국화'로 많이 알려졌지만 정작 슐라이어마허 자신은 그에 관한 명확한 용어를 제시하지 않았다(4.3 참조). 언뜻 보기에는 슐라이어마허가 두 방식 중 하나를 택하도록 선택권을 주는 듯 보이지만 실제로는 자신의 강연 내내 '이국화'를 뚜렷이 선호하고 타협을 엄격하게 배제했다. 독자를 저자에게 '다가가게' 하기 위해(몇 행 뒤에서 '로마시대 저자'를 언급한 것으로 보아 '다가가게 한다는 것'은 단순히 언어 간의 이동이 아니라 시간을 거슬러 올라가는 이동까지 포괄한다), 번역가는 마치 '학생처럼' 단어 대 단어로 번역할 수도 있다. 그러나 슐라이어마허는 오히려 "이국화와 유사하도록 구부러진bent towards a foreign likeness" 언어를 창출할 것을 권고한다(Lefevere, 1977: 78-79). 다시 말하면 목표 언어를 '구부려서' 의도적으로 계산된 이국화를 구현할 것을 주장한 것인데, 특히 고문체를 사용하는 방법이 이에 해당한다. 슐라이어마허 자신이 플라토Plato를 번역할 때나 시인 프리드리히 횔덜린Friedrich Hölderlin(1770-1843)이 소포클레스Sophocles와 그리스 시인들 작품의 독일어 버전을 만드는 과정에서 그러한 언어를 사용했다. 이렇듯 슐라이어마허가 번역에서 특수한 하위 언어sub language를 사용하자고 처음 주장한 것으로 알려졌고, 이후 그의 주장은 200년에 걸쳐 영국 빅토리아 시대(Bassnett, 1980/2003: 70-74 참조)와 1920년대의 독일(아래 벤야민과 로젠츠바이크 논의 참조)을 지나 1990년대에 이르러 로렌스 베누티Lawrence Venuti에 의해 계승되었다. 그렇지만 사실 저자와 독자, 그리고 번역가 사이의 관계에 관한 번역관은 슐라이어마허가 처음 주창한 것은 아니다. 그것은 액면 그대로 봐도 괴테가 주창한 번역관을 조금 더 구체화한 것에 불과하다. 번역가로서 열정적인 다작가였던 괴테는(예: 벤베누토 셀리니Benvenuto Cellini, 볼테르Voltaire, 에우리피데스Euripides, 라신Racine 그리고 코르네유Corneille의 작품들을 번역) 1813년에 사망한 크리스토프 마틴 빌란트Christoph Martin Wieland를 위한 기념사를 통해 다음과 같은 번역관을 언급했다.

번역에는 두 가지 관점이 있다. 하나는 외국 저자를 우리에게 다가오게 해서 그를 자국민으로 바라보는 것이고, 다른 하나는 우리가 외국의 것으로 다가가서 외국의 환경과 언어, 특성에 스스로 적응하는 것이다. 이 두 번역관의 장점은 완벽한 사례를 통해 지식인들 사이에 잘 알려져 있다. 크리스토프도 이 두 번역관 사이의 중도를 찾아 양자를 조화시키려 했지만, 의문의 여지가 있을 때에는 감성과 감각을 지닌 사람으로서 전자에 해당하는 번역관을 택했다. (Lefevere, 1977: 39)

표현은 비슷할지 모르나 그 안에 담긴 메시지는 슐라이어마허의 것과는 판이하다. 빌란트는 셰익스피어의 희곡을 독일어로 본격적으로 번역한 최초의 번역가였다(1762년과 1766년 사이에 22개의 희곡을 산문 번역본으로 출간했다). 그러므로 괴테가 말하는 저자는 오래된 고전주의 시대의 작가가 아니다. 더군다나 슐라이어마허는 두 가지 방식을 엄격하게 구분하면서 이국화를 강하게 선호한 반면 괴테는 '중도'를 택하고 "의문의 여지가 있을 때"에는 ('자국화'로도 알려진) 귀화naturalization를 선택한 빌란트를 칭송한다.

슐라이어마허가 제시한 양극화 접근법과 '중도'로 구성된 삼분법triad 개념은 영국의 한 위대한 번역학자를 상기시킨다. 『오비디우스의 서한: 공동 번역*Ovid's Epistles: Translated by Several Hands*(1680)』의 서문에서 존 드라이덴John Dryden은 '옮겨쓰기metaphrase'(단어 대 단어 번역)와 그것의 반대편에 선 '모작'(단어 혹은 의미 그 어떤 것으로도 한정되지 않으며 저자의 감정이나 열정에 대한 느슨한 접근을 표상)을 구분하고, 그 양극단 사이에는 단어에 구속되지 않으면서 원문의 의미를 표현하는 '바꿔쓰기'가 있다고 밝혔다. 이 용어들 중 두 개는 후에 슐라이어마허가 사용한 것과 동일해 보이지만 드라이덴은 이 용어들을 다른 의미로 사용했다. 드라이덴 역시 슐라이어마허와 마찬가지로 자신이 선호하는 방식을 명확히 밝히고 있다. 그는 번역에서 가장 지양해야 할 유형이 '옮겨쓰기'라고 지적하고 이를 "족쇄를 차고 밧줄 위에서 춤을 추는 것"에 비유했다(1962: 269). 그러나 단어 대 단어 번역과 '모작' 모두 "기피해야할 양극단"이기에(1962: 271) 의미 대 의미 번역을 뚜렷이 선호한다(Snell-Hornby, 1988: 11-12 참조).

100년 후 번역의 삼분법은 독일 낭만주의가 가장 선호하는 모델이 되었다. 1798년 시인 노발리스는 「화분Pollen」이라는 제목의 에세이를 출간했다. 프리드리히 폰 슐레겔Friedrich von Schlegel과 아우구스트 빌헬름 폰 슐레겔이 편집한 문학저널 『아테나움*Athenaeum*』에 실린 이 에세이에서 노발리스는 번역의 성격을 '문법 중심적, 변형적, 혹은 신화적'인 것으로 기술하고(Lefevere, 1977: 64), "최상의 품격을 지닌 번역인 신화적 번역은 예술작품의 실체가 아닌 예술의 이상ideal을 제시하는 것"이라고 말한다. 그 예로는 민족 종교의 번역인 그리스 신화, 또는 '근대 마돈나'[3] 신화가 있다. 문법 중심적 번역은 "일상적 의미에서의 번역이다. 이러한 유형의 번역을 위해서는 매우 박식해야 하지만 궁극적으로는 논증적 능력만이 요구될 뿐이다." 변형적 번역은 '최상의 시적 정신'이 요구되지만 금세 '단순한 모방'으로 퇴보할 수 있다. 변형적 번역의 예로는 '포프Pope의 호메로스Homer 및 모든 프랑스어 번역'을 들 수 있다. 이런 유형의 경우 번역가는 그 자신이 예술가이자 '시인의 시인'이 되어야 한다. 이에 대해 노발리스는 다음과 같이 언급하고 있다.

> 이와 유사한 관계가 평범한 사람과 천재 간에 존재한다.(Lefevere, 1977: 64)

---

3 Berman(1984/1992: 111) 참조. "제나 그룹Jena group이 드레스덴Dresden 박물관에 방문했을 때 라파엘로의 마돈나상을 무척 경이로워했던 점을 가리켜 마돈나로 비유한 것이다."

이러한 번역의 개념, 특히 '신화적 번역'의 개념은 언어로 된 텍스트 번역의 범주를 훌쩍 뛰어넘는다(Vermeer, 1994a: 4-6과 3.1 참조).

괴테는 1819년 자신의 작품인 『서동시집*West-Östlicher Diwan*』에 대해 쓴 글에서 유럽 문학의 경계 밖으로 관심의 영역을 넓히면서 번역의 '시대epoch'라는 삼분법 모델을 제시했다. 번역의 '시대'는 원천 문학과 목표 문학의 관계에 있어서 번역이 도달한 단계에 따라 분류한 번역 유형으로 르페브르는 이를 '진화적 구성 요소'로 평한다(1977: 35).

> 번역에는 세 가지 시대가 있다. 첫 번째 시대는 우리 방식대로 외국을 이해하는 것으로 단순한 산문 번역prosaic translation이 이런 유형의 번역에 가장 적합하다. (……)
>
> 두 번째 시대는 (번역가가) 자신을 외국의 환경 속에 옮겨놓고 생각은 하지만 결국에는 외국 글의 내용만을 취할 뿐, 자신의 표현 양식과 문화 준거틀을 적용해 글을 다시 만들어내는 것이다(가령 운문을 번역할 때 목표 텍스트도 운문의 형식을 띠지만 목표 문화 독자들에게 익숙한 운문 형태로 바꾸어 번역하는 것—옮긴이). 이를 패러디parodistic 시대라 칭하고자 한다. (……)
>
> 완전함과 불완전함을 너무 오랫동안 논하는 것은 불가능하고 하나를 바꾸면 필연적으로 다른 것도 잇따라 바뀌게 되므로 세 번째 시대가 등장한다. 이는 최상이자 최종적인 번역 유형으로, 그 목표는 원문을 번역본과 같아지도록 만드는 것이다. 그래서 둘 중 한쪽만 가치를 인정받는 것이 아니라 한쪽이 다른 쪽을 대신해 가치를 인정받도록 하는 것이다.
> (Lefevere, 1977: 35-36)

첫 번째 시대에 해당하는 '산문' 형식의 자국화 번역의 경우 괴테는 루터의 성경 번역을 그 예로 제시한다. 두 번째 '패러디' 시대의 경우, 괴테는 "빌란트의 번역이 이에 해당"되며 "프랑스 번역가들이 시를 번역할 때 이 방식을 사용한다"고 주장한다(Lefevere, 1977: 36). 세 번째 시대는 슐라이어마허가 이상적인 번역 유형으로 생각했으며 후에 벤야민이 계승했다. 괴테는 이 세 번째 시대의 대표적인 번역가로 요한 하인리히 포스Johann Heinrich Voss를 꼽는다. 포스는 호메로스의 독일어 6보격 번역으로 유명한 괴테가 고전 운율의 권위자로 추앙한 인물이다. 하지만 이러한 새로운 진전 혹은 변화 속에서 1813년에 괴테가 취했던 명확한 이분법은 모호해졌다.

이러한 맥락에서 프랑스어 번역에 대한 괴테의 주장을 설명할 필요가 있다. 그가 두 번째 시대의 대표 번역가로 지목한 이는 '프랑스의 버질Virgil'로 당대에 널리 알려졌고 많은 번역 작품을 남긴 아베 자크 들릴르Abbé Jacques Delille(1738-1813)다. 하지만 괴테는 보다 광범위하게는 일반적인 프랑스 번역 전통을 언급한 것으로, 프랑스의 번역 전통은 고트쉐드가 옹호한 프랑스 합리주의와 '부정한 미녀les belles infidèles'의 오명을 남긴 17세기 의역까지 거슬러 올라간다. 직역주의가 19세기 낭만주의 운동과 함께 부활하기는 했지만 독일 번역가들은 프랑스 번역가들이 '바꿔쓰기와 변장'을 하는 것으로 간주했다. 1798년에 A.W. 슐레겔이 이를 '언어 경합The Contest of Languages'이라는 대화에서 재치 있게 묘사했다. 그 대화 중에 한 프랑스인이 "우리는 외국인 저자를 이방인으로 본다. 그가 우리 마음에 들고 싶다면 의복이나 행동을 우리의 관습에 맞추어야 한다"라고 발언하는 대목이 있다(Lefevere, 1977: 50). 이는 1819년 괴테가 '패러디' 시대의 프랑스 번역가를 묘사할 때 한 말과 정확히 일치한다. "프랑스인들은 외국어 단어를 프랑스식 발음으로 바꾸듯 감정, 사고, 심지어는 사물까지도 프랑스식으로 바꾼다. 외국에서 나는 모든 과일을 모조해 프랑스 토양에서 재배할 것을 요구할 정도다"(Lefevere, 1977: 36).

훔볼트는 1816년 아이스킬로스Aeschylus의 『아가멤논*Agamemnon*』 번역서를 냈는데 그 책의 서문에서 발췌한 부분이 르페브르의 모음집에 소개되어 있다. 서문에는 번역에 관한 그의 생각뿐만 아니라 뛰어난 언어학자로서 피력한 언어 일반에 관한 원칙이 담겨 있다. 조지 스타이너George Steiner는 "새롭고 포괄적인 것을 주창한 몇 안 되는 작가와 사상가들로 플라토, 비코,[4] 콜리지Coleridge, 소쉬르Saussure, 로만 야콥슨Roman Jakobson을 꼽을 수 있는데, 훔볼트는 이들과 당당하게 어깨를 나란히 한다"라고 밝힌 바 있다(1975: 79). 그러나 그러한 업적을 달성하는 데는 훔볼트가 살았던 시대와 나라의 지적 풍토가 중요한 역할을 차지했다.

> 헤르더의 글과 훔볼트의 저술이 쓰여진 두 시점 사이의 짧은 기간이 언어 사상이 가장 풍요로웠던 시기였다. (……)
>
> 훔볼트에게는 행운도 따랐다. 주류 문학의 출현이라는 보기 드문 언어적·심리학적 변화의 한가운데에 그가 서 있었던 것이다. 그러한 과정에서 천재들이 공통의 비전을 중심으로 모이면서 언어와 민족적 감수성에 관심이 집중되었다. 역사상 이런 경우는 흔치 않았다. 괴테, 실러, 빌란트, 포스, 횔덜린 및 수많은 이들이 걸작을 단순히 저작, 편집, 번역하는 작업 이상의 일을 하고 있었다. 정책을 집중시키고 목표를 명확히 밝힘으로써 이들은 독일어를 하나의 모범으로 격상시키고 개인 및 사회 생활에 있어 새로운 가능성을 신중하게 타진하는 원천으로 만든 것이다. 『베

4 지오바니 바티스타 비코Giovanni Battista Vico(1668-1744). 이탈리아의 문화사 및 법 철학자로 오늘날 인류학과 민족학의 선구자로 인정받고 있다.

르테르*Werther*』, 『돈 카를로스*Don Carlos*』, 『파우스트*Faust*』는 개인의 상상력을 토대로 만들어진 뛰어난 작품들인 동시에 매우 실용적인 형태를 지니고 있다. 그 작품들 안에서, 또 그 작품들을 통해서 지금까지 분리되어 있던 독일의 각 지방이 새로운 공동 정체성을 시험할 수 있었던 것이다.(Steiner, 1975: 78-80)

홈볼트가 언어에 관해 쓴 저술들과 그의 번역을 평할 때 바로 상기의 배경을 염두에 두어야 한다(그간 논의되어온 다른 학자들에 대해서도 마찬가지다). 훔볼트는 언어와 문화, 언어와 행동 간의 중요한 연결고리를 처음으로 이어준 학자다. 그에게 있어 언어는 활동의 산물(에르곤ergon)을 쌓아놓은 고정적인 목록이라기보다는 발화자의 합의에 기반을 둔 역동적인 활동(에네르게이아energeia)이었다. 그리고 단어는 단순한 기호가 아닌 상징이었다.

모든 언어 기호는 상징이며, 실체도, 합의된 기호도 아니고, 소리다. 이들 소리는 소리가 표상하는 사물 및 개념과 함께 그것들이 생성되어 있고 끊임없이 생성되는 정신(머릿속)을 통해 현실적인, 소위 미스터리한 맥락에 존재한다. 또한 현실의 대상을 마치 아이디어 속에 용해된 것처럼 가지고 있으면서 무한대로 변경, 정의, 분리 및 통합하는 것이 가능하다.(Lefevere, 1977: 41-42)

그러므로 훔볼트가 "순전히 물리적 대상을 지시하는 표현을 제외한다면 한 언어의 그 어떤 단어도 다른 언어의 단어와 완전한 등가가 성립될 수 없다"라고 주장하는 것도 당연하다(Lefevere, 1977: 40). 번역가로서 훔볼트는 텍스트 전반에 걸쳐 명확하고 충실하게 번역하는 것을 목표로 한다. 나아가 번역가와 저자 사이에 공감대가 형성되어야 한다고 강조한다. 훔볼트는 "모호하거나 독일어답지 않은 것"을 피하고(Lefevere, 1977: 3; Störig, 1963: 84의 「Undeutschheit und Dunkelheit」) 번역과 논평을 구분한다.

> 번역은 논평이 될 수 없으며 그래서도 안 된다. 언어 사용에 있어 흔들림이 있거나 서툴러서 발생하는 모호함이 없어야 한다. 그러나 원문이 명확한 표현을 사용하지 않고 넌지시 암시만 던져주고 있거나 의미를 파악하기 힘든 은유를 사용하고 중재적 개념을 빠뜨리고 있는데 번역가가 명확성을 내세워 자의적으로 텍스트의 특성을 훼손한다면 이는 잘못된 판단이다.(Lefevere, 1977: 43)

독일 낭만주의 시대의 이론가들에 의해 개발된 방식은 객관화보다는 공감과 이해를 시도하는데 이는 본질적으로 해석학hermeneutics에 바탕을 둔 것이다. 슐라이어마허 역시 해석학에 기반을 두었다. 그는 강의를 하는 것 외에도 해석학 분야 전반에 걸쳐 중대한 기여를 했다. 그렇지만 슐마이어마허가 쓴 글들은 오늘날 그의 명성에 비하면 잘 알려지지 않은 편이다(Schleiermacher, 1993 참조). 슐라이어마허의 해석학 연구는 1805년과 1829년 사이에 창안되었는데, 페르메어가 이를 분석하고(1994a) 살레브스키가 영어로 기술했다(Rübberdt & Salevsky, 1997). 그의 연구의 기본 개념이라 할 수 있는 해석학적 순환원hermeneutic circle은 이해의 과정을 순환 운동으로 기술한다. 즉 전체가 부분으로, 또 부분이 전체로 반복해 돌아오며 증폭되는 나선을 형성하면서 "새로운 의미 연결고리를 통합한다"(Rübberdt & Salevsky, 1997: 301). 살레브스키는 슐라이어마허 해석학의 기본 관념을 다음과 같이 정리한다.

A. 모든 발화는 그것이 속한 전체 생애의 맥락에서만 온전히 이해할 수 있다. 발화는 발화자의 인생의 한 단면으로 그의 생애에 걸친 모든 단면들과 연결되어 있으며, 전체 생애의 단면들은 그의 발전과 미래의 실재를 정하는 환경의 총합을 고려할 때에만 결정될 수 있다.

B. 모든 발화자는 그의 국적과 그가 살고 있는 시대의 프리즘을 통해서만 이해 가능하다. (Rübberdt & Salevsky, 1997: 302)

이와 유사하게 페르메어는 슐라이어마허의 해석적 과정을 발화 그 자체, 발화 생성 과정, 직접적 상황, 그리고 (발화자와 저자의 상황을 포함하는) 전체적인 주변 상황과의 관련성의 이해라는 네 가지 요인으로 구분한다. 슐라이어마허는 이해를 하기 위해서는 논의되고 있는 사실이나 대상에 관한 지식, 사용되는 언어에 관한 지식, 그리고 발화자(혹은 저자) 자신에 관한 지식이 필요하다고 보았다(Vermeer, 1994a: 174와 3.3.1 참조).

이 모든 것을 종합해보면 슐라이어마허가 학회에서 강연했던 내용을 인용한 구문에서도 나타나듯이, 그가 자신의 발화가 어떻게 이해되기를 바랐는지 드러난다. 그는 고립된 이분법이 아닌 발화가 생성된 직접적이면서도 광범위한 맥락에서 자신의 발화가 이해되기를 원했다. 즉 19세기 초반 독일 학자의 말로서, 또한 나폴레옹이 중앙 유럽에서 퇴각한 시대(라이프치히 전투는 1813년 10월 라이프치히에서 발발했다)의 말로서 이해되기를 바랐던 것이다. 당시는 낭만주의 운동이 일어난 지 얼마 지나지 않았던 시기로 독일어가 독일의 공식 언어로 등장하기 시작하고 분열되어 있던 독일이 하나의 통일 국가로 부상하던 때였다. 슐라이어마허가 강연에서 했던 주장들은 이러한 맥락에서 이해해야 한다. 물론 번역학(4.3 참조)에서 그의 주장은 상당한 논쟁거리이긴 했지만 민족주의와 언어적 순수성 등의 주제는 특히 그러한 맥락을 고려해야 한다. 아래의 인용문을 보면 슐라이어마허는 '구부러지고' 어렵게 고안되었으며 이국화된 언어를 번역에 사용할 것을 권장한다. 하지만 그러면서도 번역가의 모국어에 불리한 영향을 끼쳐 발생하는 문제점 또한 지적하고 있다.

> 모국어가 모든 장르에서 가장 보편적이고 매력적인 아름다움을 발산하며 돋보이기를 원하지 않는 이가 있겠는가? 자신의 모습을 빼닮은, 순수 혈통을 지닌 자식을 낳고 싶지, 튀기를 낳고 싶어하는 이가 있겠는가? (Lefevere, 1977: 79)

그러나 하이브리드 텍스트hybrid text(3.2.1 참조)와 유럽 통합(4.2.3)으로 특징지어지는 후기식민주의 시대에서는 위의 주장을 번역의 영구적 원칙으로 일반화하기보다는 슐라이어마허가 사용한 용어 및 "그의 국적과 그 시대의 프리즘을 통해" 이해해야 한다. 이는 특히 '순수 혈통을 지닌 자식을 낳다'라는 은유적 표현에 적용되는데, 오늘날 이러한 말은 노골적인 인종차별주의적 표현으로 간주된다. 이 인용문의 독일어 원문에서 사용된 '혼혈Blendling'이라는 단어는 이제는 낡은 말이 되어버렸으며 『두덴 일반사전*Duden Universalwörterbuch*』에 등재되어 있지도 않다(Drosdowski 외, 1996). 그러나 프리드리히 클루게Friedrich Kluge의 독일어 어원학 사전에는 고대 고지 독일어 'blendan'의 파생어인 '혼혈인'의 뜻을 가진 낱말로 실려 있는데, 'blendan'은 '혼합하다blend'라는 의미를 가지고 있다(Kluge, 1975). 르페브르가 이것을 영어로 번역할 때 사용한 '튀기'라는 단어는 여전히 일상 대화에서 경멸적인 의미로 흔히 사용되고 있기 때문에, 안타깝게도 1813년에 쓰여진 이 독일어 텍스트의 의도를 제대로 반영하지 못한다. 그 밖에 슐라이어마허의 강연 내용 중에서 자주 인용되는 부분을 보면 '세계 시민주의'와 유창한 외국어 구사가 애국심과 자국어 사랑에 배치되는 것으로 기술되어 있으며, 다음의 주장을 보면 그러한 내용이 절정에 달한다.

> 국적이 하나여야 하듯, 모국어도 하나여야 한다. 그렇지 않은 사람은 불쾌한 중간 지대 위를 떠돌며 뿌리를 내리지 못한다.(Lefevere, 1977: 84)

'중간 지대'만이 후대의 번역학에 논쟁거리를 던져준 것은 아니다. 오늘날의 관점에서 20세기 독일의 민족주의 발전 과정을 돌이켜보면 슐라이어마허가 사용한 은유적 표현을 시공간적 맥락을 벗어나 분석할 경우 잘못 해석될 소지가 있고 또 그래왔다(4.3 참조).

그러나 일반적으로 19세기 초반 독일 이론가들은 근대 번역학의 중요한 선구자였으며 이들의 영향력은 영어권으로까지 확대된다. 베누티의 『번역학 대표 논문집*The Translation Studies Reader*』(Venuti, 2000) 전반부(1900년대-1930년대)에는 발터 벤야민, 에즈라 파운드Ezra Pound, 호르헤 루이스 보르헤스Jorge Luis Borges 그리고 호세 오르테가 이 가세트José Ortega y Gasset의 글이 실려 있다. 그 책의 서문에서 베누티는 다음과 같은 의견을 피력한다.

> 이 시기 번역 이론의 주요 동향은 독일 문학 및 철학 전통, 낭만주의, 해석학, 그리고 실존적 현상학existential phenomenology에 뿌리를 두고 있다. 이러한 사상들은 언어가 사상과 현실을 표상하는 데 있어 소통적이라기보다는 구성적 성격을 띤다고 추정한다. 그렇기 때문에 번역은 해석으로 간주되며 필연적으로 외국 텍스트를 재구성하고 변형시킨다. 슐라이어마허와 훔볼트와 같은 19세기 이론가와 실무 번역가들은 번역을 창의적인 힘으로 간주했으며 특정한 번역 전략이 다양한 사회와 문화의

기능을 지지하고 언어, 문학, 그리고 국가 건설에 이바지한다고 보았다. 20세기 초에는 문학 형식에 관한 실험을 문화 재활성화의 한 방식으로 존중하는 근대주의 운동의 관점에서 이러한 사상들을 재고찰했다. 번역은 이론적 고찰과 형태적 혁신의 중심이다.(Venuti, 2000: 11)

베누티의 『번역학 대표 논문집』은 벤야민이 1923년에 쓴 에세이 「번역가의 과업」[5]으로 시작하며 슐라이어마허와 훔볼트 사이에 긴 공백을 두고 있다. 낭만주의 시대와 19세기에 걸쳐 독일 전통은 정체되었으며 내부로부터의 강한 비판에 직면했다. 이러한 비판은 1847년 10월 21일 야콥 그림Jakob Grimm이 베를린 왕립학회에서 '독일어의 현학적 요소'를 주제로 한 강연으로 사실상 촉발되었다. 이 강연에서 그림은 슐레겔이나 포스가 쓴 표현들조차도 셰익스피어나 호메로스 작품의 황홀한 아름다움을 재창조하지 못했다고 비판했다. 또한 그는 다음과 같은 유명한 발언을 했다.

> 번역을 하는 것은 배를 타고 강을 건너는 것과 같다.[6] 항해할 능력이 있고, 돛을 모두 편 채 배를 운항해 반대편 기슭에 도착할 수 있다고 해도 반대편 땅의 공기와 토양이 이곳과 다르다는 사실에는 변함이 없다.(Lefevere, 1977: 95)

물론 슐라이어마허 시대 이후 번역의 주안점이 눈에 띄게 바뀌었다. 목표 언어는 더 이상 원천 텍스트를 살리기 위해 '구부러질' 필요가 없으며 이제 번역가는 목표 언어의 세계에 "또 다른 바람이 불고 있다"는 점을 받

5 「The Task of the Translator」, 해리 존Harry Zohn 번역.

6 그림Grimm의 은유는 독일어의 중의성에 바탕을 두고 있는데 영어 번역에서는 이 중의적 의미가 살지 않는다. 독일어 단어 'übersetzen'(첫 음절에 강세)은 '배를 타고 건너다'는 의미가 있다.

아들여야 한다. 그림은 또 다른 비유를 통해 직역을 비판하는데, 그 이유는 직역이 "원래의 드레스와 똑같은 옷을 짜내기 위해 그러하듯 너무 세세한 것에 얽매여 스스로를 지나치게 옥죈 나머지 형식과 내용이 자연스럽게 어울리는 원천 텍스트에 비하면 부족" 한 면이 매우 많기 때문이다(Lefevere, 1977: 95). 이는 그림이 형식과 내용의 조화를 추구하고 있음을 명백히 보여주는 것으로 지나치게 충실한 번역에서는 그러한 조화가 나타나지 않는다.

그 후 독일 민족주의가 낭만주의 시대에 지녔던 신선함과 열정을 잃어버리면서 이러한 비판이 더욱 거세지고 공격적으로 변했다. 당대 최고의 영향력을 지닌 사상가였던 프리드리히 니체Friedrich Nietzsche(1844-1900)는 『즐거운 과학*The Joyful Science*』(1882)에서 경직되고 거만한 독일어 번역을 분석하고(Störig, 1963: 137) 정복으로서의 번역을 비난했는데 이는 100년 뒤 후기식민주의 번역 비평가들의 논쟁의 토대를 마련했다(2.4). 수년 후인 1925년 칼 포슬러Karl Vossler(1872-1949)는 '번역의 거장들'이 "미학적 제국주의에 대한 굶주림에 욕심나는 것이라면 무엇이든지 손에 넣고야 만다" 는 이유로 그들을 강도 높게 비판했다(Lefevere, 1977: 97). '제국주의'라는 용어는 후기식민주의 시대에 많이 등장한다(3.2.1과 4.3 참조).

그러나 20세기 초반 독일의 번역 이론에서 어느 누구보다도 가장 널리 알려진 이름은 발터 벤야민(1892-1940)이다. 그의 에세이인 「번역가의 과업」은 영감과 토론의 원천이었다. 「번역가의 과업」은 벤야민이 번역한 샤를 피에르 보들레르Charles-Pierre Baudelaire의 『파리 정경*Tableaux parisiens*』의 서문으로서 1923년에 출간되었다. 당시는 엄청난 인플레이션과 대공황, 그리고 나치 독재정권의 등장 등 일련의 사건들이 일어났던 대격동의 시기였으며(수포로 돌아간 히틀러의 반란이 1923년 11월 23일 발생했다), 이 같은 사회적 상황은 1940년 벤야민을 자살로 내몰았다. 그러한 역사적 경험과 절대적인 대조를 이루는 것이 번역에 관한 벤야민의 신비주의 사상이다. 그는 번역이 '사후 세계'의 일부로서 변형을 통해 외국 텍스트가 살아남도록 보장한다고 주장했으며, 괴테가 말한 번역의 '세 번째 시대'에서 파생된 '순수 언어'를 주창했다. 이러한 사상은 번역에서 급진적인 직역주의 형식으로 구현되어 표준 용례로부터의 일탈을 촉발한다. 이는 슐라이어마허의 관념과도 일맥상통한다.

> 진정한 번역은 투명하고 원문을 가리지 않으며 원문의 빛을 앗아가지도 않는다. 진정한 번역은 순수한 언어가 마치 자기 매체에 의해 더욱 강화된 듯, 보다 완전한 충만함으로 원작 위에 내려앉도록 한다. 이는 무엇보다도 직역주의적 통사 번역의 힘에 의한 것으로 이 경우에도 번역가가 작업하는 본래의 요소는 문장이 아닌 단어다.(Lefevere, 1977: 102).

이 에세이의 마지막 문장은 다음과 같은 논리적 결론을 맺고 있다

> 성서의 행 대응 번역interlinear version이 모든 번역의 전형 혹은 이상이다.

한편 유태계 신학자이자 당대 최고의 종교 철학가였던 프란츠 로젠츠바이크는 벤야민과 전혀 다른 주장을 한다. 로젠츠바이크는 1925년부터 마르틴 부버Martin Buber(1878-1965)와 함께 히브리어 구약성서의 독일어 번역 작업을 새로 시작했다. 비록 그는 진행성 중증 마비로 인해 말하는 것도, 글을 쓰는 것도 불가능했지만 신호 체계와 특수 제작한 타자기를 이용해 학자로서 활발한 활동을 계속했다. 1926년 그는 「성서와 루터The Scriptures and Luther」라는 제목의 에세이를 통해 모든 발화를 번역으로 기술하며, 르페브르의 표현을 빌리자면 "위에서 언급한 공격적이며 제국주의적인 민족주의에 대한 해독제로서 문학 번역은 절대적으로 필요하다"라

고 강조한다(1977: 94, 5.3 참조). 로젠츠바이크는 타협을 확고하게 옹호했다. 그는 슐라이어마허의 이분법을 가리켜 '현혹적인 대립blendende Antithese'(Störig, 1963: 221)이라고 평했다. 여기서 '현혹적'이라는 표현은 이중의 의미를 담고 있는 것으로, 재치 면에서 현혹적이라는 의미가 있는 동시에 "매우 복잡하게 얽혀 있어 결코 상호 대립적으로 분리되지 않는 현실"을 왜곡하는 경향이 있음을 의미하기도 한다(Lefevere, 1977: 111). 그는 슐라이어마허의 번역관을 양자택일의 수단이 아닌 복잡하게 얽혀 있는 현실의 실타래를 푸는 수단으로 해석할 것을 제안했으며, 거기에서 한 걸음 더 나아가 "번역물에서 독자가 움직이는 시점이 언제이고 원문이 움직이는 시점은 언제인가"라는 본질적인 문제까지 제기했다(Lefevere, 1977: 111).

이렇게 해서 우리는 양극단에 위치한 개념들로부터 벗어나 그 사이에 있는 복잡한 지대로 다시 이동했다. 이런 과정에서 우리가 계속 같은 원, 혹은 페르메어가 말한 '소요 나선peripatetic spiral'을 순환하고 있다는 인상을 받는 것도 당연하다. 스타이너는 다음과 같이 평한다.

> 성 제롬Saint Jerome, 루터, 드라이덴, 횔덜린, 노발리스, 슐라이어마허, 니체, 에즈라 파운드, 발레리,[7] 맥켄나,[8] 프란츠 로젠츠바이크, 발터 벤야민, 콰인[9]을 열거해보면 이들이 모두 번역에 관해 근본적이거나 새로운 개념을 언급했음을 알 수 있다. 이들이 사용한 표현은 매우 다양했으나 이론적 범주는 큰 차이가 없다. (1975: 269)

---

7 폴 발레리Paul Valéry(1871-1945). 프랑스의 시인이자 비평가, 그리고 번역가(Steiner, 1975: 346-7과 478 참조).

8 스테판 맥켄나Stephen MacKenna. 플로티누스Plotinus의 『엔네아데스*Enneades*』(1917년과 1930년 사이에 출간)를 번역했다. Steiner(1975: 267-269) 참조.

9 윌러드 콰인Willard V.O. Quine(1908-2000). 미국의 철학자(Venuti, 2000: 94-112와 Steiner, 1975: 277 참조).

스타이너가 꼽은 13명의 인물 중에서 7명은 독일 전통의 개요에서 다루었다. 그러나 여기에서 누락된 인물이 2명 있다. 그들은 전통 번역 이론 연구에서 대체로 중요한 위치를 차지하고 있는데 원래는 타 전통에서 이름이 널리 알려진 인물들이다. 바로 프랑스의 번역가인 에티엔 돌레 Etienne Dolet(1509-1546)와 스코틀랜드의 변호사이자 학자인 알렉산더 티틀러Alexander Fraser Tytler(1748-1813)다. 이들은 시인 드라이덴과 함께 훌륭한 번역가가 되기 위한 기본 규칙과 원칙을 세웠다(Snell-Hornby, 1988: 12-13 참조). 티틀러가 1791년에 쓴『번역 원칙에 관한 에세이*Essay on the Principles of Translation*』(Tytler, 1978 참조)에서 드라이덴에게 감사의 마음을 표하고 있는 것을 감안할 때 두 인물의 원칙이 일치하는 것도 놀라운 일이 아니다. 하지만 눈에 띄는 것은 두 사람 모두 1540년에 출간된 돌레의 4페이지 분량의 논문인「한 언어에서 다른 언어로 번역을 잘하는 법How to translate well from one language into another」을 상기시킨다는 점이다(Bassnett, 1980/2002: 58-9와 Snell-Hornby, 1988: 12-13 참조). 이 세 이론가는 자신들이 번역가로 일하면서 내린 결론을 밝혔는데, 이는 오늘날의 번역가 교육에서도 여전히 강조되고 있는 원칙이다. 그 원칙이란 바로 원천 언어와 목표 언어 모두에 통달하고 저자가 말하고자 하는 의미와 뜻을 이해하며 원문의 매끄러움을 유지하도록 적절한 관용구 중심idiomatic의 문체로 번역하는 것이다(2.4 참조).

1.2 새로운 길의 개척: 야콥슨에서 패프케까지

전통 번역 이론의 개척자와 거장을 근대 번역학의 위대한 선구자로 '지명'한 만큼 이제는 라드닛츠키의 모델을 따라 개척자를 찾아야 한다. 그러나 현실적으로 개척자를 찾는 것이 생각만큼 단순한 일이 아니기 때문에 이전의 접근법에서도 그랬듯이(Snell-Hornby, 1988: 31) 여기에서는 명확하게 집단이나 유형을 구분하는 대신 모호한 경계와 중복, 그리고 심지어는 공백도 허용하는 원형론을 택하고자 한다. 변화가 많았던 번역학 역사와 원형론은 관련성이 있는데, 특히 제2차 세계대전으로 인해 안으로는 번역학 내에서, 그리고 밖으로는 다른 학문과의 학술 교류가 중단되었던 시기와 연관이 깊다.[10]

전후에는 학술 활동이 다시 활발해졌다. 당시 비문학 번역은 언어학의 하위 분야로 간주되었지만 폭발적인 관심을 받으며 (비교문학의 한 지류로 간주된) 문학 번역을 보완하는 역할을 했다(1.3 참조). 이 기간 동안 언어학 및 인접 학문 전통의 여러 저명한 학자들이 토론에 기여했으며 그 각각의 기여가 하나의 초석이 되어 새로운 학문의 길을 개척한 것으로 볼 수 있다. 이 시기가 바로 '개척적 선구자'의 시대로서, 이들 선구자는 다언어 배경을 가졌으며 번역에 유리한 환경에 지적인 뿌리를 내리고 있다.

그러한 유리한 환경의 하나로 프라하학파Prague School를 들 수 있다. 이 학파는 1920년대 중반에 결성되어 영어, 독일어, 체코어 그리고 러시아어를 포함한 전 유럽 언어를 다루었으며, 음운학과 통사에서부터 문학 이론에 이르기까지 두루 연구했다. 프라하학파는 현대 언어에 관심을 집중했고 언어 내적 요소의 기능을 강조했는데 특히 요소 상호 간의 대조 및 그 대조로 인해 형성된 완전한 시스템이나 패턴에 중점을 두었다. 프라하학

---

10 오르테가 이 가세트Ortega y Gasset의 「번역의 고통과 영광Miseria y esplendor de la traducción」 독일어 번역본은 스페인에서 1937년에 나왔다. 그러나 이 번역본이 스퇴리히Störig의 문집에는 1956년에 실렸다는 점이 눈에 띈다. 그와 마찬가지로 다음 기고문인 마르틴 부버Martin Buber(프란츠 로젠츠바이크Franz Rosenzweig의 공동 연구자)의 에세이는 1954년에서야 출간되었다.

파의 설립자이자 주축 회원이었던 로만 야콥슨Roman Jakobson(1896-1982)은 젊은 시절 모스크바에 머물며 러시아 형식주의 운동Russian Formalism으로 이름을 알렸다. 1928년 야콥슨과 티냐노프Tynjanov는 '시스템의 시스템'으로서의 문학 개념을 수립했다(Prunč, 2001: 208 이하와 2.1 참조). 후에 프라하에서 야콥슨은 시적 언어의 본질과 운문 번역의 문제점을 다루었다(Kufnerova & Osers, 1998: 380 참조). 그러나 유럽의 정치 상황으로 인해 어쩔 수 없이 처음에는 스칸디나비아로, 그 이후에는 미국으로 이민을 가게 되었다. 미국에 가서 처음에는 콜롬비아 대학교에서 강의했으며, 1949년부터 1967년 사이에는 하버드 대학교의 슬라브 언어와 문학 및 일반언어학 교수로 재직했다. 하버드 대학교에 재직하는 동안 야콥슨은 번역학에서 그의 이름을 널리 알린 『번역의 언어적 측면*On Linguistic Aspects of Translation*』(1959)을 저술했다. 그 책을 통해 야콥슨은 또 하나의 번역 삼각 체계를 제시했는데, 이는 앞서 살펴본 번역의 유형과 유사하다.

> 언어 기호를 해석하는 방법은 세 가지로 구분된다. 동일한 언어의 다른 기호로 하거나, 다른 언어로 하거나, 혹은 또 다른 비언어 기호 체계로 번역할 수 있다. 이 세 유형의 번역은 각각 명칭이 다르다.
>
> 1. 동일 언어 내 번역intralingual translation 또는 바꾸어말하기rewording는 동일한 언어의 다른 기호를 이용해 언어 기호를 해석하는 것이다.
> 2. 이異언어 간 번역interlingual translation 또는 본원적 의미의 번역translation proper은 다른 언어를 이용해 언어 기호를 해석하는 것이다.
> 3. 기호 간 번역intersemiotic translation 또는 변환transmutation은 비언어 기호 체계의 기호를 이용해 언어 기호를 해석하는 것이다. (Jakobson, 1959: 2)

이 모델에서 매우 놀라운 점은 전통적 체계에서 한발 더 나아가 번역을 기호의 전이 및 다른 기호를 이용한 기호의 해석으로 보는 기호적 관점을 제시한 것이다(찰스 퍼스Charles S. Peirce의 주장을 바탕으로 한다). 여기서 언어 기호란 어휘 항목 혹은 문법 구조를 가리킨다. 또한 야콥슨은 단어를 중심으로 번역을 논하고 있는데, 이는 당시의 언어학자들에게는 일상적인 접근법이었으며 야콥슨 자신이 쓴 예문들에도 그러한 성향이 나타난다. 그러나 오늘날의 시각으로 봤을 때 번역학에서 야콥슨의 이론이 의미심장한 이유는 그가 말로 된 언어의 범주를 넘어서서 단순히 서로 다른 언어 간의 전환 차원에서만 번역을 논하지 않기 때문이다. 야콥슨이 정의한 이異언어 간의 '본원적 의미의 번역'과 (이제는 요약, 바꿔쓰기, 설명 혹은 정의로 익숙한) 동일 언어 내 번역은 난청자나 청각 장애인들을 위한 TV 자막에 있어 중요한 개념이며, 기호 간의 번역은 소프트웨어 로칼리제이션software localization 혹은 무대와 스크린 번역 등의 멀티미디어 및 다모드 전이multimodal transfer의 중요한 요소다.

유럽에서 프라하학파의 전통은 1960년대 문학 사학자이자 번역가인 쥐리 레비Jiří Levý(1926-1967)를 통해 부활했다. 레비는 40세의 나이로 요절하기까지 브뤼 대학교에서 문학 이론을 강의했다. 번역학에 관한 레비의 주요 저술로는 1963년 체코에서 발간된 문학 번역서인 『번역의 기술*The Art of Translation*』이 있다. 이 책은 그의 사후인 1969년에 발터 샴슐라Walter Schamschula가 독일어로 번역해 『문학 번역: 예술형식 이론*Die literarische Übersetzung: Theorie einer Kunstgattung*』[11]이라는 제목으로 출간했다. 『번역의 기술』은 언어적 방식과 문학적 방식을 모두 논하며 번역의 목표를

11 이 책에서도 논의되었던 샴슐라Schamschula의 번역에 대한 극히 비판적인 견해는 Prunč (2001: 213-217) 참조.

결정적 요소로 도입해 이론과 실무 사이의 간극을 좁히는 데 성공했다(Prunč, 2001: 213 참조). 레비는 이 책을 통해 자신이 선구자를 넘어 근대 번역학에 있어 개척자로서의 가치를 지녔음을 입증했다. 그는 이 책에서 오랫동안 번역학의 의붓자식 취급을 받아온 드라마 번역까지 아우르며 훗날 1990년대 많은 논의의 대상이 된 가화성speakability과 공연성performability의 제반 문제점들을 다루었다. 특히 운문 번역을 집중적으로 다루었는데, 그 분량이 책의 삼 분의 일에 달한다. 레비는 문학 번역을 그 자체가 예술의 한 형태로서, 창의적 예술과 '복제적' 예술 사이에 위치한다고 보았다. 그는 번역 과정을 이해, 해석, 전이의 세 단계로 구분한다. 번역된 작품은 예술적 복제이며, 번역 과정은 예술적 창의성을 지닌다. 이처럼 이미 존재하는 텍스트에 구체적인 형태를 입히는 번역 작업은 마치 무대 위에서 행하는 연극과 같다. 이러한 맥락에서 레비는 번역 규범이라는 개념을 적용해(3.1.1 참조), 텍스트의 적절한 이해를 기반으로 하여 충실성을 요구하는 '복제적reproductive' 규범과 미적 기준을 충족할 것을 요구하는 '예술적' 규범을 구분한다(Levý, 1969: 68). 그에게 있어 충실성과 예술성은 결코 서로 배타적이지 않다. 번역 규범은 정적이고 절대적인 것이 아니라 언제나 역사적 맥락에 의존하며, 다른 모든 예술 규범과 마찬가지로 각 민족의 문화 일부를 구성한다.

레비는 번역 방식을 '환상주의illusionist'와 '비환상주의anti-illusionist'로 구분하는데, 이는 근대 연극의 구분 방식과 유사하다. 전통 연극은 무대에서 일어나는 일이 현실이라는 환상illusion을 심어주려고 하는 반면 베르톨트 브레히트Bertolt Brecht의 '서사극'은 낯설게하기alienation의 방식을 통해 연극이 현실의 복제일 뿐이라는 점을 명확히 하여 무대에서 발생하는 사건들로부터의 비판적 분리를 유도한다. 이와 유사한 맥락에서 번역가는 "원문 뒤에 숨어서"(Levý, 1969: 31) 자신의 번역문이 원문이라는 환상을 만들 수 있다. 아니면 원천 텍스트를 모방하지 않고 가령 "(의도한) 독자에게 보내는 시사적이고 개인적인 암시"를 주어 자신의 텍스트가 번역문이라는 점을 명확히 할 수 있다(Levý, 1969: 32; Prunč, 2001: 215). 물론 레비는 그러한 비환상주의 번역이 드물며 패러디나 모방travesty의 범주에 들어갈 수 있다는 점도 지적한다. 그러나 환상주의 방식을 연극과 번역 모두에서 사용해도 관련 당사자들은 환상이 만들어지고 유지되고 있다는 사실을 잘 알고 있다. 즉 독자는 그 텍스트가 번역문이라는 것을 알고 있고 기껏해야 원문과 동일한 효과를 만들어낼 뿐이라고 인지하고 있다. 결국 총체적 원칙이 중요한데, 이는 (문학) 시스템과 역사적·문화적 맥락 안에서 차지하는 기능에 따라 부분과 디테일을 전체 텍스트에 종속시키는 원칙을 말한다. 이와 유사한 개념이 이후 1980년대의 기능주의와 기술주의 접근법을 통해 표현되고 구체화되었다.

독자의 역할과 더불어 레비는 1970년대의 문학 연구(미학적 반응aesthetic response 이론. Iser, 1976 참조)와 1980년대 번역학의 중심 테마가 된 또 다른 주제에 대해 언급했다(3.3과 3.3.1 참조). 문학 작품은 독자가 읽고 나서야 예술 작품으로서의 사회적 연관성이 생기며, 독자는 그 작품을 언제나 자신이 살고 있는 당대의 시각에서 이해한다. 그 수용 과정은 '일반적으로는' 문학 작품을 독자의 머릿속에 재구성하는 것으로 마무리된다. 그러나 번역가는 작품에 대한 개념을 세우고 그것을 다시 다른 독자를 위해 말로 구성한다는 면에서 '일반 독자'와 다르다. 그리고 원문과 마찬가지로 번역문 역시 독자가 읽고 나서야 비로소 사회적 연관성을 지니게 된다. 그렇기 때문에 원천 텍스트는 읽기라는 행위로 인해 번역의 세 가지 주관적 변형을 모두 거친다. 첫 번째는 저자에 의한 현실의 개조이고, 두 번째는 번역가에 의한 원천 텍스트의 시각화 및 그것의 언어적 표현이며, 세 번째는 목표 독자의 머릿속에 떠오르는 이미지다(이는 '장면scene'에서 다시 다룰 것이다. 3.3.1 참조). 즉 1980년대의 기능주의 접근법에서도 강조했듯이 번역가는 독자를 고려해야 하며 번역 텍스트를 읽는 독자가 그것을 어떻게 시각화할 것인지를 예측해야 한다(Prunč, 2001: 216-7).

영어권 학계에서 레비는 1967년 『로만 야콥슨을 기리며*To Honor Roman Jakobson*』에 실린 자신의 에세이 「의사결정 과정으로서의 번역Translation as a Decision Process」으로 잘 알려져 있다. 이 책을 통해 레비는 1980년대와 1990년대에 번역 이론이 수립될 수 있는 토대를 마련해주었다. 그는 목적론적 관점에서 번역을 소통의 과정으로 간주했다. 에리히 프룬치Erich Prunč는 레비가 '목적론적'(목표, 목적을 뜻하는 그리스어 'télos')이라는 용어를 사용하면서 스코포스 이론(2.2)의 토대를 이미 형성했다고 예리하게 지적한다(2001: 219). 번역가의 실제 작업 환경에서 보면 번역은 일련의 의사결정 과정으로, 게임을 할 때처럼 순차적 상황을 바탕으로 적절한 조치를 취하는 것이다(Levý, 1967/2000: 148). 번역가는 이러한 상황에서 대단히 실용적이며 상식적인 해결책을 취한다.

> 번역 이론은 규범적인 경향을 보이며 번역가에게 최적의OPTIMAL 해결책을 지시한다. 그러나 실제 번역 작업은 실용적이다. 번역가는 여러 해결책 중 최소한의 노력으로 최대한의 효과를 보장하는 하나를 선택한다. 즉 번역가는 직관적으로 소위 미니맥스 전략MINIMAX STRATEGY을 선택한다. (Levý, 1967/2000: 156)

여기서 프룬치는 레비가 이미 언스트 아우구스트 구트Ernst August Gutt의 관련성 이론에 영향을 주었다고 보고 있다. 구트는 1991년에 '관련성 이론'을 최소한의 프로세싱 노력으로 최대한의 이익을 달성하는 것이라고 정의한 바 있다.

레비는 공산주의 치하였던 1960년대 체코슬로바키아에 거주하면서 글을 썼다. 그가 사망한 해에는 '프라하의 봄'이 일어났다. 레비의 혁신적인 개념들은 지난 40년 동안 반박을 받지도, 진부한 학설로 전락하지도 않았으며 오히려 라드닛츠키의 표현을 빌리자면 후대의 번역학 '기본 틀'의 일부로 인정을 받았다. 그만큼 그의 활력 넘치는 개척 정신은 주목할 만하다.

1950년대 또 다른 번역학의 '개척적 선구자'는 번역학의 주류가 형성되었던 중앙 유럽이 아니라 전혀 다른 곳에서 나타났다. 캐나다의 번역 전통은 초기 식민주의 시대로 거슬러 올라갈 만큼 오랜 역사를 가지고 있다. 식민주의 시대의 번역에는 식민 통치자들과 원주민들 간의 상호 교류와 양대 식민 언어였던 영어와 프랑스어 간의 전이가 모두 해당된다. 당연히 문학 텍스트나 철학보다는 행정, 법률, 상업 관련 사안들이나 통역이 더 주목을 받았다. 특히 1867년 국가연합제 이후 나타난 이중 언어 환경으로 인해 비문학 번역이 융성하게 되어 캐나다는 통·번역사의 조직화와 번역국 Translation Bureau(캐나다 공공사업조달부 산하 특별 운영기관―옮긴이) 설립, 번역가 양성 등에 있어 좋은 선례를 남겼다(Delisle, 1998 참조). 이 분야의 개척자로는 장 폴 비네Jean-Paul Vinay(1910-1999)와 장 다르베르네Jean Darbelnet(1904-1990)를 들 수 있으며 이들이 저술한 『불어와 영어의 비교 문체론 *Stylistique comparée du français et de l'anglais*』(1958)은 국제적으로 인정받으며 전 세계 번역 교육학의 시금석이 되었다.

이 책은 번역학에 지대한 영향을 미쳤는데, 두 저자는 서문을 통해 저술 동기를 상세히 밝히고 있다. 그들은 뉴욕에서 몬트리올까지 고속도로를 주행하며 영문 도로 표지('추월하지 말 것No passing', '천천히- 인부 작업 중 Slow-men at work', '우천시 미끄러움Slippery when wet')를 보게 되었는데, '공무적인 느낌'이 나는 프랑스 공공 표지와 달리 '그다지 권위적이지 않으면서도 자상한' 영문 문구가 그들에게는 인상적이었다(1958: 18). 그러나 국경을 넘자 캐나다의 영어 도로 표지판에 병기된 캐나다 프랑스어 번역('천천히Slow/Lentement', '우천시 미끄러움Slippery when wet/Glissant si humide')이 무척 거슬렸다. 이는 프랑스에서 사용되는 프랑스어 원어 도로 표지와는 기본적으로 달랐다. 프랑스 표지에는 '추월금지Défense de doubler', '서행-작업 중Ralentir travaux'(영국에서는 이를 '서행-전방 작업 중Slow-Road works ahead'으로 표기한다) 혹은 '전방 3km 구간 미끄럼 주의Chaussée glissante sur 3 kilomètres'로 표기한다. 비네와 다르베르네는 두 언어 간 '사고의 차이génies différents'에 집중한다(1958: 20). 물론 오늘날에는 사람들이 언어와 문화 모두에 의해 결정되는 텍스트 유형 관습에 대해 더 관심을 보이기는 하지만(3.1.1 참조) 이 두 학자의 번역 접근법에서 주목할 만한 점은 이 접근법이 언어 체계에서 고립된 단어나 기호보다는 구체적인 상황에서의 실제 병렬 텍스트에 바탕을 두고 있다는 것이다. 이것이 이후에 번역가 교육과 번역 실무에서 귀중한 도구가 된다.

비네와 다르베르네는 언어쌍에서 대조적으로 나타나는 치환 구조transposing structure에 집중한다. 그들은 이를 '문체'적 접근법이라고 부르고 있으나 실상 그들이 다루는 많은 부분들(상aspect, 서법modality, 어원derivation)이 오늘날에는 문법과 의미론에 속한다. 한편 그들의 '번역 절차'는 차용borrowing, 모사calque , 치환transposition, 명시화explicitation, 변조modulation 등의 범주에 기반을 두고 고립된 어휘와 문법 항목(혹은 기껏해야 아주 간단한 문장)에 적용되는데, 이것도 오늘날의 관점에서 보면 원자론적이며 처방론적이다. 그러나 비네와 르베르네의 주장은 오늘날까지도 번역 실무에 직접적인 영향을 주고 있으며(두 저자의 저서는 1995년 영어로 번역되었다), 특히 언어 구조를 번역할 때 소통 상황을 고려해야 한다는 주장은 당시로서는 혁신적이었다. 결국 그들의 등가 개념은 언어 체계의 기호나 항목이 아닌 상황에 따라 결정된다.

'등가'는 그 이후 20년간 번역학을 지배한 개념이지만 정확한 의미나 적용 면에 있어서는 의견이 분분하다. 번역의 여러 분야에서 그와 관련한 논쟁이 계속되었는데 그중 한 분야가 성서 번역이다. 성서 번역에서 가장 선도적인 인물은 유진 나이다Eugene A. Nida로 그의 주요 논문인 「학문으로서의 번역을 향하여Toward a Science of Translating」(1964)는 번역학 발전에 중대한 기여를 했다. 나이다는 1943년 미국성서공회American Bible Society에 가입해 토착어를 목표 언어로 하여 번역하는 작업을 했으며 인류학과 문화 관련 문제들을 연구했다. 그 분야에서는 훔볼트(1.1)와 미국의 민족 언어학자인 에드워드 사피어Edward Sapir(1884-1939) 그리고 벤자민 리 워프Benjamin Lee Whorf(1897-1941)가 대표적 학자들이다. 사피어와 워프는 언어를 문화의 직접적인 표현으로 간주했으며, 이들은 사피어-워프 가설, 즉 언어상대성 이론Principle of Linguistic Relativity으로 잘 알려져 있다. 이 가설에 따르면 사고가 언어에 '선행'되는 것이 아니라 오히려 그 반대로 언어 구조가 발화자들의 사고를 형성한다. 이를 둘러싼 논쟁이 오랫동안 계속되기는 했으나 그 누구도 문화와 언어의 관계를 부정할 수는 없었다. 나이다는 후대의 스코포스 학자들과 마찬가지로 언어를 문화의 중요한 일부로, 단어를 문화 현상의 상징으로 간주했다. 언어와 문화에 따라 상징이 다르기 때문에 원천 언어에 쓰여진 말의 정확한 등가어를 사용한다고 해서 번역이 성립되는 것이 아니다.

> 번역은 수용자 언어에 원천 언어의 메시지와 가장 가깝고 자연스러운 등가를 재생산함으로써 성립한다. 여기서 등가란 첫 번째는 의미 면에서의 등가이고 두 번째는 문체 면에서의 등가다. (Nida & Taber, 1969: 12)

여기에는 형태 구조로부터 크게 벗어나는 번역 방식도 해당되는데, 이는 나이다의 형태적 등가와 동태적 등가의 구분과 연결되는 개념이다. 형태적 등가는 원천 언어의 표층 구조를 가능하면 그대로 재현하려는 반면 동태적 등가는 원천 언어에서와 유사한 반응을 유발하려 한다(Nida & Taber, 1969: 24). 동태적 등가에서 많이 인용되는 것이 양을 모르는 이누이트Innuit인을 위해 '하나님의 어린 양Lamb of God'(무죄의 상징)을 '하나님의 물개Seal of God'로 번역한 예문이다. 그러나 나중에 나이다는 이 예문이 "출처가 불분명하다"고 말한 바 있다(*Language International* 1996: 9). 그 대신 프룬치가 인용한 주기도문의 예문을 대안으로 택할 수 있다(2001: 118). "Give us this day our daily bread우리에게 일용할 양식(빵)을 주옵시고"에서 빵이 주식이 아닌 문화권에서는 'bread빵'를 해당 문화권의 주식인 '생선'이나 '쌀'로 번역할 수 있다.

레비와 마찬가지로 나이다 역시 번역의 3단계 모델을 제시했다. 나이다의 3단계 모델은 분석, 전이, 재구성으로 구성되었다. 그러나 나이다는 레비와 달리 당시 지배적인 언어학 이론이었던 변형생성문법에서 파생된 새로운 접근법을 기반으로 했다. 비네와 다르베르네처럼 나이다는 당대의 모습을 반영해 언어가 지닌 '천재성' 관점에서 사고했다. 이후 그는 인류학과 언어 그리고 번역의 다양한 측면에 관해 많은 글을 썼으며, 당대의 태도나 사고의 변화에 부응하거나 대응하면서도 자신의 기본적인 문화 중심적 접근법을 견지했다. 1996년 『랭귀지 인터내셔널*Language International*』은 나이다를 '번역학의 원로'이자 창시자로 인정했다(1996: 8-9).

한편 동유럽에서는 또 다른 '번역학의 창시자'들이 적극적인 학술 활동에 전념하고 있었다. 한때 괴테가 수학했고 지금은 칼 마르크스 대학교로 개명된 라이프치히 대학교에 1957년 번역 학교가 설립되었다. 같은 해에 『외국어*Foreign Languages*』라는 제목의 저널이 창간되었는데 1977년부터

〈번역학 에세이*Essays on Translation Studies*〉 시리즈와 부록이 실리면서 국제적인 명성을 얻었다. 이와 함께 이 저널의 세 명의 편집자인 오토 카데Otto Kade와 게르트 얘거Gert Jäger, 알브레흐트 노이베르트Albrecht Neubert 외 여러 동료 학자들이 '라이프치히학파'로 널리 이름을 알리게 되었다. 라이프치히학파는 1965년 처음으로 번역학회의(그동안 번역학은 응용언어학회의 한 분과를 배정받아 논의될 뿐이었다. Wotjak 2000: 280과 1.4 참조)를 개최했다. 이념적인 내용과 기술 전문 용어를 제외하면 오늘날의 관점에서 봤을 때 라이프치히학파의 저서들은 라이프치히학파가 개척자로서 상당한 업적을 쌓는 데 기여했다. 특히 카데(1927-1980)의 저서가 그러하다. 1968년 저널『외국어』의 첫 번째 부록으로 실린 카데의 논문「번역의 가능성과 규칙성Chance and Regularity in Translation」은 독일 근대 번역학의 중대한 성과로 기록된다. 재미있는 사실은 이 논문이 처음 알려진 것이 번역의 개념 중에서 가장 오래되고 당시 가장 중요한 이슈로 자리매김했던 등가 개념을 네 가지 유형(Snell-Hornby, 1988: 20 참조)으로 소개하면서부터였다는 점이다. 그러나 후에 카데는 통찰력 있는 연구로 알려지기 시작했다. 우선 그는 1960년대에 지배적이었던 편협한 언어학적 한계를 처음으로 뛰어넘은 학자였다. 당시 카데는 소통 이론의 개념을 도입해 특히 비문학 텍스트와 관련된 번역 행위를 설명했다. 번역 행위에 포함되는 요소는 다음과 같다.

1. 소통의 파트너(원천 텍스트 저자, 번역가, 번역의 사용자)
2. 소통수단으로서의 언어
3. 광범위한 의미에서의 상황 맥락 및 소통의 대상으로서 구현되는 객관적 현실(1968: 32)

당시 번역을 단지 언어 요소의 전환이 아니라 참가자와 언어 외적 상황을 포함하는 구체적인 행위로 보는 관점은 특히 비문학 번역에서는 새로운 것이었다. 이는 후에 번역행위translatorial action 이론(2.3 참조)을 통해 재부상하게 되면서 기능주의 번역학의 기본 개념이 되었다.

이를 출발점으로 하여 카데는 중대한 작업에 착수했다. 정밀한 학술 도구로 사용하기 위해 기본 용어에 대한 정의를 내리는 작업은 어느 학문에서나 중요하다. 영어 단어인 'translate번역하다'와 'interpret통역하다'는 모두 일상에서 다의어로서 사용되는데, 'translate'의 경우 물리학과 신학에서 (뜻이 서로 다른) 전문 용어로 사용되며 오늘날까지 번역학에서 혼란과 학문적 논쟁을 야기하는 원인이 되고 있다(1.4와 6 참조). 독일어에도 이와 유사한 문제가 있기는 하지만 그 초점이 다르고 단어의 의미에도 미묘한 차이가 있다. 독일어 'Dolmetschen'과 'Übersetzen'의 의미 차이는 수세기에 걸쳐 다양하게 나타났다. 루터는 그의 유명한 1530년 '회람장'에서 번역 일반(이 경우에는 성서 번역)을 통칭하기 위해 'Dolmetschen'을 사용했다. 반면 1813년 슐라이어마허는 'Dolmetschen'[12]은 구어와 문어로 하는 일상 소통을, 'Übersetzen'은 학술 및 문학 텍스트 번역을 가리키는 의미로 구분해서 사용했다. 그때부터 구어로서의 'Dolmetschen'과 문어로서의 'Übersetzen' 사이에 구분이 생기기 시작했다. 특히 어떤 경우에는 'Dolmetschen'이 비문학 번역을 통칭하는 용어[13]로 사용되기도 했는데 이런 경우에는 다소 경멸적인 함의를 내포했다. 독일어권 국가의 번역 교육기관은 '엄밀한 의미에서 학술적이지는 않다'는 함의를 내포한 'Dolmetscherinstitute'로 불리곤 했다. 카데가 논문을 쓰던 당시에 몸담고 있었던

12 그러므로 이 맥락에서는 영어의 'interpret'와 등가가 성립되지 않기 때문에 르페브르(1977)의 번역은 오해의 소지가 있다.

13 영어로 'translation'은 이러한 일반적 의미에서 널리 사용된다.

라이프치히의 교육기관도 그 명칭을 사용했다. 카데는 번역학의 전문 용어를 제시하고 오늘날까지도 독일어권 학술공동체에서 사용되고 있는 엄격한 정의를 내림으로써 번역학사에 길이 남을 업적을 세웠다.

카데는 구어 및 문어 번역의 일반적 용어로 'Translation(Lat. *translatio*)'을 제안했다. 이 용어의 역사는 (이제는 고어가 된) 동사 'translatieren'과 함께 15세기까지 거슬러 올라간다(Vermeer, 2003: 20 참조). 관련 행위의 수행자는 'Translator번역자'이며 그 산출물은 'Translat번역물'(1968: 33)이다. 카데는 'Translation번역'을 제1언어에서 제2언어로 재암호화하는 과정이라고 정의했으며 이는 당시의 인식에 부합하는 것이었다(1.3 참조). 'Translation'의 두 하위 분야인 'Übersetzen'과 'Dolmetschen'은 다음과 같이 정의된다.

> Übersetzen(번역): 원천 언어 텍스트가 (문어로) 보존되어 있어 영구적으로 이용할 수 있고, 원한다면 반복적으로 목표 언어 텍스트로 옮길 수 있으며, 목표 언어 텍스트를 언제든지 점검하고 반복 수정할 수 있는 유형의 번역Translation.

> Dolmetschen(통역): 원천 언어 텍스트가 단 한 번만 (주로 구어로) 제시되고, 목표 언어 텍스트는 제한된 범위 안에서만 점검이 가능하며 시간적 제약으로 인해 수정이 거의 불가능한 유형의 번역Translation.

두 행위에 관한 이와 같은 세심한 정의는 여전히 탁월하다고 생각되며 분명 국제적인 토론에서 학술적 관심을 받을 만하다.[14] 위 'Dolmetschen'

---

14 『라우트리지 번역학 백과사전*Routledge Encyclopedia of Translation Studies*』에서 번역과 통역을 비교하는 내용은 질Gile이 회의 통역과 동시통역에 관해 쓴 글의 첫 부분에 언급되었

에 관한 정의 중 '텍스트' 개념을 '담화'로 대체하면 오늘날 영어권 번역학 공동체에서 사용할 만한 대조적인 정의가 된다.[15] 그러나 카데는 '언어기호학'이 번역의 모든 면을 포괄하지 못한다고 판단해 'Translationswissenschaft번역학'라는 학명을 '언어기호학'에서 배제토록 하는 의미 있는 결정을 내렸다(1973: 184). 1980년대에 이르러 기능주의 접근법이 수립되자 번역의 모든 면들을 포용하게 되어 비로소 'Translationswissenschaft'라는 말이 사용되기 시작했다(2.2 참조). 한편 1960년대의 '언어기호적' 접근법에서는 'Übersetzungswissenschaft'가 엄격한 형식주의를 표방하는 라이프치히학파의 용어인 'Translationslinguistik'와 함께 계속 사용되었다. 'Translationslinguistik'는 얘거(1975)의 추상적 접근법과 관련이 있으며 학생들은 이를 경멸적인 의미로 '트랄랄리TraLaLi'라고 불렀다.

레비의 경우처럼 시대를 앞서갔던 카데의 논문에는 번역 이론 발전의 토대가 되는 다양한 내용이 담겨 있다. 그중 하나가 세 가지 구성 요소에 기초한 '텍스트의 성격'이다(1968: 44-47). 어느 소통 행위나 그렇듯이 번역의 구성은 내용과 표현 모두를 아우른다. 내용의 구성 요소로는 지적 요소KI와 감정적 요소KII가 있으며, 표현의 구성 요소로는 형태 요소KIII가 있다. 비문학, 혹은 카데의 용어를 빌리자면 실용적 번역에서는, 경우에 따

다(1998: 41-42). 질은 '구어 번역과 구어 담화'로서의 통역과 '문어 텍스트의 구어 번역'으로서의 구술 번역sight translation을 구분한다. 또한 번역과 통역 실무 사이의 차이를 기술하고 있는데 그 차이는 '번역가는 글로 쓴 언어를 다루며 퇴고를 할 시간적 여유가 있는 반면 통역사는 구술 언어를 다루기 때문에 결과물을 교정할 시간이 없다'는 점에서 기인한다고 지적한다. 오토 카데Otto Kade는 『라우트리지 번역학 백과사전』에서 단지 앞서 살펴본 어휘 등가에 관한 부분에서만 언급되고 있다(Kenny, 1998a: 77-78).

15 그러나 카데가 정의한 '통역Dolmetschen'(구체적으로 회의 통역을 지시)에는 대화 통역dialogue interpreting이 포함되지 않는다(4.1.1 참조).

라(학술 보고서의 경우) 전혀 사용되지 않기도 하는 KII에 비해 KI이 훨씬 더 지배적이다. 그러나 선전이나 광고의 경우 KII가 결정적이다. 문학 번역에서는 KIII가 실용적 번역에서보다 더 지배적이며 형태가 온전한 소통적 가치를 지닌다. 이는 문학 번역에서 형태가 예술적 표현의 수단도 되기 때문이다. 실용적 번역을 본격적으로 학술 범주로서 논의하는 것과는 별개로(슐라이어마허 이래로 실용적 번역은 유럽 번역 이론에서 사실상 휴면기에 접어들었다) 카데는 번역의 기본적인 텍스트 유형이 형성되는 토대를 마련했으며 이는 후에 카타리나 라이스Katharina Reiss가 계승했다. 또한 카데는 사람이 하는 번역과 학계에서 상당한 논의의 대상이었던 기계를 이용한 번역 간에 중요한 연결고리를 만들었다. 카데가 기계 번역에 기여한 부분에 대해서는 또 한 명의 번역학 초기 개척자이자 라이프치히학파의 동료인 알브레히트 노이베르트(1992)가 분석했다(노이베르트의 저서 중 특히 공산주의 몰락 이후 출간된 작품은 영어로 번역되었다). 노이베르트는 곧 사회언어학적 요소를 통합했으며(1977), 처음으로 원형론 개념을 도입해(개인 의사소통. Brussels, 1984) 사전학(Neubert, 1986)에 적용한 학자였다. 1980년 카데가 사망한 이후에도 라이프치히학파는 학술 활동을 이어나갔으며 1980년대에는 동독과 서독의 독일어 학자들이 화해의 차원을 넘어 협력의 과정을 밟기 시작했다. 하이데 슈미트Heide Schmidt가 편집한 『번역능력 게시물*Übersetzungswissenschaftliche Beiträge*』의 마지막 호인 12호가 '번역에서의 간섭'을 주제로 1989년에 발간되었는데, 여기에는 알렉산드르 스베세Aleksandr Svejcer(모스크바), 노이베르트(라이프치히), 킨가 클라우디Kinga Klaudy(부다페스트)뿐만 아니라 볼프람 빌스Wolfram Wilss(사르브뤼켄Saarbrücken), 쿠스마울(마인츠-게머스하임Mainz-Germersheim), 홀츠-맨태리(투르크Turku), 그리고 슈넬-혼비(취리히)의 글이 실려 있다.

라이프치히학파의 사상은 피터 뉴마크Peter Newmark(Newmark, 1981 참조)의 연구에서도 볼 수 있듯이 서구 번역 이론의 다양한 분야에서 채택되었다. 그러나 카데가 당시 아직 초기 단계에 불과했던 통역학에 기여한 바는 잘 알려지지 않았다. 실무 회의 통역사인 카데는 통역사 교육(예: Kade, 1965)과 통역 이론(예: Kade, 1970)에 있어 중대한 기여를 했으며 파리의 다니카 셀레스코비치Danica Seleskovitch와도 교류가 있었다. 셀레스코비치가 몸담고 있던 기관인 '파리 통역번역대학원École Supérieure d'Interprètes et de Traducteurs(ESIT)'은 라이프치히에 소재한 통역 교육기관과 같은 해인 1957년에 설립되었다. 수년 후 셀레스코비치는 자신과 카데의 유사점과 차이점에 대해 기술했으며(Seleskovitch, 1992), 일군의 학자들 특히 마리안 레데레Marianne Lederer와 플로랑스 에르뷜로Florence Herbulot(통칭 파리학파 Paris School)와의 학술 활동을 통해 통역학의 시금석이 된 의미론théorie du sens, 즉 '해석적 접근법'을 수립했다(Seleskovitch & Lederer, 1984: 4.1 참조). 셀레스코비치의 연구는 1960년대까지 거슬러 올라가는데, 비언어적 의미와 3단계 번역 프로세스 정의(담화 해석, 탈언어화, 재표현)를 강조하면서 카데에 비해 당시의 언어적 접근법으로부터 훨씬 자유로워진 점이 주목할 만하다.

셀레스코비치는 카데를 '선구자'로 분명하게 기술했다(1992: 38). 그러나 "학계에서 융성하는 다른 지적 전통들에 논쟁적 경향을 보이고 전통의 기본 틀을 구축하는" 이들을 개척자로 규정한 라드닛츠키의 정의에 따른다면 카데와 셀레스코비치 모두 이미 자신들과 개척자 사이의 간극을 메운 것으로 보인다. 이 경우에 다른 지적 전통이란 당시 변형생성문법(1.3)으로 융성하던 언어학을 의미하며, '기본 틀'이란 카데의 경우 소통적 접근법을, 셀레스코비치의 경우 비언어적 의미를 기반으로 한 통역 개념을 가리킨다. 또 다른 초기 개척자로는 독일 학자인 카타리나 라이스를 들 수 있다. 번역 비평에 관한 라이스의 저서(1971)는 『번역 비평 — 가능성과 한계:

번역 품질 평가를 위한 분류와 기준*Translation Criticism—The Potentials and Limitations: Categories and Criteria for Translation Quality Assessment*』(2000)이라는 제목의 영문 번역본으로 출간되었는데 근대 (서)독일 번역학 연구에 중대한 기여를 한 것으로 지금까지도 칭송받고 있다. 라이스가 제공한 '기본 틀'은 무엇보다도 '번역가를 위한 텍스트 유형론'(2000: 24-47)으로 이는 표상, 표현, 설득의 세 가지로 기본 언어 기능을 구분하는 칼 뷜러Karl Bühler의 오르가논 모델organon model을 바탕으로 한 것이다(Snell-Hornby, 1988: 30 참조). 라이스는 세 개의 텍스트 유형을 도출했는데, 그것은 내용에 초점을 둔 정보적 텍스트(학술 보고서 등), 형태에 초점을 둔 표현적 텍스트(서정시와 문학 텍스트 일반 등), 그리고 소구 기능에 초점을 둔 작용적 텍스트operative text(광고와 선전 등)다. 라이스는 이러한 텍스트 유형을 바탕으로 번역 평가를 위한 구체적 기준을 담은 번역비평 모델을 개발했다. 이 모델은 텍스트 내의 언어적 요소와 텍스트 뒤에 숨겨진 언어 외적 결정 요소 두 가지로 나뉜다. 언어적 요소는 의미론적 등가semantic equivalence, 어휘 적절성lexical adequacy, 문법적 정확성 그리고 문체적 대응stylistic correspondence으로 정의되며, 언어 외적 결정 요소는 직접적 상황, 주제, 시간, 공간, 청중과 발화자, 그리고 정서적 영향으로 정의된다(Reiss, 2000). 수십 년간 이 접근법은 수많은 독일 학위논문에서 고전적 번역비평 모델로 사용되었다. 라이스는 또한 '시청각미디어 유형'이라는 네 번째 유형의 텍스트를 제시했다. 유형론을 비롯해 라이스가 제시한 많은 새로운 개념은 1990년대에 이르기까지 열띤 학술적 토론을 촉발했다(3.1.3 참조). 이후 라이스는 페르메어와 함께 스코포스 이론의 '사명 선포'를 했으며(Reiss & Vermeer, 1984) 이제는 독일 번역학의 원로로 추앙받는다.

1970년대의 기념비적인 저서로는 조지 스타이너의 『바벨탑 이후: 언어와 번역의 단상*After Babel: Aspects of Language and Translation*』(1975)을 들 수

있는데, 이 책은 훔볼트와 번역 이론 전통의 걸출한 인물들, 특히 초기 낭만주의 시대의 학자들을 다루고 있다. 스타이너가 뽑은 참고문헌 목록은 '번역 학도들이 유용하게 사용할 수 있도록 자료를 연대순으로 정리한 점검표(1975: 475)'로 슐라이어마허의 1813년 학회 강연부터 다루고 있다는 점에서 의미가 있다. 스타이너는 번역의 이론과 실무 그리고 역사에 관한 이론을 네 개의 시기로 나눈다. 첫 번째는 키케로로부터 시작해서 티틀러의 『1791년 에세이*Essay of 1791*』로 끝나는 '즉각적 실증 중심'의 시기다(1975: 236). 두 번째는 1946년에 출간된 발레리 라르보Valéry Larbaud의 '영감을 주기는 하나 체계적이지 못한' 『성 제롬의 탄원에 관하여*Sous l'invocation de Saint Jérome*』(1975: 237)까지 이어지는 '이론과 해석학적 연구'의 시기다. 세 번째는 1940년대의 기계 번역에 관한 연구로부터 시작하는 시기로 구조의미론과 정보 이론이 논의의 대상이 되며 부분적으로 네 번째 시기와 겹친다. 네 번째 시기는 마틴 하이데거Martin Heidegger(1889-1976)와 한스-게오르그 가다머Hans-Georg Gadamer(1900-2002)의 영향 아래에 있었던 1960년대로 거슬러 올라가며 '통역과 번역에 대한 해석학적이며 형이상학적인 연구'를 촉발했다(1975: 238). 이 네 시기의 구분 자체도 토론거리가 되겠지만(Bassnett, 1980/2002: 46-47) 1970년대 초기에 저술 활동을 하면서 '기존의 학문과 새롭게 진화하는 학문 간의 접점'으로서 번역이 지닌 다학제적 잠재력을 인식한 스타이너는 '언어와 언어 사이의 삶'을 명확히 밝혀주는 민족지학ethnography, 사회학, 그리고 형식적 수사formal rhetoric 등의 주제들로 구성된 틀 안에 번역을 위치시킨다(1975: 238).

스타이너는 네 번째 시기가 지닌 해석학적 연구의 정신을 살려 해석적 운동hermeneutic motion이라는 개념을 창안했는데 이는 괴테가 제시한 번역의 세 가지 시대를 강하게 연상시킨다. 스타이너는 번역을 네 단계를 거치는 운동으로 간주한다. 첫 번째는 기점의 신뢰다. 다시 말하면 어떤 진술에 있어 아직 시도하거나 계획하지 않은 대체현실alternity로서의 '타자'에 대한 신뢰를 말한다(1975: 296). 두 번째는 하이데거(1975: 297)의 관점에 기초한 '습격과 채굴'의 움직임인 공격(혹은 삽입penetration)이다. 이 단계에서 "번역가는 침략하고 채굴해 고국으로 가져온다"(1975: 298). 세 번째는 결합incorporation(혹은 체화embodiment)으로, 번역가에게 전용되었던 것을 수용 문화로 '다시 가져오는 것'이다. 네 번째는 보상restitution으로, 번역가는 '자신의 전용적인 이해로 인해 잃어버린 힘의 균형과 총체적 존재의 균형을 회복하려고 노력한다'(1975: 302). 스타이너는 이러한 번역관을 바탕으로 '오랫동안 번역학의 이론과 역사를 지배해왔던 불모의 삼각 모델triadic model을 극복'하려고 노력했다(1975: 303). 물론 스타이너의 모델은 본질적으로 논란의 여지는 있지만(Robinson, 1998; Stolze, 2003 참조), 앞서 인용한 니체와 푸슬러의 비판적 주장들을 되풀이하면서 후기식민주의 번역에 관한 논쟁의 토대를 마련했다(3.2.1).

오늘날의 관점에서 봤을 때 스타이너의 번역 연구는 양날의 칼이라고 할 수 있다. 스타이너는 전통적인 번역 이론뿐만 아니라 당대의 언어학과 번역에 대한 정적인 관점에 대해서도 특유의 수사적 표현을 사용해 반박함으로써 '논쟁적인 도전'을 한다. 그는 자신이 쓴 책의 '대상에 반하는 단어Word against Object'라는 표제의 장에서 콰인이 저술한 『단어와 대상*Word and Object*』(1960)의 내용을 반박하며 당시 유행하던 노암 촘스키Noam Chomsky의 보편 언어language universals 개념을 평가절하했다(1.3 참조).

> 인간의 말이 깔끔하지 않기 때문에 오히려 혁신적이고 개인의 의도를 잘 표현할 수 있는 것이다. 언어의 변칙이 일반적 언어 용법의 역사를 더욱 살찌우고, 언어의 모호함이 언어 정의의 일반 기준을 더욱 풍요롭고

> 복잡하게 만듦으로써 언어 체계에 심층결속성을 주는 것이다. 만약 이렇게 기술하는 것이 가능하다면, 심층결속성은 '끊임없이 움직인다'고 할 수 있을 것이다. 그 움직임이 끊임없이 지속된다는 점이 '보편성' 프로젝트가 실패한 이유를 인식론적이고 심리적으로 설명해준다(1975: 203).

다른 한편으로 스타이너는 '논쟁적인 경향'을 통해 후대에 개발된 이론에 대한 예언자적 통찰력을 보여주었다. 1970년대에 저술된 『바벨탑 이후』의 끝 부분에서 스타이너는, '사전 준비된 의미장pre-packaged semantic field'으로서의 영어가 국제화될 것이라는 비전을 놀라울 정도로 정확하게 제시하고 "자연 언어의 다양성을 파괴하는 주역인 영어가 전 세계적으로 확산될 것"이라는 경종을 울리면서 책을 마무리한다(1975: 470). 이 주제는 4.2.3과 6장에서 다룰 것이다.

융성하는 전통에 대한 '논쟁적인 경향'이 개척자 정신의 상징이라면 독일 번역학자인 프리츠 패프케Fritz Paepcke(1916-1990)가 그 전형이라고 하겠다. 패프케는 고전에 배경을 둔 로망스어 학자이자 번역가였으며, 작업 범위는 철학과 서정시에서부터 법률 문서와 광고에 이르기까지 폭넓었다. 그가 열렬히 지지한 해석적 접근법hermeneutic approach은 개인적으로 친분이 있는 가다머의 개념과 방식에 기초한 것이다. 패프케는 1960년대와 1970년대의 촘스키 언어학과 당시 독일에서 발전하고 있었던 언어학 성향의 번역학파 모두를 비판하는 논쟁적 성향을 지녔다(1.3 참조). 그는 종종 "언어학은 언어가 빠진 학문이다The science of language is a science without language"라고 말하곤 했다. 그렇기 때문에 그가 등가 개념에 심각하게 이의를 제기한 당시 몇 안 되는 인물 중 하나였던 것도 당연한 일이다. '등가의 환상'이라는 구문도 필자가 패프케와의 대담을 통해 만들어낸 신조어다(Snell-Hornby, 1988: 13-22).

패프케의 저술은 대부분 에세이 형식으로 독일어나 프랑스어로 쓰여졌다. 그중에서 가장 중요한 논문들은 클라우스 베르거Klaus Berger와 한스 미카엘 슈파이어Hans-Michael Speier가 취합해 1986년 『번역 속에서의 삶*Living in Translation*』이라는 제목의 책으로 출간했다. 이 에세이에 담긴 통찰력 있는 내용은 패프케가 곳곳에서 강연을 하거나 글을 써서 소개했으며, 다학제적, 다언어적, 그리고 유럽적 성격이 뚜렷했다. 패프케는 다방면으로 문화 교류 프로그램에 적극 참여했다. 핀란드의 번역학이 지닌 엄청난 잠재력을 인식한 패프케는 유럽의 동서 분단 및 냉전의 시기에 폴란드와 헝가리의 동료 학자들을 강력히 지지했다. 패프케는 표현의 도구로서의 언어에 매료되었고, 그의 문체는 스타이너의 영문 문체처럼 복잡하고 치열했으며 종종 역설적이었다. 1981년 폴란드어-독일어 번역가였던 칼 데디시우스Karl Dedecius를 예찬한 문구, "모든 언어의 이면에는 말로 표현할 수 없는 것들이 존재한다"를 보면 패프케가 가지고 있는 문체적 특징이 여실히 드러난다.

그러나 그는 동 세대 학자들 중에서 처음으로 번역이 단순히 언어적 문제나 다양한 언어 사이에서 발생하는 문제에 국한된 것이 아님을 언급했다.

> 우리는 단어나 언어가 아닌 텍스트를 번역한다. 텍스트 번역은 단어나 언어를 번역하는 것과 구분된다. 그 이유는 모든 텍스트는 하나의 상황 속에 들어가 있는데, 상황 자체는 언어가 아니기 때문이다. 여기서 상황이란 문화적, 역사적, 경제적, 혹은 사회적 공간으로, 텍스트는 그러한 공간 속에서 우리에게 말을 한다(1986: 159).

이러한 그의 주장은 표현은 다르지만 내용 면에서는 후대에 독일에서 수립된 스코포스 이론과 일맥상통한다. 가다머의 관점에 기초해 패프케는 텍스트 번역을 하기 위해서는 '텍스트 이해'가 선행되어야 한다고 주장한다.

> 텍스트 이해란 글이 전하는 메시지를 분명히 밝히고 저자가 의도한 효과를 새로운 맥락으로 통합하는 능력이다. (Paepcke, 1986: xv)

그러므로 패프케의 해석적 접근법의 핵심 요소는 1960년대와 1970년대에 일반적으로 생각했던 텍스트의 언어 구조가 아니라 텍스트 속에 담긴 메시지다.

> 반대 주장도 많지만, 그래도 번역은 이론적 추론이 아닌 이해를 바탕으로 한다. 번역은 언어 행동 패턴대로만 움직이지도 않고 정해진 언어적 반응에 따라서만 반응하는 것도 아니다. 번역은 무한대로 열려 있다. (1986: 158)

그러므로 패프케는 언어학적 성향을 지닌 번역학 방법론의 특징이었던(Wilss, 1977 참조) '분석, 요인분석factorizing, 그리고 조작화'에 반대했다(1986: 158). 또한 엄격한 시스템화systematizing와 당시의 점검표 이론check-list theory을 매우 혐오했다(1.3 참조). 그는 텍스트를 단순한 부분의 총합을 넘어서는 것으로 간주하는 총체적 개념인 'Übersummativität'를 당대에 처음으로 강조한 학자였다(Snell-Hornby, 1988: 43). 패프케 접근법의 또 하나의 기초가 된 것은 가다머가 언급한 'Horizontverschmelzung'(1960), 즉 읽기 과정에서 발생하는 익숙한 세계와 새로운 세계의 '지평 융합merging of horizons'이다(3.3 참조). 또한 가다머는 게임의 은유를 제시하며 번역을 스포츠에 비유한다. 스포츠 중에서도 특히 투창을 던지는 행위에 번역을 비유하는데(1986: 87), 그는 이 행위를 '규칙과 놀이 사이'의 활동으로 간주한다(게임 이론에 관해서는 Cronin, 1998 참조). 한편 '신체 감각' 개념은 이후 더글라스 로빈슨Douglas Robinson이 상세히 기술한 '신체적 혹은 체성 반응'에 영향을 주었다(1991: 10).

패프케의 해석학을 이해하려면 그가 서구 및 유럽 역사에 기반한 문화를 이해하는 방식을 알아야 한다. 전통의 통일성과 언어와 관습의 다양성 모두 여기에 해당한다. 이러한 통찰은 후에 유럽연합의 발전 과정에도 반영되었다. 패프케는 학문과 실무, 교육과 전문직 사이의 간극을 좁힐 수 있는 몇 안 되는 동세대 번역학자 중 하나였다(1990년대의 POSI 프로젝트[16]는 그의 주창하에 시작된 것이다). 또한 패프케는 1990년대에 집중적으로 논의된 정체성 및 타자성 문제와 후에 그 자신이 헝가리어를 배우면서 접하게 된 유럽 다언어주의에 매료되었다.

> 나는 도저히 극복하기 어렵다고 생각한 헝가리어의 저항력을 새로운 관점으로 보게 되었다. 나는 헝가리어의 급진적 타자성에 직면하면서 비정체성 혹은 타자성의 개념을 도입해 번역의 성격을 기술할 수 있었다. 프랑스어와 독일어는 오랫동안 쌓아온 문화적 공동 토대를 통해 서로 연결되어 있지만 두 언어가 대표하는 양극을 관통하는 자오선은 서로를 등지고 멀어져간다(Paepcke, 1986: xvii).

16 「번역가와 통역사 교육을 위한 실무 중심적 연구 내용PraxisOrientierte StudienInhalte für die Ausbildung von Übersetzern und Dolmetschern」, 『*Language International*』(1996) 8(4): 7-9의 'POSI 구체화: '유럽식' 번역가 교육 프로젝트' 참조.

1.3 언어학의 화용론적 전환

앞서 살펴보았듯이 번역학의 선구자들은 당시의 언어학에 대항해 논쟁하는 모습을 보였다. 이를 더욱 명확하게 알아보기 위해 그 당시 언어학의 상황을 검토하고, 번역학을 언어학과 비교문학 이론으로부터 해방시킨 '화용론적 전환pragmatic turn'의 중요성을 다시 고찰해볼 필요가 있다.

이에 대한 논의는 제2차 세계대전 발발 직후 기계 번역의 부상으로 번역이 과학적 관심사가 된 시기로 되돌아간다. 당시의 기계 번역에 대한 논쟁은 오늘날의 관점에서 보면 상당히 순진하고 낙관적이었다. 근대 번역학에서 내린 결론은 부정적인 시발점의 역할을 할 수 있을 것이다. 로크Locke와 부스Booth의 『언어의 기계 번역*Machine Translation of Languages*』(1955)에 실려서 출간된 1949년 7월 15일자 글 「번역, 그 비망록Translation, a memorandum」에서, 워렌 위버Warren Weaver는 단어 대 단어의 단순 번역은 적절하지 않지만, 정확한 번역을 위해서는 해당 단어의 앞뒤로 몇 단어씩만 살펴보면 된다고 단정 지었다(Weaver, 1955). 당시 연구자들은 상세한 구문론과 방대한 어휘 목록 그리고 모호성을 빠르게 처리하는 기술이 '완전자동화 고품질 번역fully automatic high quality translation(FAHQT)'으로 알려진 완벽한 기계 번역의 기반이 될 것이라고 진지하게 믿었다. 그러나 1960년 언어학자 바르-힐렐Bar-Hillel은 기계 번역 체계가 제대로 작동하기 위해서는 인간의 지식을 포함해야 한다는 것을 깨닫게 되었고, 번역은 순전한 기계적 활동이 아니라는 결론을 내리게 되었다(Bar-Hillel, 1960). 오늘날 이 주장에 대해 이견을 보이는 번역가는 없을 것이다(Moser-Mercer, 1986: 311 참조). 그러나 이에 대한 논쟁은 1966년 '자동언어처리 자문위원회Automatic Language Processing Advisory Committee'가 ALPAC 보고서를 통해 완전히 자동화된 번역 시스템을 추구하는 것이 시간 낭비라는 견해를 지지하는 인상을 줄 때까지 언어학자들 사이에서 지속되었다. 당시 ALPAC 보고서는 "의연하게, 과학의 이름으로 자동 번역에 대한 연구를 계속하는 것은 지혜로운 일이다. 그러나 이러한 노력은 실제적인 번역에 있어서 예측 가능한 어떠한 발전도 가져올 것 같지 않다"는 결론을 내리고 있다 (ALPAC, 1966: 24).

거의 40년이 지난 지금, 기계 번역에 대한 견해는 그때와는 매우 다르다 (4.2.1 참조). ALPAC 보고서가 발표된 1966년에는 비문학 번역을 명백히 언어학의 한 분과로 보았다는 사실을 강조하는 것이 중요하다. 당시 언어학은 촘스키의 변형생성문법의 지배를 받고 있었는데 이 이론은 특히 『통사의 구조*Syntactic Structures*』(1957), 『통사론의 측면*Aspects of the Theory of Syntax*』(1965)에 잘 설명되어 있다. 이 관점에서 보면 언어는 보편적으로 타고난 능력의 결과다. 그리고 촘스키는 (무한의) 문법적 문장을 생성하는 (유한의) 규칙의 관점에서 언어 분석 시스템을 제시했다(이러한 생성 과정을 언어수행performance이라고 일컬었다). 이 접근 방법은 매우 추상적이고, 그 규칙은 상징과 방정식, 도표 등의 수단을 이용해 수학적인 언어로 공식화되었다. 언어 연구의 상위 한계는 문장이었다. 문장은 항목들의 결합체로 이해되었고, 예시가 주어지는 경우에 항목은 가장 단순한 것이었다. 대표적인 유형으로 "존이 공을 쳤다John hit the ball"를 들 수 있다. 언어 분석 시스템으로서 변형생성문법은 당시에 혁명적인 것으로 여겨졌고 '인간언어 이론에 대한 진지한 후보'[17]로까지 간주되기도 했다. 당시의 이러한 접근법을 고려할 때, 캣포드 1965의 예에서 나타나듯이 변형생성문법은 번역에 관한 이론적 틀을 제공하게 되었다. 그러나 번역학자와 일부 언어학자들은 실제적으로 구체화되는 과정에서의 언어는 촘스키의

17 *Linguistic Inquiry* Vol. 1, 1971, p. 36.

언어학(패프케는 이를 '언어 없는 과학'이라고 불렀다)에서 제시한 것보다 훨씬 복잡하다(스타이너는 이를 '언어의 엄청난 어수선함')고 주장했다. 촘스키의 언어학에서는 (엄격한 선택 제한에 기반을 둔) '잘 형성된 문장'을 엄격하게 따르지 않는 문장은 일탈적인 것으로 간주했으며 무시해도 되는 것으로 치부했다. 여기에는 예를 들면 모든 형태의 은유metaphor가 포함되었는데, 이러한 견해는 반발을 불러일으켰다. 그 결과 언어학자 우리엘 바인라이히Uriel Weinreich는 "언어의 시적인 사용, 그리고 보다 일반적으로 해석 가능한 일탈deviance을 다루지 못하는 의미론은 큰 의미가 없다"고 선언하기에 이른다.

그러나 촘스키가 변형생성문법을 발전시킨 1955년에 영국의 철학자 존 오스틴John Austin은 하버드 대학교에서 일련의 강의를 했는데, 그 강의 내용을 엮어 1962년 『언어를 가지고 무엇을 할 것인가*How to do Things with Words*』라는 제목의 책으로 출간했다. 촘스키학파와 달리 오스틴은 추상적이거나 장황하거나 이해하기 힘든 용어를 사용하지 않았다. 그러나 촘스키와 마찬가지로 오스틴은 새로운 관점을 형성하려고 했으며, 촘스키와 완전히 다른 성격의 것이기는 하지만 언어에 대한 시각에 근본적인 변화를 가져오고자 했다. 그의 '화행론pragmatic speech act theory'은 존 써얼John Searle(1969)에 의해 더욱 발전되었다. 오스틴은 발화utterance를 진술statement을 만들고 특정한 행위를 수행하는 관점에서 보았다(Hatim, 1998 참조). 그리고 이는 '화용론적 전환'의 주요 원동력으로 볼 수 있다. 이러한 화용론적 전환은, 언어의 사회적·의사소통적 측면이 번역학에 포함되고 텍스트 언어학이 등장하면서 이후 수년간 지속되었다. 이러한 경향은 모두 번역에 대한 총체적이고 학제적인 접근 및 번역의 과정과 산출물에 대한 비판적이고 평가적인 조사를 선호했으며, 그 결과 번역학이라는 학문 자체의 발전에 기여하게 된다.

화용론적 전환에 대한 공헌은 언어학의 주류 문헌에서 많이 찾아볼 수 있는데 이에 관해 토론하는 것이 이 책의 목적이 아니다. 그러나 처음부터 실용주의적인 경향을 가지고 활동한 일부 뛰어난 언어학자들은 번역에 대해 깊은 관심을 가지고 있었고, 그들 스스로가 번역학자는 아님에도 불구하고 유럽에서의 번역학 발전에 간접적으로 영향을 미쳤다.

그들 중 한 명이 루마니아 출신의 언어학자 유지니오 코세리우Eugenio Coseriu(1921-2002)다. 그는 튀빙엔 대학교에서 했던 로망스어 연구로 유명하다. 오늘날의 관점에서 보면 번역학에서 전환을 이끈 코세리우의 기본적인 공헌은 두 가지로 나누어서 말할 수 있다. 첫째는 1951년에 처음 『*Sistema, norma y habla*체계, 규범 및 발화』라는 제목의 스페인어로 발표되었지만, 후에 『*System, Norm und Rede*』라는 제목의 독일어로 발표되면서 더욱 큰 영향을 미치게 된 문헌(Coseriu, 1970)이다. 코세리우는 연구를 통해 당시 당연하게 받아들여지고 있던 소쉬르의 랑그langue와 파롤parole의 구분에 대해서 비판했다. 그는 시스템이라는 개념을 한편에 놓고, 다른 한편에는 텍스트 혹은 담화라는 개념을 놓은 다음 그 사이에 '규범'이라는 개념을 더했다. 언어학자로서 코세리우가 언급한 '규범'은 보다 넓은 맥락에서 다양한 형식의 사용법과 함께 번역학의 핵심이 되었다. 이 개념의 토대는 레비가 마련했고, 이후 페르메어와 크리스챤 노드Christiane Nord(2.2)가 사회와 문화 규범으로 사용했으며, 기술번역학Descriptive Translation Studies(DTS)을 통해 번역 규범의 형태로 널리 알려졌다. 그러나 코세리우의 언어 규범은 번역가의 재료의 기본 요소로서 그 자체로 관련성이 있다. 언어 시스템이 규칙에 의해 지배되는 추상적인 가능성들의 총체를 제공한다고 한다면, 규범은 시스템이 구체적이고 사회적으로 받아들여진 구현체라고 할 수 있다. 즉 규범은 한편으로는 코드이며 다른 한편으로는 행위다. 또한 사회적인 제약을 갖고 있는 문화의 일부다. 따라서 규범은 시스템보다 훨씬 역동적이고 시간에 따라, 지역에 따라 변할 수 있다(영국 영어에서의 발음 규범을 예로 들 수 있다. 한때는 영국 표준 영어를 일컫는 '여왕의 영어Queen's English'만이 공적인 영역에서 쓸 수 있었지만, 오늘날에는 모든 종류의 방언들이 사회적으로 허용되며, 오히려 옛날에 '받아들여졌던 발음'보다 더 자주 사용된다). 코세리우의 두 번째 공헌은 문학 언어와 관련된다. 이 역시 규범의 개념과 연관성이 있다. 그는 「언어와 시를 주제로 한 논문Thesen zum Thema Sprache und Dichtung」(1971)이라는 제목의 글에서, 시는 일탈적인 언어deviant language가 아니라 "언어의 모든 잠재성을 구현한 언어의 전형"이라고 단언했다. 그에 반해 일반적인 언어는 언어의 잠재성을 감소시킨다고 보았다. 이러한 관점에서 문학 언어는 단순히 정적이고 기술적인 언어 규범으로부터 일탈한 것이 아니라, '규칙에 의해 다스려지는 잠재성'이라는 언어 규범의 탄력적인 의미에 따라 언어 규범을 창조적으로 확장한 것이 된다. 번역학에서 이러한 통찰은 근본적으로 중요하다. 문학번역가의 가장 어려운 선택은 어떻게 언어학적인 수용가능성을 침해하지 않으면서 원천 언어의 창조적인 확장이 목표 텍스트에 이루어지도록 할 것인가를 결정하는 일이다(Snell-Hornby, 1989a 참조).

취리히 대학교 영어학과에서의 선구적인 경험적 연구로 유명한 스위스의 언어학자 에른스트 라이시Ernst Leisi는, 대조 의미론contrastive lexical semantics에 대한 연구로 번역학 미래의 초석을 놓았다. 그의 접근 방법은 1953년에 발표했던 의미에 관한 기능적인 정의에 기초한다(우연히도 당시에 철학자 비트겐슈타인Wittgenstein도 같은 연구 결과를 냈다). 그의 연구에 따르면 단어의 의미는 그 용도와 동일시된다(Leisi, 1953: 15 이하; Wittgenstein, 1953: 20 이하). 이 연구는 당시 의미론적 분석에 있어서 적절하고 유일한 의미 형식이라고 생각되었던 '명시적 의미denotation'와, '언어 외적인 실재'에 속하므로 진지한 객관적 기술의 범위 밖에 있다고 생각되었던 '함축적 의미connotation'의 차이를 해소했다. 라이시는 단어의 정의가 다음의 경우에만 적절하다고 보았다.

> (단어의 정의는) 관련된 단어의 사용에 적절한 모든 조건을 설명할 경우에만, 그러나 반면에 이러한 조건을 넘어서는 것이 아무것도 없을 때에만 적절하다고 할 수 있다. 정의는 따라서 최소한인 동시에 최대한이다. (1973: 134)

라이시의 '사용 조건'은 그의 연구 및 그가 속한 '취리히학파'의 연구와 직결된 개념이 되었다. 그리고 이 개념은 코퍼스corpus 분석과 인터뷰를 통해 현실 세계를 처음으로 분석한 경험적 의미론 연구의 초석이 되었다(Leisi, 1973 참조). 한편으로 함축적, 감정적, 그리고 평가적 요소들이 때때로 단어 의미의 기본이 되지만 무엇보다 단어의 의미론적 내용, 특히 의미론적 영역의 구조는 언어에 따라 크게 다르다는 점이 명백해졌다(Snell-Hornby, 1983과 3.1.2 참조). 다시 말해서 1960년대와 1970년대 번역의 기준이었던 등가 개념에 대해 언어학 내에서도 회의적인 반응을 보였으며 라이시의 언어에 대한 기능적인 접근 방법이 1980년대 번역학에서의 기능주의 이론으로 이어진 것은 당연한 발전이었다.

1970년대의 '화용론적 전환'과 관련이 있는 모든 사람, 특히 번역학의 발전에 공헌을 한 사람들의 공통점은 1.2에서 논의했던 초기의 번역학자들과 마찬가지로 '논쟁적인 경향'이나 변형생성문법학파에 대해 저항감을 가지고 있었다는 것이다. 이는 특히 촘스키 언어학에 대한 열렬한 추종자였다가 격렬한 비판자로 돌아선 찰스 필모어Charles Fillmore가 발전시킨 '장면과 틀 의미론scenes- and-frames semantics'의 개념에 적용된다. 1970년대에 필모어는 자신만의 전체론적인 의미 이론을 발전시켰다. 이 이론은

'언어 구조, 언어 행위, 언어 습득에 대한 통합적인 관점'(1977: 55)으로서 심리학자 엘레노어 로쉬Eleanor Rosch(1973)가 제시한 원형의미론prototype semantic의 개념을 기반으로 하고 있으며, 당시 지배적이던 환원론적인 변형생성문법 이론의 '점검표 이론'을 반대한다. '틀'이란 '언어적인 선택 시스템'으로서 단어나 문법 구조를 의미한다. 그리고 그 자체로 마음속의 '장면'을 일으키며, '일관성 있는 신념이나 경험 또는 상상'을 불러일으킨다. 그 반대 역시 마찬가지다. 다시 말하면 '장면'은 경험하거나, 다른 방식으로 의미 있는 상황이나 시나리오로서 언어적 형식의 표현이다. 장면과 틀은 지속적으로 서로를 만들어낸다(틀-장면, 장면-틀, 장면-장면, 틀-틀). 이는 예를 들어 텍스트 안에서 발견되는 절phrase과 같이 특정한 언어 형식이 그 자체로 다른 언어적인 형식을 만들어내는 결합체associations를 촉진시킨다. 텍스트 안의 모든 언어적인 표현이 다른 언어적 표현에 의해서 조건 지워지는 또 다른 결합체를 발생시키며, 독서 과정에서 이러한 결합들은 '텍스트 뒤의 장면'(3.3.1 참조)을 형성한다.

언어학의 '화용론적 전환'과 뒤이은 번역학의 발전에 핵심적인 역할을 한 것은 텍스트 언어학이다. 문장이 결코 언어 연구의 상위 한계가 아니라는 사실을 깨닫게 된 것은 이 분야에 있어서 엄청난 도약을 가져왔다고 할 수 있다. 대부분의 언어학의 영역과 마찬가지로 어떤 접근 방법이 다른 접근 방법보다 더 번역에 적용이 가능했다. 오늘날의 관점에서 보면 영어권 커뮤니티에서는 M.A.K 할리데이Halliday가 체계기능문법 이론(1976; Munday, 2001: 90-91 참조)과 표층결속성cohesion에 관한 연구를 통해(Halliday & Hasan, 1976) 번역학에 주요한 영향을 미쳤다. 독일어권에서 뛰어난 텍스트 언어학자로는 로버트 드 보그랑드Robert de Beaugrande와 볼프강 드레슬러Wolfgang Dressler를 들 수 있다. 그들이 소개한 텍스트 언어학(1981)을 보면, 번역에 있어서 '텍스트'라는 용어의 가장 적절한 정의 중 하나가 무엇인지 나타나 있다. 텍스트는 — 일련의 단어와 문장과 관련된 초기의 구조적 또는 언어학적 기술과는 반대로— '소통적인 사건communicative occurrence'이다. 그리고 텍스트성에 대한 7가지의 기준(심층결속성coherence, 표층결속성cohesion, 의도성intentionality, 용인성acceptability, 정보성informativity, 상황성situativity, 상호텍스트성intertextuality)은 번역사 훈련 과정의 기본적인 도구가 되었다. 마찬가지로 문학 텍스트를, 일반적으로 받아들여지고 있는 '실제 세계'와 체계적으로 대안적 관계를 맺고 있는 세계로 이해하는 것은(1981: 191) '문학' 번역과 '비문학' 번역 사이의 본질적인 차이를 볼 수 있도록 했다.

화행론에 반영된 언어학에서의 화용론적 전환, 텍스트 언어학의 등장, 사회적 그리고 의사소통적 요소를 포함하는 언어에 대한 기능적인 접근은 1970년대의 일반적인 경향을 분명하게 보여준다. 이는 첫째로 언어학 내부(그리고 다른 학문 분야)의 관점을 확장시켜주었고, 둘째로 개별 학문 분야의 경계를 무너뜨렸다. 첫 번째 경향은 언어 기호의 고립된 개념과 앞서 기술한 언어 체계의 추상적인 개념(두드러진 이분법과 함께)으로부터 벗어나 주변을 둘러싸고 있는 세계의 한 요소로서의 텍스트라는 전체론적인 개념을 보도록 만들었다. 두 번째 경향은 상호 간에 학문 세계를 풍성하게 만드는 귀중한 과정으로 연결되어 언어학 연구는 인류학, 철학, 사회학, 심리학으로부터 얻은 통찰로 인해 풍성하게 되었다. 1970년대의 이러한 정신이 1980년대 번역학의 발전에 있어서 얼마나 중요한 역할을 했는지에 대해서는 2장에서 다루도록 하겠다.

1.4 제임스 홈즈의 유산

기존의 학문 전통에 대해 그저 '논쟁적'으로만 치닫지 않고 번역학의 독자적인 학문적 지위 확보에 깊이 헌신한 개척자가 근대 번역학 발전의 기틀을 마련했다. 이 목적을 위해서 개척자는 '기본 틀'을 만들고, 오늘날 번역학의 '사명 선언문'을 제공했다.

제임스 홈즈James Holmes(1924-1986)는 당대 가장 독특한 성품의 소유자였다. 그리고 오늘날의 관점에서 보면 두 개의 언어와 문화에 완벽하게 능통한 번역가이자 번역학자였다. 미국 시민으로서 홈즈는 1940년대 후반부터 네덜란드에서 살았다. 따라서 "그는 두 언어와 그 언어들로 쓰여진 문학에 익숙한 두 문화의 참여자였다. 그러므로 그는 저지대 국가들Low Countries(네덜란드, 벨기에, 룩셈부르크 등 저지대에 위치한 국가들을 가리킨다 — 옮긴이)과 앵글로아메리카 국가들 간의 이상적인 중재자였다"(Van den Broeck 1988: 1). 홈즈는 그 자신이 시인이자 호평 받는 시 번역가였다. 또한 번역 이론과 번역사를 전공한 문학자였으며 사실상 〈번역 이론에 대한 접근*Approaches to Translation Studies*〉 시리즈의 창시자이자 편집자였다. 이 책에서 자주 언급되는 르페브르의 독일 전통에 대한 연구는 이 시리즈의 네 번째 권이다.

홈즈는 당시 분명하게 구별된 두 가지 학문 분과 대회, 즉 응용언어학회 세계대회와 국제비교문학회 세계대회의 고정 멤버였다. 비문학 번역은 전자의 하위 분과인 반면 문학 번역은 후자에 속했다. 앞서 보았듯이 1960년대 후반까지 학문 간 경계는 분명했으며, 냉전과 철의 장막은 그 시대정신을 정확하게 반영한 것이라고 할 수 있다. 최소한 서부 유럽에서는 활기찬 자신감과 함께 현 상태를 견고하게 유지하려는 경향이 있었다. 홈즈는 독립적이면서도 혁신적인 정신을 가진 학자로 학문과 지리적인 의미에 있어서 서로 다른 두 세계를 넘나들었다. 그리고 그는 번역을 통해서 이 두 세계를 접근시키는 데 성공했다.

1972년 8월 코펜하겐에서 개최된 제3회 응용언어학회 세계대회의 번역 분과에서 홈즈가 발표한 세미나 자료의 제목은 「번역학의 명칭과 본질The Name and Nature of Translation Studies」이었다. 저자는 이를 경험적 '학문 분야의 유토피아'의 '도해map'로 구상했다(또는 이러한 방향으로 발전하는 데 있어서의 장애물을 기술했다). 그러나 오늘날의 관점에서 보면 장래 번역학 발전의 청사진을 제시한 것이라고 할 수 있다. 이 자료는 두 가지 버전으로 제공되었으며, 모두 저자의 사후인 1980년대 후반에 출간되었다. 하나는 『번역*Translated!*』(Holmes, 1988)이라고 하는 일련의 저작 모음집이고, 다른 하나는 기드온 투리Gideon Toury가 편집자로 있는 『응용언어학 인디언 저널*Indian Journal of Applied Linguistics*』(1987)의 특별호로 출간되었다. 투리 역시 홈즈의 글을 토대로 자신의 책(Toury, 1995)을 시작하고 있다. 이 책 『번역학 발전사』에서 사용하는 것은 바로 두 번째 버전(Holmes, 1987)이다.

홈즈는 '학문 분야의 유토피아'를 발전시키는 데 있어서 첫 번째 장애물로 "이 연구 분야의 명칭이라는 일견 사소해 보이는 문제"라고 지적했다(Holmes, 1987: 11). 여기서 홈즈는 (통역보다는) 주로 번역을 언급하고 있는데 특히 문학 번역을 염두에 두고 있다. 그는 전통적인 이론에서 사용되는 모호한 개념, 예를 들어 번역의 '기술art', '방법craft', 또는 '원리principles' 등의 개념을 거부했고, 동시에 당시 사용되던 그보다 더 '고상한' 개념 역시 거부했다. 이러한 고상한 개념은 영어권 밖에서 유래했는데 두 가지 종류의 신조어를 낳았다. 첫째는 접미사를 더해서 만들어진 것으로 오늘날 프랑스 용어로 확립된 개념인 'traductologie'이다. 번역학을 의미하는 이 단어는 독일어로는 'Translatologie'인데, 후에 홀츠-맨태리(2.3)가 이 용어를 사용했다. 슬로베니아에서는 번역학을 의미하는 개념에 대한 번역어로 오늘날에도 사용되고 있지만(번역가 훈련기관의 이름에도 반영되어 있다) 문학 번역과 관련되지는 않은 듯하다. 여기에 대응하는 영어 단어는 'translatology'다. 이 단어는 홈즈에 의해 순전히 문헌학적인philological 근거로 거부되었는데, 텍스트에 대한 기술적인 연구를 포함한 함의를 담고 있는 지나치게 추상적인 개념이기 때문에 거의 사용되지 않았다. 둘째로는 합성어의 형성을 통해서 나타난 개념이다. 'Übersetzungswissenschaft언어적 번역학'가 그러한 예인데 이는 독일의 'Literaturwissenschaft문헌학'를 유추해서 만든 것이다. 독일어의 'Wissenschaft학문'는 영어 단어인 'science과학'에 비해서 넓은 의미의 개념이라고 할 수 있다. 홈즈는 이러한 개념 역시 거부했는데(이러한 거부는 타당하다고 할 수 있다), 그 이유는 독일어의 'Wissenschaft'가 엄밀한 의미에서의 과학 또는 자연과학에 주로 사용하는 개념이고 문학 이론이나 예술 분과는 일반적으로 배제하는 개념이기 때문이다(1987: 12). 홈즈가 이 학문 분과에 대한 표준 용어로 채택하기 위해 1972년에 제안한 'translation studies번역학'는 오늘날 영어권에서 의심의 여지없이 사용되고 있는 용어다. 물론 이것은 번역만을 포함하는 개념이며, 이와 병행해 발전한 'interpreting studies통역학'와는 대조되는 용어다(4.1.1).

정확한 용어를 찾는 과정에서 홈즈는 1968년 철의 장막의 반대편에서 카데가 이미 걸었던 길과 유사한 길을 걸었다(1.2). 그러나 독일어 용어로 'Translation'을 이러한 활동을 표현하기 위한 일반 용어로 제시하면서도 카데는 'Übersetzungswissenschaft'를 번역과 통역을 함께 학문적으로 연구하는 용어로 사용했다. 위에서 설명한 바와 마찬가지로, 그는 'Translationswissenschaft일반 번역학'라는 용어의 사용을 명시적으로 피했다. 이 용어는 1980년대에 이르러서야 이 학문 분과를 일컫는 일반적인 독일어 용어로 부상했다(2.2).

학문적 발전의 두 번째 장애물로 홈즈는 "이 학문 분과의 범위와 구조에 대해 일치된 일반 의견이 없다는 점"을 들었다(1987: 13). 그는 번역학의 구조에 관한 자신의 계획을 도표를 통해 제시했는데(1987: 21), 이는 오늘날 대학 입문 과정의 기본 자료로 사용된다. 1990년 암스테르담에서 열린 '번역학에 관한 제임스 홈즈 심포지엄'에서 발표한 글에서(Snell-Hornby, 1991) 필자는 관련 '유토피아' 분야, 특히 비문학 번역에서 활동한 학자들을 언급하며 홈즈의 제안에 대해 논의했다. 이 책에서는 그 내용의 일부를 인용하는 동시에 2000년대까지의 자료를 업데이트해 추가하도록 하겠다.

'번역학'의 경험적인 학문 분과의 기본 거시 구조를 구상하면서 홈즈는 '순수' 학문과 응용 학문의 전통적인 구분을 사용했다. 후자는 번역 훈련(교수법, 시험 방법, 커리큘럼 계획), 번역 지원(사전과 용어, 문법 지원), 번역 정책과 비평 등으로 나누어진다. 이들은 1980년과 1990년대에 집중적인 관심의 대상이 되었고 이와 관련해 엄청난 양의 연구 활동이 일어나게 되었다(4.1.2, 4.2.1, 3.3.1 참조). 특히 성과를 보인 것은 '순수' 학문 분야로 이는 다시 이론적인 분야와 기술적인 분야로 나누어진다. 이 중 후자에 속하는 '기술번역학'은 최소한 영어권에서는 오늘날 문학번역학과 거의 같은 의미로 사용된다(2.1 참조). 홈즈의 모델에서 기술번역학은 결과물 중심, 과정 중심, 그리고 기능 중심의 세 가지 그룹으로 나누어진다. 결과물 중심 기술번역학은 코퍼스 분석과 비교 조사로 설명되며, "결과물 중심 기술번역학의 궁극적인 목표의 하나는, 현재로서는 야심 차게 보일지라도 '번역의 일반 역사'를 만들어내는 것이다"(1987: 14). 1972년에 이러한 목표는 매우 이상적인 것으로 보였지만, 당시 미개척지와 마찬가지였던 영역의 상당 부분이 그 이후에 다뤄졌다(예: Vermeer, 1992; Delisle & Woodsworth, 1995; Baker, 1998; Singerman, 2002). 기술번역학의 다른 분야들에 있어서도 많은 양의 문헌이 영어권과 저지대 국가들에서 쏟아져나왔다(2.1). 한편 과정 중심 및 기능 중심 분야는 특히 독일과 핀란드에서 많은 관심을 받았다. 번역가의 마음이라는 '블랙박스'에서 일어나는 일을 연구하는, 즉 '사고발화법think-aloud protocol'을 기반으로 하는 과정 중심 연구는 크링스Krings(1986), 야스켈라넨Jääskeläinen(1989), 티르코넨-콘딧Tirkkonen-Condit(1990), 회니히Hönig(1991), 그리고 뢰르셔Lörscher(1991) 등에 의해 이루어진 반면, 기능 중심 연구는 특히 독일에서 회니히와 쿠스마울(1982), 노드(1988), 그리고 회니히(1995)에 의해 진행되었다. 이론 분야는 페르메어의 스코포스 이론(Reiss & Vermeer, 1984)이 중심적인 위치를 차지하고 있는 '일반 이론'과, 오늘날 서로 다른 이해관계를 가지고 있는 여섯 가지 유형의 '부분 이론'으로 나누어진다. '수단 제한적 이론Medium-restricted theories'은 기계 번역 또는 기계의 지원을 받는 번역의 분야에 가장 적절하다(4.2.1). 그러나 이 이론은 홈즈에 의해 '구어로 하는 번역' 또는 통역을 포함하는 것으로 의도되었다(이 분야는 나중에 독립된 학문 분야로 발전하게 된다. 4.1.1 참조). '지역 제한적 이론area-restricted theories'은 특정한 언어쌍을 이용한 작업 혹은 스위스나 벨기에와 같이 다언어를 사용하는 곳에서 이루어지는 작업과 관련된다. '지위 제한적 이론rank-restricted theories'은 문장이나 단어에 초점을 맞추는데 이는 초기 언어학적 접근에 비해서는 오늘날 관심을 덜 받고 있다. 홈즈 자신은 '지위로부터 자유로운 이론rank-free theories'의 발전을 지향했다(1987: 17). 반면에 '텍스트유형 제한적 이론text-type restricted theories'은 번역학의 지속적인 관심의 대상이 되고 있는 성경 번역이나, 과거에는 홀대를 받았지만 최근 20년간 전성기를 맞은 무대 및 스크린 번역(3.1.3)과 관련된다. '시간 제한적 이론time-restricted theories'은 특정한 시기, 일반적으로 오래된 텍스트 번역과 관련되며, '문제 제한적 이론problem-restricted theories'은 1972년에 비해서는 학문적 관심을 덜 받게 된 등가의 문제로부터 새로운 연구 분야로 발전하게 된 은유의 번역 문제까지 다룬다(Newmark, 1985; Kurth, 1995; Schäffner, 1998 참조).

홈즈가 자신의 이론적·기술적·응용적 범주를 '전체 학문의 세 가지 서로 구별되는 하위 범주'로 제시하기는 했지만(1987: 20), 그는 이들의 관계가 변증법적이며, 각 범주가 서로 다른 두 가지 범주에 자료를 제공하는 것으로 보았다.

> 예를 들어 번역 이론은 번역에 대한 기술 연구와 응용 연구로부터 나오는, 분명하면서도 구체적인 데이터 없이는 가능하지 않다. 반면에 최소한 직관적으로라도 이론적인 전제를 출발점으로 갖지 않고는 기술 연구나 응용 연구에 있어서 일을 시작조차 할 수 없다. (1987: 22)

홈즈는 그의 획기적인 글에서 "번역학은 그 자신의 연구 대상을 검토해야 할 시점에 도달했다. 메타 논의를 시작하자"(1987: 22)는 말로 끝맺었다. 그리고 앞에서 개관을 통해 간단히 살펴보았듯이, 실제로 이러한 논의가 시작되었다.

홈즈는 언어학과 문학이라는 서로 구별된 세계를 넘나들었을 뿐만 아니라 이데올로기적으로나 지리적으로 멀리 떨어져 있는 다양한 국가들로부터 온 학자들을 하나로 만들었다. 특히 많은 컨퍼런스, 학술대회 및 콜로키엄에 참석해 각지에서 참석한 학자들과 적극적인 관계를 형성했다. 홈즈 1988로 재출간된 데에서 볼 수 있듯이 그는 국제 컨퍼런스에서 발표한 논문을 통해 번역학의 '사명 선포'를 만들었다. 코펜하겐에서 발표한 자료 외에도 1976년 루벤 컨퍼런스에의 기고문(2.1 참조), 1978년 5월 몬트리올에서 열린 제8회 FIT 세계대회에서 발표한 「번역 이론, 번역 이론들, 번역학, 그리고 번역가Translation Theory, Translation Theories, Translation

Studies, and the Translator」(1988: 93-98, 4.1 참조), 1978년 10월 모스크바와 예레완에서 개최된 '번역학에서의 성취에 대한 국제학술대회'에서 발표한 「번역학의 미래: 몇 가지 주제The Future of Translation Theory: A Handful of Theses」(1988: 99-102), 1984년 8월 빈에서 열린 제10차 FIT 세계대회에서 발표한 「두 가지의 기술: 오늘날 서구에서의 문학 번역과 번역학The State of Two Arts: Literary Translation and Translation Studies in the West Today」(1988: 103-111)을 들 수 있다. 홈즈는 이러한 논문들을 통해 오늘날에는 자명해 보이지만 1970년대에는 진보적이거나 혁신적으로 여겨지는 제안들을 제시했다. 예를 들면 '등가'라는 용어 대신에 '대응correspondence 또는 부합matching의 네트워크'라는 용어를 사용했는데(1988: 101), 이는 페르메어의 '상호 텍스트적인 심층결속성intertextual coherence'(1988: 101)을 예견하는 것이다(2.2, 3.3.1). 또한 언어학자들로 하여금 '문장 하위 수준에서 문장과 언어 현상'을 보지 말 것과(1988: 94) 텍스트와 관련해 생각할 것을 시작하도록 동기를 부여했다. 그리고 '번역된 텍스트가 해당 사회에서 어떻게 기능하는지'(1988: 95), 또는 어떻게 텍스트가 '주어진 사회문화적 환경 속에서 의사소통적으로 기능하는지'(1988: 100)를 보여주는 '번역사회학'을 소개했는데, 이는 후대의 기술번역학과 스코포스 이론 양자의 경향을 예견하는 것이었다. 무엇보다 중요한 것은 홈즈가 협력의 필요성을 역설했다는 점이다.

그는 번역 이론가와 실무 번역가 사이의 협력뿐만 아니라 서로 다른 학자들과 학파 간, 특히 학제적인 '텍스트학, 언어학(특히 심리언어학과 사회언어학), 문학이론, 심리학, 사회학'(1988: 101) 상호 간의 팀워크 형식을 통한 협력의 필요성을 역설했다. 세계 각지로부터 동일한 관심사를 가진 학자들을 하나로 모았다는 점이 홈즈의 가장 큰 업적이라고 할 수 있다. 이스라엘 텔아비브의 이타마르 이븐-조하르Itamar Even-Zohar, 슬로바키아 니트라의 안톤 포포비치Anton Popovič, 영국 워릭의 수잔 바스넷Susan Bassnett, 그리고 물론 저지대 국가들의 많은 동료들도 이에 포함된다(2.1 참조). 반 덴 브로에크Van den Broeck는 다음과 같은 결론을 내렸다.

> 이러한 접촉으로 생산적인 협력이 가능해졌고, 가시적인 성과도 나타났다. 루벤Leuven(1976)과 텔아비브(1978), 그리고 엔트워프Antwerp(1980)에서 잇따라 열렸던 국제적인 콜로키엄 각각이 바로 이러한 접촉의 직접적인 결과였다. 이러한 고위급의 학문적 만남에 있어서 홈즈가 절대적인 영향력을 행사했다고까지 말할 수는 없을지 몰라도, 그는 분명 이들의 배후에서 영감과 풍부한 경험에서 나온 조언을 제공했다. 오늘날 암스테르담-엔트워프-루벤-니트라-텔아비브의 서클을 이루고 있는 국제적으로 명성이 있는 학자들은 홈즈의 자손이라고 스스로 자부할 수 있다.(1988: 4)

홈즈가 특별히 관심을 가졌던 것은 서구의 학자들과 철의 장막 뒤에 있는 학자들 간의 대화였다. 모스크바에서 발표한 글을 통해 분명하게 언급했지만, 그는 번역 이론에 대한 글들을 접하면서 '주요 빈틈major lacuna'을 인식하고 있었다.

> 나는 러시아어를 모르기 때문에 방대한 구소련의 번역 이론 중에서 번역되어 서구에 소개된 극히 일부만을 읽었을 따름이다. 구소련의 번역 이론이 거의 번역되지 않았기 때문에 (몇 명만 예를 든다고 하더라도) 레프진Revzin과 로젠치베이크Rozencveig를 통해 쿠보프스키Cukovskij에서부터 코프틸로프Koptilov와 코리사로프Kommisarov까지 위대한 많은 이론가의 글을 대략 알고 있을 뿐이다.(1988: 99)

홈즈가 많은 문헌을 읽으며 느낀 것은 대부분의 서구 학자들의 생각과 비슷했고, 이는 러시아어뿐 아니라 다른 슬라브 언어에도 적용되었다. 홈즈가 언급한 '내부 사람' 중의 하나로 많은 논문을 썼으며 혁신적인 성향을 지닌 슬로바키아의 학자 안톤 포포비치(1933-1984)는 체코의 동료 학자인 지리 레비에 비하면 국제적으로 큰 명성을 얻지 못했다. 왜냐하면 그의 작품은 대부분 슬로바키아어로 소개되었고 서구어로 번역되지 않았기 때문이다. 21세기가 시작되는 무렵에 그러한 문제들은 상대적으로 그 중요성이 떨어진다고 할 수 있다(4.2.3 참조). 그러나 홈즈는 냉전의 시기 동안 많은 문헌들이 제대로 번역되지 않았기 때문에 서구의 학문 발전에 큰 손실이 있었다고 강조했는데 이는 매우 가치 있는 주장이다.

홈즈가 1984년 FIT 회의에서 '두 가지의 기술: 오늘날 서구에서의 문학번역과 번역학'이라는 주제로 한 강의는 포포비치를 기리기 위한 것이었다. 20년 후의 관점에서 보면 그 강의는 당시 (대체로 문학) 번역의 지위에 대한 훌륭한 요약이라고 할 수 있다. 홈즈는 처음에는 문학번역가의 슬픈 지위를 요약하고, 다음으로 출판사들의 지배적인 정책을 요약했다(그리고 그 이후 20년간 상황은 크게 개선되지 못했다). 1984년의 번역학 기술의 상태는 상당히 전도유망해 보였다. 그는 (연구의 상위 한계는 문장이라는 전제를 가지고 있었던) 구성주의의 제한으로부터 자유롭게 되었다는 점, 그리고 의사소통, 텍스트, 담화의 세계로 패러다임을 바꾸기 위해 시도했다는 점에서 언어학의 새로운 세대를 긍정적으로 평가했다. 그러나 문학이론가들은 다음과 같은 이유로 많은 비판을 받았다.

> …… (문학 이론에서는) 진정한 학문적 패러다임이 존재하지 않고, 신비평주의로부터 문학구성주의, 문학사회학, 후기구조주의, 수용이론reception studies, 탈구성주의까지 순간의 유행이나 불필요한 겉치레를 너무 쉽

게 받아들이는 경향이 있다. 이러한 유형적인 접근들의 대부분이 공유하고 있는 한 가지는 문화 영역에서의 '문학'이 정형화된canonized 텍스트의 코퍼스 문제라는 점이다. 다시 말해서 공동체에 의해 높은 문학적 가치가 있는 것으로 받아들여졌다는 것이다. 따라서 문학이론가의 과제는 정형화된 텍스트를 보다 잘 이해할 수 있는 방법을 개발하는 것이다.(1988: 106)

이는 당시 융성하던 문학 이론의 전통에 대해서 '논쟁적인 경향'을 보인 분명한 예라고 할 수 있으며, 홈즈는 정전에만 초점을 맞추고 있는 도그마를 공개적으로 공격했다. 그는 번역 이론의 중요한 질문에 대한 답을 찾는 데 있어 탈구성주의 접근 방법에서 큰 희망을 발견했다(2.4 참조). 이에 더해 홈즈는 텔아비브의 이븐-조하르와 그의 동료들에 의해 개발된 폴리시스템 접근 방법을 기술하고, 이를 전통적인 도그마에 대한 대안으로 긍정적으로 평가하며 문학번역학의 보다 좋은 모델로 인정하고 있다(2.1).

마지막으로, 그는 번역학자들에게서 그 해답을 찾았다. 번역학자들은 1960년대에는 다양한 분야 출신의 학자들이 모여 있는 '다소 적대적인 시각을 가진 그룹'에 속했지만, 그 사이에(1984) "우리는 성장해 콜로키엄과 컨퍼런스를 열고, 거의 인정받는 그룹"이 되었다(1988: 109). 무엇보다 이 그룹이 양분된다고 해도, 한편에는 번역가 훈련기관의 규범적인 접근이 있고, 다른 한편에는 홈즈가 지지하고 있는 경험적·역사적·기술적 접근이 존재한다(이 이슈는 수년간 지속되었으며, 오늘날에도 풀어야 할 숙제라고 할 수 있다). 후자의 그룹의 연구 성과에 대해 홈즈는, "처음으로 역사 속에서 번역의 역할로 인해 문학 역사의 얼굴을 바꿀 수 있을 것"이라고 말했다(1988: 10).

번역가에 대한 교육 방법의 개선, "번역가의 두뇌라는 블랙박스 안에서 실제로 무슨 일이 일어나고 있는지"에 대한 연구, 그리고 "흠이 많은 이중 언어 사전과 문법" 을 보완하기 위해 더 좋은 번역 지원 수단의 축적이 필요하다는 언급을 하면서 홈즈는 논문의 끝을 맺고 있다(1988: 10과 4.1.2. 및 4.2.1 참조). 그가 내린 마지막 평가는 다음과 같다. "번역학의 기술 상태는 이전보다 더 좋아졌다. 그러나 만족스럽지는 않다. 아직 할 일이 매우 많다" (1988: 110).

제2장 1980년대의 문화적 전환

번역학이 독립적인 학문으로 자리 잡는 데 있어 1970년대의 화용론적 전환이 중요한 역할을 했다면, 번역학의 기본적인 특징을 규정하는 데 주도적인 영향을 미친 것은 1980년대의 '문화적 전환cultural turn'이다. '문화적 전환'이란 오늘날 번역학에서 일반적으로 구분되는 학파 중 다수가 자신들의 주요 연구 분야로 주장하고 있는 학문적 움직임으로, 훗날 붙여진 이름이다. 이 장에서는 1980년대 저지대 국가들과 이스라엘, 영국, 독일, 핀란드 및 브라질에서 번역학의 주요 문화적 전환이 어떻게 전개되었는지 네 가지 흐름을 중심으로 고찰하고자 한다. 라드닛츠키가 제시한 연구자 유형에 따르면, 1980년대 번역학은 개척자의 시대를 지나 거장의 시대로 진입하는 단계에 속한다고 볼 수 있다. 번역학의 거장들은 독자적인 연구를 수행했으며, 이들의 연구 업적은 후학이 자신의 연구 성과를 가늠하는 척도로 사용된다. 이들은 매우 광범위한 영역을 넘나들며 다양한 연구와 논의를 했는데 오늘날까지도 수많은 연구 문헌이 전해지고 있다. 특히 기술번역학과 스코포스 이론 관련 문헌은 그 양이 매우 방대하다. 이 책에서는 이러한 연구 내용을 단순히 반복하는 것이 아니라, 1990년 바스넷과 르페브르가 "독립적인 학문으로서 번역학의 성장은 1980년대의 중요한 성공 사례로 볼 수 있다"(1990: ix)고 평가할 만큼 번역학 패러다임에 중대한 변화를 가져온 당시의 획기적인 연구들을 오늘날의 관점에서 살펴보고자 한다.

2.1 기술번역학: '조작학파'를 재조명하며

기술번역학Descriptive Translation Studies의 발전을 고찰하기 위해 제임스 홈즈가 1984년 발표한 논문을 비롯해, 당시 문학 번역 연구에서 논의되었던 새로운 개념적 틀을 홈즈가 어떻게 설명했는지 살펴보기로 한다.

> 최근 몇 년간 텔아비브를 중심으로 이타마 이븐-조하르를 비롯한 일부 연구자들은, 러시아 구조주의 연구를 토대로 슬로바키아와 저지대 국가들의 메타 텍스트 및 문학 커뮤니케이션 프로세스 관련 연구를 활용해 문학 텍스트를 '폴리시스템'으로 정의하는 연구를 진행해왔다. 이러한 폴리시스템 연구는 해체주의에 비해 당시 학계의 열렬한 환영을 받지는 못했으나, 오늘날 문학에서 발생하는 상황을 설명할 수 있는 틀로 서구에서 점차 인정받고 있다. 시스템이 어떻게 기능하는지를 연구하는 일반 시스템 이론을 활용해 이븐-조하르를 비롯한 관련 연구자들은, 특정 사회에서 '문학'이란 다양한 시스템의 집합, 즉 시스템들의 시스템 또는 폴리시스템으로, 여러 장르, 학파, 경향 등이 항상 지위를 두고 경쟁한다고 주장한다. 다시 말해 시스템은 독자를 두고 서로 경쟁할 뿐만 아니라 나아가 명성과 권력을 두고 서로 경쟁하는 것이다. 이러한 관점에 따르면 '문학'이란 정전주의자canonist들이 일반적으로 생각하는 근엄한, 정

적인 사물이 아니라 지속적으로 변화하는 매우 역동적인 상황인 것이다.(1988: 107)

당시 빈 학회에 참석한 실무 번역사와 번역학자들에게 폴리시스템이라는 개념은 그때까지 소개된 것 중에서도 가장 설득력 있고 논리적인 개념 중 하나였다. 위에서 홈즈가 언급한 폴리시스템 연구는 1970년대 중반부터 시작되었으며, 루벤(1976), 텔아비브(1978), 엔트워프(1980) 학회에서 발표되었다. 그러나 일부 연구는 네덜란드어와 히브리어로만 발표되었고, 나머지는 주로 복사본이나 미발표 학위 논문 혹은 발행 부수가 얼마 되지 않는 현지 출판물 형태로만 존재했기 때문에 학회에 참석하지 않은 외부인들은 관련 연구를 거의 접할 수가 없었다. 또한 유명한 루벤 학회(Holmes 외, 1978)의 학회지는 몇 년이 지난 후 완전히 절판되었다(Snell-Hornby, 1988: 37 참조).

이후 1985년 테오 허만스Theo Hermans가 편집자로 참여한 한 논문집의 출판으로 돌파구를 찾을 수 있었다. 이 논문집이 바로 그 유명한 『문학의 조작*The Manipulation of Literature*』(Hermans, 1985)이다. 서문에서 허만스가 밝히고 있듯이 이 논문집의 목표는 "포괄적인 이론과 지속적인 실무 연구를 토대로 문학 번역 연구에 새로운 패러다임을 만드는 것"(1985:10)이었다. 그리고 오늘날의 관점에서 보면 이러한 목표를 달성했다고 평가할 수 있을 것이다(Snell-Hornby, 1995[2]: 22 이하 참조). 이 논문집에 참여한 학자로는 기술번역학을 연구한 기드온 투리, 번역 모델을 다룬 호세 램버트José Lambert와 헨드릭 반 고프Hendrik van Gorp(3.3.1 참조), 희곡 번역을 연구한 수잔 바스넷(-맥과이어)(3.1.3 참조), 개작을 다룬 앙드레 르페브르(3.3 참조) 등이 있다. 허만스는 논문집에 참여한 연구자들이 "일부 기본적인 가정"을 공유하기는 하지만 "하나의 학파를 구성하지는 않는다"(1985: 10)고 강조했다. 그러나 논문집의 제목과 "목표 문학의 관점에서 모든 번역은 특정한 목적을 위해 원문을 어느 정도 조작하게 된다"(1985: 11)라고 했던 허만스의 말에 따라 이들은 곧 '조작학파Manipulation School'로 불리게 되었다.[1]

당시 조작학파가 취한 기본 입장은 매우 혁신적으로 받아들여졌다.

> 이 논문집에 참여한 연구자들은 다음의 공통점을 갖는다. 첫째, 문학을 하나의 복잡하고 동적인 시스템으로 본다는 점 둘째, 이국적인 모델과 실제 사례 연구 사이의 지속적인 상호 작용을 주장한다는 점 셋째, 문학 번역에 기술적·목표 텍스트 중심적·기능주의적·시스템적인 접근을 취한다는 점 마지막으로, 번역의 생산과 수용에 영향을 미치는 각종 규범과 제약, 다른 종류의 텍스트 처리 작업과 번역과의 관계, 특정 문학 안에서 또는 각기 다른 문학 사이에서 번역이 갖는 위치와 역할에 관심을 갖는다는 점이다.(Hermans, 1985: 10-11)

이와 관련해 주목할 용어는 바로 기술적, 목표 텍스트 중심적, 기능주의적, 그리고 시스템적이라는 표현이다. 이는 특히 당시 번역 교육기관을 중심으로 문학 번역에 대해 처방적, 원천 텍스트 중심적, 언어적, 원자론적 접근을 취하는 것이 지배적이었던 학계 분위기에 정면으로 도전하는 움직임이었다. 이러한 도전으로 생긴 갈등 관계가 바로 홈즈가 1984년 언급한

1 조작학파라는 표현이 처음 등장하게 된 배경을 필자는 다음과 같이 기억하고 있다. 필자는 1986년부터 1987년까지 문학 번역에 대한 괴팅겐 연구 프로젝트 309(Göttingen Research Project 309)에서 '초청 언어학자Guest Linguist'라는 쉽지 않은 역할을 맡아(Snell-Hornby, 1988: viii) 1987년 초 개최된 학회를 기획하고, 저지대 국가 출신 연구자 다수를 발표자로 초청했다. 이 학회에서 한 연구자가 논문을 발표하고 난 후 열띤 토론이 벌어졌는데, 이 자리에서 '조작학파'라는 용어가 처음 사용되었다.

엄청난 균열great rift로, 새롭게 등장한 기능주의 연구의 성장으로 인해 이러한 균열은 향후 10년간 저지대 국가들에서뿐만 아니라 다른 지역에서도 더욱 심화되었으며, 오늘날까지 완전히 해결되지 않은 과제로 남아 있다.

당시 중요하게 부상한 이슈는 원천 텍스트의 언어적 특징이 아니라 '목표 문화권'에서 번역이 갖는 기능이었는데, 이것이야말로 당시 번역학에 등장한 새로운 학문적 패러다임의 핵심 개념이었다. 투리는 이에 대해 자신의 논문인 「기술번역학의 당위성에 관한 연구A Rationale for Descriptive Translation Studies」(Toury, 1985)에서 다음과 같이 말했다.

> 기호학적으로 접근하자면, 번역을 의뢰하기로 하는 결정이나 번역 과정과 관련된 결정을 하는 주체가 **목표/수용자 문화** 자체 또는 그에 속하는 일부분이라는 것은 명확하다. 번역을 목적론적인 활동으로 바라보면 번역을 탁월하게 잘 수행하는지는 상당 부분 번역이 달성해야 하는 목표에 따라 결정되는데, 이와 같은 목표는 잠재적인 수용자 시스템(들)이 결정한다. 이에 따라 번역사는 원천 텍스트 또는 원천 문화가 아니라 번역을 하면서 접근해 들어가는 목표 문화의 관점을 최우선시하면서 번역을 한다. (1985: 18-19, 강조 부연)

투리가 말하는 '문화'란 번역과 관련되는 모든 사회적인 맥락을 의미하는 것으로, 사회 또는 '수용자 시스템'의 규범, 관습, 이데올로기, 가치 등이 포함된다. 그리고 앞서 홈즈의 연구와 폴리시스템 이론에서도 언급했듯이 투리의 연구에서 문화라는 개념은 시스템 배경 또는 네트워크 등의 추상적인 표현으로 사용되는 경향이 있다. 그러나 투리의 연구는 르페브르가 1985년 『문학의 조작』을 통해 발표한 「개작에 왜 시간을 낭비하는가?Why Waste our Time on Rewrites?」에서 후원자, 문학사조 및 이데올로기(Lefevere, 1992)를 다루면서 시도한 사회학적 번역학 연구의 시초가 되었다(3.2.1 참조). 투리는 훗날 기술번역학을 대표하는 학자로 인정받게 되는데, 그는 당시 매우 파격적인 것으로 간주되면서 오랫동안 논란을 야기한 주장을 발표했다. 그것은 바로 "번역은 단 하나의 시스템, 즉 목표 문화 시스템만의 현상을 반영한다"(1985: 19)라는 주장이다. 투리는 번역과 원천 텍스트와의 관계를 부정했고, 목표 문화권에서 수용되기만 한다면 그 어떠한 텍스트도 번역으로 간주될 수 있다고 했다(Snell-Hornby, 1988: 25와 2.2 참조). 투리는 무엇보다도 번역 규범에 대한 연구로 유명하지만(3.1.1), 그의 연구가 문화적인 현상과 직접적인 연관이 있는 것은 아니다. 『문학의 조작』에 참여한 학자들 중에서 1980년대 '문화적 전환'과 가장 밀접한 관련이 있는 연구자는 바로 앙드레 르페브르와 수잔 바스넷이다(5.3 참조).

바스넷과 르페브르(1990)가 공동 편집자로 참여한 『번역, 역사 그리고 문화*Translation, History and Culture*』는 1988년 워릭 학술대회에서 발표된 논문들로 구성되었는데, '문화적 전환'을 핵심 주제로 하고 있다. 이 논문집의 서문 제목에는 '문화적 전환'이라는 표현이 사용되었다(Levefere & Bassnett, 1990: 1). 여기서 '문화적 전환'이란 제3의 비교점tertium comparationis(비교되는 두 가지 사물, 대상, 사태 등의 일치점을 말한다. 예를 들어 '그녀는 꽃처럼 아름답다'라는 문장에서 비교의 대상은 그녀와 꽃이고, 제3의 비교점은 아름다움이다 – 옮긴이) 또는 '등가'에 기반한 '과학적인' 언어학적 접근법을 버리고 '텍스트'에서 '문화'로 이동하는 것을 말한다. 이것이 바로 이 논문집에 수록된 모든 논문이 공통적으로 주장하는 '문화적 전환'이다(1990: 3-4).

> 이 논문집은 '문화적 전환'이라는 공통된 목적을 공유한다는 점에서 학계의 수많은 다른 논문집과 차별화된다. 여기에 수록된 모든 논문은 어

떠한 측면에서든 '문화적 전환'을 다루고 있으며, 이 논문집을 하나로 엮는 핵심 개념이 반영된 다양한 연구 사례들을 담고 있다(1990: 4).

『번역, 역사 그리고 문화』에서 다루고 있는 '문화'란 투리가 말하는 문화보다 광범위하면서도 구체적인 의미를 가진다. 이 논문집에는 탈식민주의 연구(Sengupta, 3.2.1 참조)와 페미니스트 담화 연구(Godard, 3.2.2 참조), 번역의 이데올로기 연구(Kuhiwczak, 3.3 참조) 등 혁신적인 연구들이 수록되어 있다.

1996년 르페브르가 타계한 후 바스넷은, 자신과 르페브르가 발표했던 논문들을 모아 1998년 『문화 건설*Constructing Culture*』이라는 논문집을 출간했다(5.3 참조). 이 논문집의 서문에서 에드윈 겐츨러Edwin Gentzler는 1990년 『번역, 역사 그리고 문화』가 출간됨으로써 "비로소 번역학이 공식적으로 '문화적 전환'을 했다. 바스넷과 르페브르는 1990년대 초 많은 학자들이 문화적 전환에 막 뛰어들기 시작했을 때 이미 뚜렷한 연구 성과를 남긴 선구자였다"(1998: xi)고 평했다. 분명 바스넷과 르페브르가 남긴 연구 성과와 이들의 공동 논문집은 이견의 여지가 없을 만큼 번역학의 발전에 있어서 매우 중요하다. 그렇다면 다음 절에서는 당시의 다른 학문적 움직임을 중심으로 문화적 전환에 대한 겐츨러의 의견과 『번역, 역사 그리고 문화』에서 다루었던 문화적 전환에 대해 살펴보기로 한다.

2.2 스코포스 이론과 기능주의적 접근법

루벤에서 역사적인 학회가 개최되었던 1976년, 독일 게머스하임의 한 강의실에서는 또 다른 학문적 움직임을 주제로 열띤 토론이 벌어지고 있었다. 당시 한스 회니히(1941-2004)와 파울 쿠스마울은 훗날 자신들의 마지막 연구로 남게 된 논문을 통해 이러한 학계의 흐름을 각자의 관점에서 조명했다(Hönig, 2004; Kussmaul, 2004).

여기에서도 반발의 대상이 된 것은 바로 대조언어학과 교육 과정 운영 그리고 기계 번역을 중심으로 자체적으로 '학문으로서의 번역'을 연구하던 (응용) 언어학 패러다임이었다(Wilss, 2004 참조). 1977년 볼프람 빌스 Wolfram Wilss는 『학문으로서의 번역*Übersetzungswissenschaft*』이라는 독일어 책을 발표했고, 이는 1982년 영어판(*The Science of Translation*)으로도 출간되었다. 이 책에서 빌스는 라이프치히학파의 연구와 언어학 그리고 커뮤니케이션 이론을 활용해 번역과 관련된 다양한 요소를 정리했다. 빌스의 책은 번역을 '단순하고 실용적인' 활동으로 치부하던 학계 분위기 속에서 번역학이 하나의 독립적인 학문으로 인정받도록 하는 데 중요한 영향을 미쳤으며, 독일, 특히 서독에서 번역학의 탄생을 설명할 때 자주 언급된다. 이는 당시 독일 학계의 분위기를 고려했을 때 중요한 성과임이 분명하지만 빌스의 연구는 번역학에 급진적인 패러다임의 변화를 가져오지는 않았다. 회니히와 쿠스마울(Hönig & Kussmaul, 2004)에 따르면, 번역학 패러다임의 중대한 변화는 1976년과 1977년 사이 한스 페르메어의 '일반 번역 이론'에 관한 강의에서 시작되었다. 페르메어의 강의는 매우 참신하고 흥미로웠기 때문에 회니히와 쿠스마울과 같은 젊은 연구자들은 페르메어의 강의를 듣고 적극적으로 토론에 임했다. 이러한 노력이 집대성된 결과가 바로 스코포스 이론의 토대가 된 페르메어의 대표 논문 「일반 번역 이론에 관한 기본틀A framework for a general theory of translation」(Vermeer, 1978)이다.

쿠스마울은 게머스하임의 연구자들 사이에서 목표 문화를 중요하게 다루는 움직임을 이미 '감지'할 수 있었다고 했는데, 이에 대해 다음과 같이 말했다.

이 연구의 핵심은 바로 번역의 목표와 목적이 목표 문화권 독자의 니즈와 기대에 의해 결정된다는 것이다. 페르메어는 이를 '스코포스skopos'라고 불렀고, 소위 '원문에 대한 충실성', 즉 등가는 스코포스에 비하면 부차적인 것으로 보았다. 이는 마치 번역 이론이 마침내 홀로서기를 할 수 있게 된 것처럼 우리에게 진정한 해방감을 안겨주었다.(2004: 223)

페르메어의 연구를 토대로 회니히와 쿠스마울은 1982년 『번역의 전략: 교재*Strategy of Translation: A coursebook*』라는 책을 발표했다. 제목에서도 알 수 있듯이 이 책은 학생들을 대상으로 하는 교재로, 쉽고 명료한 문체로 작성되었으며 예시를 많이 싣고 있다. 당시 그리스어인 스코포스가 번역학계에서 널리 통용되지 않았기 때문에 이 책에서는 스코포스 대신 '기능'이라는 표현을 사용했다. 이에 따라 이들을 비롯해 비슷한 연구를 하는 학자들은 결국 '게머스하임의 기능주의자Germersheim Functionalists'로 불리게 되었다. 출간되자 바로 베스트셀러가 된 회니히와 쿠스마울의 책에서 문화라는 개념은 매우 핵심적인 역할을 하며, 이들이 제시한 텍스트의 정의는 번역의 목적과 관련된 측면에서 보그랑드와 드레슬러(1981)의 텍스트 정의에 비견된다. 회니히와 쿠스마울은 텍스트를 "사회문화에서 언어로 표현된 부분"(1982: 58)으로 정의한다. 즉 텍스트는 사회문화적 배경의 영향을 받는 어떤 상황 속에 귀속된다는 것이다(관련 관계도는 Kussmual, 1986: 209 참조). 그러므로 번역은 텍스트가 목표 문화에 '이식되면서implanted' 텍스트 기능이 영향을 받을 수 있는데, 이때 원천 텍스트의 원래 기능을 보존해 '기능적 통일성functional constancy'을 추구할지, 목표 문화의 특수한 니즈를 고려해 텍스트의 기능을 변경할지 선택할 수 있다.

페르메어는 1983년 발표한 자신의 강연집과 1983년 자르브뤼켄 학술대회(Vermeer, 1984), 그리고 카타리나 라이스와 공동 저자로 참여했으며 스코포스 이론가들에게 일종의 '선언문'이 된 『일반 번역 이론의 기초*Foundations of a General Theory of Translation*』를 통해 자신의 번역 이론 원칙을 자세하게 설명했다. 이 책에서 페르메어는 홈즈와 마찬가지로 번역학의 학명學名에 대해 고민했다. 카데가 제시한 일반적인 번역 용어들인 'Translation번역', 'Translator번역자', 'Translat번역물'을 기초로, 그는 'Translationswissenschaft번역학'이라는 파생어를 제안했고, 이 용어는 독일어권 학계에서 수용되었다.[2] 페르메어의 연구 모델에서 언어란 하나의 독자적인 '시스템'이 아니라 문화의 일부분이므로, 이에 따라 번역사는 이중 언어 사용자여야 할 뿐만 아니라 이중 문화 전문가여야 한다. 마찬가지로 텍스트는 독자가 이를 어떻게 수용하는지에 영향을 받고 해당 텍스트가 속한 언어 외적인 상황과 항상 관련이 있기 때문에, 정적이고 고립된 언어적 파편이 아니라 '시공연속체world-continuum의 일부분'으로 볼 수 있다(1984: 48).

이러한 접근법에 따르면 텍스트와 번역은 모두 상대적인 것이 된다. 즉 하나의 유일한, 완벽한 번역은 존재하지 않으며, 모든 번역은 해당 스코포스와 상황의 영향을 받는 것이다. 투리는 '목표 문화권에서 수용되기만 한다면 그 어떤 텍스트도 번역으로 간주'(2.1)할 수 있는 것으로 보지만 스코포스 이론은 일반적으로 번역의 유형을 다음의 다섯 가지로 구분한다. 첫 번째는 행 대응 번역interlinear version(또는 직역word for word translation)으로, 이는 과거 주해를 사용해 성경을 번역한 것처럼 목표 언어 시스템의 규칙에 상관없이 원천 텍스트의 선형적인 단어 배치 순서를 그대로 따르는 것이다. 두 번째는 일반적으로 외국어 수업 시간에 학생들의 어휘나 문법 실력을 평가할 때 주로 사용되는 문법 중심 번역으로, 이 방법은 목표 언어의 통사 규칙을 따르는데, 언어적 의미 자체는 명확하나 문장 단위에

---

2 그러나 독일어권 학계 안에서도 예외가 있다(Pöckl, 2004 서문 참조).

서만 적용되고 맥락이 없다. 세 번째는 슐라이어마허의 이국화 전략과 같이 '독자가 저자에 접근하도록'(1.1)하는 기록적documentary 또는 '학술적 scholarly' 번역이다. 이 방법은 텍스트를 하나의 전체로 보고 접근하지만 원천 텍스트 중심으로 번역을 하고, 심지어 목표 언어를 '낯설게' 만들거나 '이국화'해서 텍스트의 내용을 독자에게 전달하는 것을 목표로 한다. 네 번째는 소통적communicative 또는 '도구적instrumental' 번역으로, 목표 문화의 규범과 관용 표현을 사용하면서 목표 문화 중심으로 번역을 한다. 이때 텍스트 기능은 보통 변하지 않으며(예: 제품 사용법—2.3 참조), 텍스트가 번역문인 것을 바로 알아차리기 힘들다. 다섯 번째는 번안adapting 또는 '개작modifying' 번역이다. 이때 원천 텍스트는, 예를 들어 통신사가 보도 기사를 이용할 때나 다매체 또는 다모드 번역(3.1.3)에서처럼 특정한 목적을 수행하는 데 있어 일종의 원재료로 기능한다(Reiss & Vermeer, 1984: 134-136; Reiss, 1995: 21-23; Gawlas, 2004 참조). 이러한 접근을 통해 번역이 의도된 목적을 어떻게 수행하는지의 차원에서 번역을 연구할 수 있을 뿐만 아니라, 줄곧 논의의 중심이 되어온 등가에 비해 보다 세밀하게 번역의 개념을 조명하고 번역 실무를 잘 반영할 수 있다.

페르메어는 1984년 5월 21일 취리히에서 있었던 강연에서 보다 심화된 연구 내용을 발표했는데, 이는 훗날 『문화 전이로서의 번역*Translation as a cultural transfer*』(Vermeer, 1986)이라는 제목의 책으로 출판되었다. 이 책에서 그는 번역을 다음과 같이 정의했다.

> 문화 S[3]에서 언어 s가 제공한 정보를 특정한 기능에 맞춰 문화 T에서 언어 t로 전달하는 정보의 제공을 말한다. 즉 번역은 한 언어의 단어 또는

3 S/s = source(원천, 독일어는 A/s = Ausgangs-……), T/t = target(목표, 독일어는 Z/z = Ziel).

문장을 다른 언어로 치환하는 것이 아니라, 형식적인 측면은 최대한 유지하면서도 새로운 기능적·문화적·언어적 조건과 상황 속에서 텍스트에 대한 정보(원천 언어로 된 내용)를 제공하는 복잡한 행위다.(1986: 33)

이는 번역이 원천 텍스트와 '등가를 이루는' 다른 버전이라고 보았던 당시의 영향력 있는 언어학적 정의를 노골적으로 거부하는 것이었다.[4] 우선 스코포스 이론에서 가장 중요하게 다루는 요소는 그리스어로 목표, 목적을 의미하는 스코포스skopos라는 개념이다. 여기서 스코포스란 번역 브리프brief에서 고객이 명시한 목표 문화 안에서의 번역의 목적, 기능 또는 사용자 기대로, 이 접근에 따르면 번역은 더 이상 과거 지향적인 것이 아니라 미래 지향적인 것이 된다. 스코포스는 번역 과정과 결과물 모두에 적용될 수 있으며, 번역사가 의도하는 목적Translationsskopos과 목표 문화에서 보는 번역의 기능Translatskopos이 구분된다. 실제 상황에서 이 두 가지 스코포스는 각각 다르게 나타나는데, 이상적인 상황에서만 서로 완전히 일치한다. 스코포스 이론에서 다음으로 중요하게 다루는 요소는 텍스트 내적 합치성이다. 이는 독자 또는 사용자가 단순히 메시지 내용 자체를 이해하는 데 그치지 않고, 자신이 처한 상황적 맥락에서 메시지를 이해하는 것이다. 텍스트 내적 합치성은 텍스트 외적 합치성 혹은 원문에 대한 충실성보다 중요하다. 텍스트 외적 합치성은 원천 텍스트와 목표 텍스트의 기능이 동일하게 유지되는 경우 달성된다. 만약 텍스트의 기능을 변경하는 경우 번역은 스코포스에 명시된 기준을 충족해야 한다. 페르메어는 취리히 강연에서 자신이 '새로운 텍스트를 위한 일종의 수단means to a new

4 Koller(1972: 69-70). 언어학적 의미에서 번역은 치환transcoding 또는 대치substitution로 볼 수 있다. 언어계 L1의 요소 a1, a2, a3 등은 언어계 L2의 요소 b1, b2, b3 등으로 대체된다.

text'으로 여긴 '원문의 폐위de-throning the source text'에 대해 언급했는데, 당시 그 자리에 참석했던 언어학자들은 원문의 권위에 도전하는 페르메어의 이러한 접근에 완강히 반대했으며, 심지어 일부 번역학자들도 강력히 문제를 제기했다.

페르메어의 접근법은 기본적으로 역동적·전체론적이고 당시의 시대 상황을 반영하고 있다. 따라서 오늘날의 관점에서 보면 당시 페르메어의 주장이 강력한 반대에 부딪쳤다는 사실을 이해하기 힘들 수 있다. 페르메어의 주장은 번역학 도해에서 일반 이론을 별도로 구분한 홈즈의 연구와도 맥을 같이 한다. 예를 들어 '텍스트 내적 합치성'(3.3.1 참조)은 기존의 '등가'라는 개념을 대체하고, 홈즈가 제시한 '부합의 네트워크network of matchings'(1.4)라는 개념을 보다 발전시켰다. 마찬가지로 뉴마크가 제시한 '어의적semantic', '소통적communicative' 번역(1981)에 견줄 수 있는 '기록적documentary', '도구적instrumental' 번역이라는 개념은 당시 언어학에 기반을 둔 주요 번역학 연구에도 영향을 미쳤다(House, 1977; Diller & Kornelius, 1978; Reiss & Vermeer, 1984: 92 참조).

그러나 기본적으로 페르메어의 1986년 논문 제목에서도 볼 수 있듯이 그는 언어를 문화의 일부로 보고, 번역을 언어적 전환이 아니라 문화적 전환으로 간주한다. 페르메어를 포함한 독일어권 기능주의 학자들은 문화를 논할 때 일반적으로 게머스하임의 하인즈 괴링Heinz Göhring이 내린 정의를 사용한다. 괴링은 미국의 민족학자 워드 굿이너프Ward Goodenough (1964: 36, Snell-Hornby, 1988: 39-40 참조)가 내린 문화의 정의를 바탕으로 다음과 같이 문화를 재정의했다.

> 문화란 사회 구성원이 다양한 역할을 수행하는 데 있어 자신의 행동이 적절한지의 여부를 판단하고, 자신이 원할 경우나 자신의 일탈 행동이 초

> 래하는 결과를 수용할 준비가 되어 있지 않을 경우, 자신이 속한 사회에서 적절하거나 부적절한 것으로 간주되는 행동이 무엇인지를 판단하기 위해 개인이 알고, 숙지하고, 느끼는 모든 것을 의미한다. (Göhring, 1977: 10)

페르메어는 괴링의 정의를 토대로 다음과 같이 문화를 정의했다.

> …… 사회 구성원의 행동을 결정하는 규범, 관습, 의견 등의 총체 및 이러한 행동으로 인한 결과 일체(예: 건축물, 대학 등)를 말한다. (Vermeer, 1989a: 9)

이와 같이 문화를 지식, 능력 및 인식의 총체로 보는 개념(특히 규범과 관습이 포함된)은 번역을 추상적인 코드 변환이 아니라 특수한 의사소통 및 사회적인 행동[5]으로 보는 기능주의 연구의 기본 전제가 되었으며, 이는 훗날 하이드룬 비테Heidrun Witte(1987)가 번역사의 '문화 능력cultural competence'을 '문화 간 능력'으로 논하면서 개념이 확장되었다. 스코포스 이론에서 문화는 핵심적인 개념이고(자세한 내용은 Schäffner, 1998b 참조), 스코포스 이론의 영향을 받아 1980년대 중반 독일에서 '문화적 전환'이 시작되었다.

이러한 '새로운 경향'은 라이스와 페르메어의 책이 출판된 1984년에 뚜렷해졌다. 필자는 이와 같은 움직임을 논문집으로 정리하기 위해 관련 연구자들과 접촉했고, 결국 페르메어, 쿠스마울, 회니히 등이 참여한 논문집을 발표했다(Snell-Hornby, 1986). 또한 당시 독일 학계에 나타난 이 새롭고 흥미로운 경향을 주제로 1988년 워릭 학회에서 「언어적 치환 또는 문화 전이? 독일 번역 이론 비평을 중심으로Linguistic Transcoding or Cultural

5 문화에 대한 보다 자세한 최근 연구와 번역과의 관련성에 대해서는 Schmid(2000) 참조.

Transfer? A Critique of Translation Theory in Germany」라는 논문을 발표했다. 이 논문의 서두를 살펴보면 다음과 같다.

> 최근 몇 년간 독일어권 국가들을 중심으로 새로운 번역 이론들이 등장했고, 이에 대해 많은 논의들이 이루어져 왔다. 그러나 지금까지 영어권 국가에서 대표적인 독일 번역 이론은 사실상 거의 알려져 있지 않았으며, 본 논문은 이러한 불균형을 해소하기 위해 제2차 세계대전 이후 독일에서 발전해온 두 가지 번역 이론에 대한 개괄적인 내용을 소개하고자 한다. 하나는 바로 라이프치히학파와 볼프람 빌스, 베르너 콜러 등이 중심이 되는 언어학적 연구의 번역학Übersetzungswissenschaft이고, 다른 하나는 한스 페르메어 등이 대표하는 문화적 연구다.(1990: 79)

르페브르와 바스넷은 1990년 출판된 『번역, 역사 그리고 문화』의 서문에서 1980년대 독일 학계의 움직임을 살펴본 필자의 위 논문을 직접 인용하며 '문화적 전환'을 다루고 있다(1990: 4, 2.1 인용). 이와 관련해 앞서 2.1에서 언급한 겐츨러의 주장, 즉 르페브르와 바스넷의 1990년 논문집을 시발점으로 "번역학이 공식적으로 '문화적 전환'을 하게 되었다"(1998: xi)는 의견에 대해 다시 생각해볼 수 있다. 문화적 전환이 언제 '공식적으로' 이루어졌는지 단언하기는 어렵다. 그러나 '비공식적으로' 이루어진 것은 1982년 회니히와 쿠스마울에 의해서였고, 이후 페르메어와 그의 동료들에 의해 계승된 것으로 볼 수 있다. 그리고 이는 분명 바스넷과 르페브르가 말한 '1980년대의 성공 사례'(1990: ix)의 탄생에 중요한 기여를 했다.

2.3 번역행위 모델

1984년은 번역학 연구에 있어서 중요한 전환점으로 평가된다. 홈즈의 빈 논문, 라이스와 페르메어의 저서 외에도 홀츠-맨태리의 『번역행위 이론과 방법론*Translatorial Action: Theory and Method*』이 핀란드 헬싱키의 한 작은 학술 전문 출판사를 통해 출간되었다. 이 역시 수년간 계속되어온 번역 연구의 결과물이자, 당시 지배적이었던 번역 이론에 대항하는 행위였다. 그러나 조작학파는 학술대회를, 스코포스 이론은 학교 강연을 중심으로 발전했던 것에 비해 홀츠-맨태리의 이론은 번역 실무를 중심으로 연구가 전개되었다는 점에서 차이가 있다.

홀츠-맨태리는 독일 함부르크 출신의 전문 번역사로 투르쿠와 탐페레 소재 대학교에서 번역 강사로 일하며 수년간 핀란드에 거주했다. 그는 자신의 번역 이론을 1981년 스웨덴의 룬드에서 열린 국제응용언어학회AILA와 1983년 자르브뤼켄에서 개최된 AILA 학회에서 발표했다. 홀츠-맨태리는 번역이 근본적으로 언어의 문제가 아니라고 보았고, 이 같은 의미에서 그의 번역관은 페르메어보다 더 급진적이다. 그런데 이러한 입장을 취하고 있는 홀츠-맨태리가 자신의 논문을 AILA와 같은 언어학회에서 발표했다는 것 자체가 일종의 아이러니가 아닐 수 없다. 홀츠-맨태리에게 번역이란 하나의 행동, 즉 문화 간 커뮤니케이션으로, 언어는 커뮤니케이션의 내용 또는 목표가 아니라 하나의 수단에 불과했다. 이러한 '논쟁적인 경향'은 핀란드에서 오직 언어 능력만을 토대로 전문 '언어 번역사'(핀란드어로는 'kielenkääntäjä'인데 여기서 'kieli'는 언어, 'kääntäjä'는 번역사를 의미한다)의 자격과 실력을 평가하고, 전문 용어 및 문법 구조에 대한 지식은 고립된 '텍스트 파편'(Holz-Mänttäri, 1984a: 176)으로만 평가하는 방식에 대항하는 것이었다. 그리고 이와 같은 방식은 당시 다른 지역에서 번역사를 평가하는 실태와 별반 다르지 않았다.

이에 대항해 홀츠-맨태리는 자신이 제시하는 '번역행위translatorial action'라는 개념을 다음과 같이 설명한다. "번역행위는 다른 행위들로 구성된 시스템에 통합되어 있으며, 그 시스템 외부의 요소들에 의해 통제된다"(1984a: 177). 번역을 하나의 복잡한 행위 또는 사회적인 맥락에서 문화 간의 커뮤니케이션으로 보고, 원천 텍스트 및 언어적인 요소 전체의 지위를 격하한다는 면에서 홀츠-맨태리는 페르메어와 많은 공통점을 갖고 있다. 비록 두 연구자는 각자 독립적으로 자신의 이론을 연구한 것이라고 주장하지만, 두 연구가 갖는 공통점을 바탕으로 이들은 훗날 긴밀히 협력하게 된다.

번역행위 이론은 크리스티나 섀프너Christina Schäffner(1998a)에 의해 영어로 소개되었는데, 오늘날의 관점에서는 매우 설득력 있는 이론으로 볼 수 있다. 그러나 당시에는 매우 특이하고 이상한 이론으로 받아들여졌고, 응용언어학자들로 가득 찬 룬드 학회에서 홀츠-맨태리의 이론을 이해하는 사람은 거의 없었다. 그 이유 중 하나는 홀츠-맨태리가 완전히 새로운 용어들을 만들어서 사용했기 때문이었다. 그는 전통적으로 '번역'을 의미하는 독일어 'Übersetzung'의 사용을 거부했다. 그 단어가 학교에서의 언어 숙달 연습을 연상시키기 때문에 대신 보다 전문적인 용어를 사용하고자 했다. 홀츠-맨태리가 사용한 주요 용어들은 다음과 같다. 일반적인 번역을 지칭하는 데는 카데가 말한 'Translation'을 사용했고, 행위자는 'Translator', 번역 수정자는 'Translatorisch', 번역 이론 연구와 관련된 번역학을 지칭하는 데는 'Translatologie'(1.4 참조)라는 용어를 사용했다. 또한 특정한 용어의 일상적인 사용이 가져올 수 있는 부정확한 연상 작용을 피하기 위해 완전히 새로운 용어도 개발했다. 예를 들어 텍스트(도표와 같은 보충 자료 포함)를 대신하기 위해 직역하면 '메시지 전달자'를 의미하는

'Botschaftsträger'라는 용어를 새로 만들었다. 당시 텍스트라는 용어는 문장의 연속적인 배열이라는, 완전히 언어적인 의미로만 인식되고 있었다. 그러나 홀츠-맨태리가 중요하게 여긴 것은 메시지였고 언어적인 요소가 아니었다. 또한 그가 사용한 'Bedarfsträger'라는 용어는 일반적으로 상업적인 맥락에서 소비자를 의미하지만 전문 번역과 관련된 맥락에서는 고객을 의미한다. 그러나 당시 학계에서는 번역을 의뢰하는 고객을 아직 중요한 개념으로 다루지 않았다.

홀츠-맨태리의 연구가 과거 쉽게 인정받지 못했던 두 번째 이유는 그가 독일에서 일반적으로 사용되는 '학술적'인 문체를 사용했다는 점에 있다. 이러한 문체는 특히 1984년에 나온 그의 저서에서 두드러진다. 그 책은 원래 핀란드의 최고 학위를 심사하는 심사단에 제출된 논문이었는데, 심사위원 대부분이 독일 학자들이었다. 그렇기 때문에 홀츠-맨태리는 독일 학계 전통에서 요구하는 문체로 논문을 썼다. 그런데 이러한 독일어 학술 문체는 때로는 '전문적'인 언어로 지지를 받기도 했으나 쉽게 이해하기 어려운 '난해한' 학술 언어라는 비판을 받았다. 이는 그의 연구 내용이 상식적으로 쉽게 이해되고 전문 번역사의 실무 현장을 반영하고 있음에도 불구하고 수년간 논란의 여지를 제공하는 데 영향을 미쳤다.

홀츠-맨태리의 이론은 다음과 같은 예시를 통해 보다 자세하게 살펴볼 수 있다. 핀란드 고객(가전제품 회사의 마케팅 부서장)이 영어(또는 독일어나 아랍어)로 번역된 세탁기 사용법을 필요로 한다. 그의 목적은 당연히 해외 시장에서 세탁기를 마케팅하는 것이다. 그는 해당 외국어를 잘 구사하지 못해 번역사에게 핀란드어로 된 세탁기 사용법을 제공하고 번역을 의뢰한다.[6] 번역사의 과제는 그 세탁기를 구매하는 영어/독일어/아랍어 구매자

6 번역 의뢰가 얼마가 비전문적으로 이루어지는지는 Sobotka(2000) 참조.

들이 세탁기 사용법을 이해하고, 실제로 세탁기를 사용할 수 있도록 하는 텍스트를 생산하는 것이다. 이때 번역사는 해당 제품과 관련해 추가 부품이나 제품 보증 관련 법 규제가 있는지 등 보다 세부적인 사항을 마케팅 부서장에게 확인하고, 특히 아랍어의 경우 사용자에 대한 자세한 정보(문화적인 부분 포함)를 조사해야 한다. 즉 번역을 하는 동안 번역사는 혼자 작업을 하는 것이 아니라 고객사(및 다른 전문가)와 협조를 한다. 그리고 번역사는 번역을 할 때 핀란드어 텍스트의 문장 또는 문법 구조를 그대로 재생산할 필요가 없다. 이는 영어/독일어/아랍어 사용자들이 실제로 세탁기를 사용하는 데 도움이 되지 않을 수 있으며,[7] 언어로 된 텍스트 중 일부는 오히려 도표나 그림으로 표현하는 것이 보다 효과적일 수 있다. 텍스트를 이용해 사용자가 세탁기를 실제로 사용할 수 있다면 번역의 즉각적인 목표는 달성된 것이다. 그리고 텍스트가 고객사 매출 증대에 기여한다면 고객사의 궁극적인 목표도 달성된 것이다. 그러므로 번역의 목적은 원천 텍스트의 언어적인 내용 외부에 있는 것이다.

홀츠-맨태리의 용어를 포함해서 보다 추상적인 말로 번역 과정을 설명해본다면 다음과 같다. 번역행위는 언어 코드의 변환이 아니라 고객 또는 발주자, 번역사 등 전문가들의 팀워크가 필요한 복잡한 행위들로 구성된다. 이때 번역사는 텍스트 설계 전문가로 자신의 결과물에 책임을 진다 (3.1.1 참조). 스코포스 이론과 마찬가지로 번역행위 이론에서 번역은 문화간 장벽을 넘나드는 커뮤니케이션 행위로 간주되고, 최종 수용자를 고려

---

7 이와 관련해 필자가 직접 경험한 사례가 있다. 예전에 일본제 디지털 시계를 구입한 적이 있는데 각종 유럽어로 번역된 시계 사용법을 전혀 이해할 수 없어서 그 시계를 사용하지 못했다. 제조사가 일어로 된 사용법을 단순히 일본어 구조에 맞춰 영어/불어/독일어 등으로 번역했기 때문에 이해할 수 없는 텍스트가 생산되었고, 결국 사용자가 제품을 사용하는 데 도움이 되지 않았다.

한 구체적인 텍스트 기능이 중요한 번역 기준이 된다. 번역행위 이론은 다음과 같은 여러 단계로 구성된다. 우선, 고객이 번역사에게 원천 텍스트를 제공하면서 의도하는 목표 텍스트 관련 정보와 용도를 밝히고 번역을 의뢰한다. 그리고 번역사는 번역 프로젝트 및 번역 결과물에 대한 전반적인 계획을 수립한다. 그 후 원천 텍스트 분석과 추가적인 배경 정보를 기반으로 텍스트를 생산하고, 필요하면 고객 또는 해당 분야 전문가에게 문의를 하고 번역을 수정하면서 번역 결정을 내린다. 그리고 최종 결과물이 완성되면 번역사는 결과물에 대해 전적으로 책임을 진다.

전문 번역사인 홀츠-맨태리는 번역사가 단순히 이중 언어 사전에 의존해 학교 또는 대학의 실용 언어 수업에서 텍스트의 언어적 코드를 변환하는 사람이라는 일반적인 인식에 변화를 가져왔다. 물론 오늘날에도 이러한 인식은 일반 대중들 사이에서 여전히 남아 있다(Snell-Hornby, 2005: 6 참조). 또한 홀츠-맨태리의 메시지가 주로 교육기관에서 근무하는 학계의 번역학자들Translatologen이 아니라 실무 번역사들 사이에서 보다 호의적으로 받아들여졌다는 점은 주목할 만하다(Stellbrink, 1985; Snell-Hornby, 1988: 48 참조). 그리고 학계와 실무 분야 모두에서 활발하게 활동했던 이들은 홀츠-맨태리의 연구를 어렵지 않게 이해했다. 그중 하나가 바로 더글라스 로빈슨Douglas Robinson으로, 그는 1991년 다음과 같이 말했다.

> 탐페레 대학교의 홀츠-맨태리는 가장 포괄적이면서 영향력이 큰 번역 개념을 제시했다. 그는 『번역행위 이론과 방법론』에서 번역행위와 관련해 행위로서의 번역, 또는 케네스 버크Kenneth Burke의 용어를 빌리자면 극적 행위로서의 번역translation as drama 등을 주요 개념으로 소개했다. 번역에 대한 논의의 초점을 텍스트 간의 추상적인 대응이라는 언어적 관점으로부터 벗어나 실제 발생하는 행위로 옮기면서, 홀츠-맨태리는 그동

안 응용언어학자들이 번역을 연구해온 관점에 행위론적인 시각을 제시했다. (1991: 128-129)

홀츠-맨태리의 번역행위 이론은, 특히 번역 실무에 종사하는 번역사들에게는 비문학 번역을 위한 이론으로 보일 수 있다. 그러나 통역 실무 또는 문학 번역에도 로빈슨이 말한 '행위론적'인 의미에서 번역행위 이론이 얼마나 잘 적용되는지를 보여주는 연구 사례들이 있다. 대표적인 연구로는 푀히하커Pöchhacker(1994)의 회의 통역 연구(4.1.1 참조), 카인들Kaindl(1995)의 오페라 번역(3.1.3 참조), 캐드릭Kadrić(2001)의 법정 통역(4.1.1 참조), 삼호페로바Salmhoferova(2002)의 법률 번역과 프램슨Framson(2005)의 해외 마케팅 관련 연구(4.1.2 참조)가 있다. 이러한 연구들은 홀츠-맨태리가 1980년대의 문화적 전환뿐만 아니라 번역학이 학계에서 독립적인 학문으로 인정받기 시작한 이래 번역학의 주요 발전에 기여했다는 것을 보여준다.

2.4 해체주의: 번역과 캐니벌리즘

1986년 브라질의 상파울루에서는 로즈마리 아로요Rosemary Arrojo가 저술한 『번역 워크샵 *Translation workshop*』이라는 제목의 짧은 책이 출간되었다. 이 책에서 아로요는 알렉산더 티틀러의 『번역의 원칙에 관한 소고 *Essay on the Principles of Translation*』(1791)(1.1 참조)를 언급하면서, 브라질에서 수십 년간 논란의 대상이 되어 온 주제, 즉 원천 텍스트를 '신성한 원문'으로 간주하는 관점에 대해 논한다.

그의 연구는 브라질 식민주의 역사와 밀접한 관련이 있다. 브라질에서 번역은 아직도 지배적인 영향을 미치고 있는 유럽의 문화적 가치 등 자국에 만연한 과거의 잔재를 털어낼 수 있는 수단으로 인식되었다. 1920년대 브라질에서는 유럽의 영향하에 억압받아온 자국의 뿌리를 재발견하기 위한 정치적 움직임인 '식인주의 운동Anthropophagy Movement'이 일어났다. 이 움직임은 산업 국가들의 문화적 가치를 '먹어치워서devour' 자국의 토착 문화로 흡수하자는 것이다('anthropophagos'란 '식인주의' 또는 '캐니벌리즘'을 의미한다).[8] 1960년대에 저명한 브라질의 시인이자 번역사인 오거스토Augusto와 해롤도 데 캄포스Haroldo de Campos 형제는 언어를 창의적인 텍스트를 생산하기 위한 하나의 재료로 간주했고, 언어에 대한 자신들의 연구에 식인주의 운동의 개념을 적용했다. 이들은 '식인주의'라는 은유를 사용해서 '제3세계 번역 모델'을 개발했다. 여기서 식인주의, 즉 캐니벌리즘cannibalism은 타자를 부정하거나 무시한다는 의미가 아니라, 타자를 흡수해서 자국의 토착 요소로 보다 풍부하게 만들어 재생산한다는 의미로 사용되었다. 즉 '캐니벌리즘'은 초기에는 정치적인 운동으로 시작해 문화적 지배권에 대항하는 은유가 되었고, 나아가 포스트모던 번역 이론에서 새로운 의미를 갖게 된 '번역 철학'에 투영된 것이다(Vieira, 1994: 66-67 참조).

1980년대에는 식민자들의 중심 문화를 상징하는 원문의 권위와, 피식민자의 주변 문화를 상징하는 번역의 자립성 간의 대립을 중심으로 논의가 진행되었다(Wolf, 1997: 15-16). 텍스트를 '캐니벌리즘' 방식으로 접근하는 것은 식민주의에 대한 재해석을 목표로 하는데, 이는 번역에서 다양한 담화를 생산하는 동시에 '원문'과 번역 간의 위계 질서에 도전한다. 이

---

8 브라질의 과거 식민지 역사가 번역 과정에 어떻게 바로 흡수되었는지에 대해서는 Cruz Romão(2000) 참조.

것이 바로 아로요 연구의 출발점이었다. 아로요는 자크 데리다Jacques Derrida(1978)의 해체주의 관점에서 전통적인 번역 이론의 근간이 되어온 서구 철학의 로고스 중심주의 전통에 의문을 던진다. 문자에 집착하는 이러한 서구의 로고스 중심주의는 1791년에 나온 티틀러의 『번역의 원칙에 관한 소고』에서 "번역은 원문이 갖고 있는 모든 내용을 그대로 재현해야 한다"는 주장에서도 볼 수 있다(Tytler, 1978: 17 참조). 데리다의 관점에서 볼 때 텍스트는 하나의 고정된 최종적인 '의미'를 갖지 않으며, 모든 번역에서는 항상 새로운 읽기가 가능하다. 번역사는 저자의 역할을 하게 되고, '신성한 원문'이라는 개념 또는 저자의 의도를 재상산하기 위한 시도, 그리고 원문에 대한 '충실성'이라는 개념이 '해체'된다.

아로요는 호르헤 루이스 보르헤스Jorge Luis Borges의 단편을 예로 들면서(1986: 13 이하), 특히 1971년 티틀러, 1965년 캣포드, 1964년 나이다, 1975년 스타이너의 연구를 중심으로 전통적인 번역 이론의 문제를 밝히고자 했다(Arrojo, 1992). 세르반테스의 돈키호테를 재구성하려고 하는, 피에르 메나드Pierre Menard라는 이름의 20세기 초 작가가 주인공인 보르헤스의 이 소설은, 문화적 가치와 시공간에 따라 텍스트 읽기가 얼마나 달라지는지를 보여준다(3.3 참조). 아로요는 텍스트란 일반적으로 개별 독자의 해석의 결과라는 것을 보여준다. 그러므로 읽기라는 행위는 저자가 의도하는 의미를 단순히 전달하는 것이 아니라 새로운 의미를 생산하는 것이다.

> 텍스트 또는 기호를 '내용'으로 채워서 통제할 수 있는 일종의 용기container로 간주하는 것이 아니라, 대신 '팔림프세스트palimpsest'라는 새로운 은유를 제안하고자 한다. 팔림프세스트의 어원은 '매끄럽게 문지르다'를 의미하는 그리스어 'palimpsestos'로, 이 단어의 사전적 정의는 '원래의 글을 지우고 그 위에 다시 글을 써서 두 개 이상의 텍스트가 하

나에 존재하는 고대 양피지 문서'다.

> 우리 '워크샵'에서는 '팔림프세스트'를 하나의 '동일한' 텍스트 위에 다시 '글을 쓰기' 위해 (또는 다르게 통·번역을 하거나 해석할 수 있도록) 기존의 모든 문화, 모든 시대를 지워버린 텍스트라는 비유적인 개념으로 접근한다.(1986: 23-24)

이와 같은 관점에서 번역이란 읽기와 마찬가지로 더 이상 저자가 의도한 '원래' 의미를 보존하는 활동이 아니라 의미를 생산하는 과업으로 볼 수 있다. 나아가 데리다의 해체주의 관점에 따라 더 이상 텍스트가 번역을 통해 저자가 의도하는 의미를 재생산할 수 있는 용기가 아니라면, '원문'의 개념과 번역사와 번역 간의 관계 역시 완전히 다시 생각해야 한다. 번역은 일종의 '변형'이 되고, 등가의 개념은 더 이상 유효하지 않으며, 번역사는 가시적인 존재가 되고, 변형에 적극적인 참여자가 된다. 또한 '원문'이 존재하지 않고 반박할 수 없는 확실한 '저자의 의도'가 존재하지 않는다면, 이는 곧 저자의 죽음을 의미하고, 롤랑 바르트Roland Barthes(1977)가 환영한 독자의 '탄생'을 알리는 것이다(Arrojo, 1997a와 3.3 참조).[9]

이와 같은 관점은 특히 원문의 '폐위'를 다루고, 정적인 등가의 개념을 거부하며, 번역사와 목표 텍스트 독자의 적극적인 역할을 강조한다는 면에서 분명 페르메어의 연구와 맥을 같이 한다. 브라질의 주요 번역학 관련 논문을 독일어로 번역하여 출판한 논문집의 서문(Wolf, 1997)을 쓰면서 페르메어는 아로요의 연구를 환영하며 다음과 같이 말한다.

---

9 번역과 원문 간의 관계에 대한 기호학적인 접근은 Stecconi(2000) 참조.

필자는 '스코포스 이론'을 연구할 때 많은 동료들의 도움을 받았고, 그 중 한 명이 바로 브라질의 마그렛 암만Margret Ammann이었다. 그리고 1983년 당시 핀란드 투르쿠에서 홀츠-맨태리를 처음 만났을 때, 그의 연구와 필자의 연구 사이에 공통점이 매우 많다는 점을 깨달았다(홀츠-맨태리의 번역행위 이론 참조). 그 후 1986년에는 로즈마스 아로요라는 학자가 필자와 홀츠-맨태리의 연구와는 별도로, 엄격한 의미에서 기능주의로 분류할 수 있는 번역 이론을 연구하고 있다는 것을 알게 되었다. 그러나 이들 연구의 초점은 약간씩 다르다. 홀츠-맨태리의 일반 이론은 기본적으로 실용 텍스트 번역을 다루고, 아로요의 이론은 주로 문학 번역을 다룬다.

이 세 가지 연구의 공통점을 이보다 더 명확하게 설명할 수는 없을 것이다. 이들 연구는 조작학파와 마찬가지로 초기에는 상호 협력을 통해, 그리고 나중에는 독일어권에서 공동 연구물을 출판하면서 서로 의견을 조율하고 연구를 발전시켰다(Wolf, 1997 참조). 이 세 가지 연구 모두 서로 완전히 다른 곳에서 독립적으로 시작되었다는 점은 그다지 중요하지 않다.

브라질의 '식인주의anthropophagic' 또는 '캐니벌리즘cannibalistic' 접근은 훗날 탈식민주의 문학에 중요한 영향을 미쳤다. 이러한 접근은 과거 식민자들의 언어와 문화를 완전히 흡수하고 이를 '토착적인indigenous' 요소로 보다 풍부하게 만들어 자신만의 창의적인 영어로 표현하는 살만 루시디Salman Rushdie나 아룬다티 로이Arundhati Roy와 같은 작가들의 작품을 묘사하는 문학적인 은유로 사용된다(이와 관련된 번역 문제는 3.2.1 참조). 번역과 관련해 이와 같은 '식인주의'라는 용어의 사용은 최소한 영어에서는 부정적이고 불편한 연상을 불러일으킨다. 식인주의를 뜻하는 영어 'anthropophagic'은 딱딱하고 중립적인 느낌을 주지만, 'cannibalistic'이라는 언어적 틀은 비유적으로 사용할 경우 번역행위에 내재된 창의적인 잠재력이 표현되지 못하고 야만적이고 끝이라는 느낌을 준다.[10] 그렇기 때문에 아로요가 말한 '팔림프세스트'라는 은유가 보다 적절할 수 있다. 이와 마찬가지로 해체주의적 은유인 저자의 '죽음'이라는 표현 역시 비록 과거에 비해 덜 사용되기는 하지만 이를 문학에 적용하자면, 특히 번역의 맥락에서는 부정적이고 불편한 느낌을 준다. 오늘날 '죽음'이라는 언어적 틀은 부활하기 위해 반드시 거쳐야 하는 단계가 아니라, 일반적으로 완전한 종말을 연상시킨다. 그러나 이 책에서는 번역에서 독자의 '탄생'에 대해 더 자세하게 다룰 것이다. 즉 저자 또는 작품을 파괴하지 않고, 오히려 저자를 더 오랫동안 존재하게 만들 수 있는 잠재력을 부여하는 독자로서의 역할에 대해 살펴보기로 한다(3.3).

2.5 1980년대를 회고하며

지금까지 살펴본 바에 의하면 1980년대에는 번역학 연구에 진정한 패러다임의 변화가 있었다. 이와 같은 패러다임의 변화는 크게 두 가지 연구 흐름에서 찾을 수 있는데, 하나는 문학 번역을 주제로 영어 논문을 많이 발표한 '조작학파'이고, 다른 하나는 페르메어를 필두로 하여 독일어 논문을 주로 발표한 기능주의 연구다.

이와 같이 양대 구도로 구분하는 것은 이 장에서 다루었던 당대 주요 연구들이 갖는 공통점을 희석시키는 것 같으나, 이들 연구는 모두 목표 문화 중심적이고 기능주의적이며, 당시에는 강력한 반대에 부딪쳤지만 오늘날

10 번역을 원문에 대한 '삽입penetration'으로 묘사한 스타이너Steiner(1975)의 관점에 문제를 제기한 바스넷과 트리베디Bassnett & Trivedi(1999a)의 연구 참조.

에는 이를 극복해 번역학이 독립적인 학문으로 발전하는 데 있어 중요한 기여를 했다는 공통점이 있다. 또한 이론과 실무의 상호 작용(기술번역학과 홀츠-맨태리의 번역행위 이론에서도 볼 수 있듯이) 및 '개작'의 개념(Lefevere & Arrojo)을 다루었다는 것도 이들 연구의 분명한 공통점이다.

그러나 관련 논문을 자세히 살펴보면 같은 용어를 각기 다른 의미로 사용한 사례를 볼 수 있다. 예를 들어 투리는 '문화culture'를 시스템의 의미로 사용했으며(2.1), '기능function' 역시 다소 다른 의미로 사용했다. 그는 '수용자 문화에서 번역이 갖는 (잠정적) 지위(또는 기능)'(1995: 12)이라는 표현을 사용하며 스코포스 이론과는 다른 의미로 '기능'을 기술한다.

> 여기서 '기능'이라는 용어는 '기호학적인' 의미로 사용된다. 즉 특정 시스템 안에 존재하는 관계의 네트워크가 시스템으로 편입되는 특정 항목에 부여하는 일종의 '가치'를 말한다. 그러므로 스코포스 이론이나 번역행위 이론(Holz-Mänttäri, 1984)에서 단순히 최종 결과물의 '사용'과 관련해서 말하는 '기능'과는 다르다. 이 두 가지 '기능' 간에는 상관 관계가 있을 수 있는데, 이에 대해서는 아직 학계의 연구가 필요하다.(1995: 12)

같은 용어를 각기 다른 의미로 사용한 세 번째 사례는 투리가 기술번역학에서 사용하는 '규범norm'으로 이 역시 특수한 의미를 갖고 있다(3.1.1 참조).

그러나 무엇보다도 이들 연구가 확연한 차이를 보이는 점은 바로 '기술적descriptive' 접근과 '평가적evaluative' 접근에 대한 입장이다. 조작학파가 제시한 새로운 패러다임은 '대부분의 전통적인 번역 연구가 갖는 규범적·원천 문화 중심적인 접근법'에 대한 강력한 반발로 시작되었고(Hermans, 1985: 9), 조작학파는 일반적인 번역 평가뿐만 아니라 번역 교육

기관들의 규범적·평가적인 접근법도 거부한다. 그러나 독일 기능주의에 관한 연구는 교육기관에서 시작되었기 때문에 자연스럽게 평가적인 요소를 갖게 되었으며, 이들의 평가 기준은 원천 텍스트의 언어적인 요소가 아니라 목표 문화의 번역 기능이다. 조작학파가 당시 지배적이었던 규범적 연구에 반대했다는 점은 쉽게 이해할 수 있으나 일체의 평가를 배제했다는 것은 지금까지도 설득력 있게 설명된 적이 없다. 또한 이와 관련해 기술번역학에서 많은 연구가 시도되었지만 그 후 허만스(1998: 99)도 인정했듯이 형식적인 선을 벗어나지 못했고 명확한 목적도 없었다. 문학 번역도 스코포스 이론의 기능주의 접근으로 평가할 수 있다는 것은 암만이 자신의 번역 평가 모델에서 설명한 바 있다(3.3.1).

두 번째 차이점은, 홈즈가 처음 제시하고 추후 조작학파가 발전시킨 번역학의 개념은 상당 부분 문학 번역에 초점을 둔 반면, 스코포스 이론의 번역학Translationswissenschaft은 일반적인 번역 이론에 초점을 둔다는 점이다. 앞서 페르메어가 언급했듯이(2.4), 기능주의 연구의 세 가지 '일반적인' 흐름은 문학과 비문학 번역 모두를 다루었다. 허만스의 지적대로(1998: 99) 기술번역학은 대부분 문학 텍스트를 다루었고, 훗날 등장한 탈식민주의 이론(3.2.1)이나 페미니즘 연구(3.2.2)를 고려하지 않았다. 스코포스 이론은 처음부터 일반적인 이론을 표방하면서 탄생했지만 1980년대에는 번역사 교육과 관련해 자연스럽게 화용론적 텍스트를 많이 다루었기 때문에 문학 번역과의 연관성에 대해서는 의문이 있었다. 당시 스코포스 이론에 회의적인 견해를 갖고 있었던 필자는 원문의 지위와 상황 및 기능, 그리고 문체의 섬세함 등 다양한 요소도 고려해야 한다고 지적했다(Snell-Hornby, 1988/1990). 나중에 보다 자세하게 설명하겠지만(3.1.3, 3.3.1) 그 후 필자는 스코포스 이론에 대한 입장을 수정했는데, 여기에는 암만의 번역비평 모델이 중요한 영향을 미쳤다. 필자는 현재 스코포스 이론이 기술번역학보다 다양한 분야에 적용될 수 있다고 생각한다.

1980년대에는 기술번역학과 스코포스 이론 사이에 교류가 많지 않았다. 두 연구 흐름은 각각 독립적으로 탄생했으나, 모두 당시 지배적이었던 언어학적 연구에 적극적으로 대항했고 새로운 패러다임을 만들고자 했다. 1995년 투리는 이러한 상황을 다음과 같이 묘사했다.

> 페르메어가 1978년 처음 스코포스 이론에 대한 연구를 시작했을 때 필자 또한 목표 텍스트 중심으로 연구의 초점을 맞추고 있었다(Toury, 1977). 이는 특히 우리가 상당 기간 서로의 연구에 대해 전혀 알지 못했다는 점을 고려해볼 때 한 시대의 학술적 움직임이 어떻게 변화하는지를 보여주는 흥미로운 사례가 될 수 있다. 그러나 물론 페르메어와 필자의 목표 텍스트 중심 패러다임 사이에도 최소한 한 가지 중요한 차이점이 존재하는데 이는 각자의 연구가 기반을 두는 가정이 서로 다르기 때문이다. 주요 스코포스 이론 학자들은 아직도 실용적인 특성의 문제를 보다 '현실적'인 방식으로 접근할 수 있다는 점이 자신들의 연구를 정당화하는 가장 중요한 근거라고 주장하면서, 우리의 경험을 '개선'하는 것, 즉 변화시키는 것을 주요 목적으로 한다. 그러나 필자의 연구는 목표 문화에서 번역으로 간주되는 일체의 요소에 대해 철저히 기술적인 설명을 하고, 궁극적으로 번역의 이론적인 법칙을 정립하는 것을 목표로 한다. 최근 스코포스 이론에서도 번역에 대해 역사적 연구를 시도하고 있으며(가장 대표적인 연구는 Vermeer, 1992), 다른 목표 텍스트 중심 패러다임의 주요 가정을 적용하는 시도를 하고 있다. 이는 두 연구 흐름 간의 간극이 점차 좁아지고 있다는 점을 시사한다. 이와 같은 경향은 특히 2세대 스코포스 이론 연구자들의 최근 연구에서 볼 수 있다. 이 중 가장 대표적인 연구자로는 크리스챤 노드Christiane Nord(1991)를 들 수 있다. 노드는 필자의 연구

에서 매우 핵심적인 개념인 '번역 규범'을 페르메어의 사상이 많이 반영된 연구에 접목하는 흥미로운 시도를 했다. 그러나 안타깝게도 노드는 우리가 선험적으로 인식하는 윤리적 원칙인 '충성도'라는 개념을 (다시) 도입했는데, 이 개념은 점차 좁아지고 있던 스코포스 이론과 기술번역학 사이의 간극에 다시 새로운 간극을 만들어낼 수 있다. (1995: 25)

이와 같은 내용에서 특히 '번역 규범'과 관련된 부분은 3.1.1에서 보다 자세하게 다룰 것이다. 여기서 흥미로운 점은 바로 투리가 스코포스 이론과 기술번역학의 기본적인 차이점과 유사점을 명확히 인식하고 있었다는 사실이다. 그리고 페르메어 역시 이와 같은 인식을 하고 있었다. 페르메어는 투리가 말하는 등가(Toury, 1980: 39)가 과거 지향적이며, 특히 초기 연구는 '메타 처방론적(메타 규범적)'이라고 하면서 투리를 비판한다(Vermeer, 1995: 49). 또한 투리의 기술번역학을 스코포스 이론과 비교하면서 다음과 같이 말했다.

스코포스는 등가보다 상위에 있는 개념이다. 원문의 구조를 최상위 요소로 보는 것은 과거 지향적이지만, 스코포스는 특정한 목적을 위해 원문의 구조도 충분히 고려한다는 점에서 과거 지향적이 아니라 미래 지향적인 것으로 볼 수 있다. 이때 투리의 연구와 스코포스 이론의 차이는 바로 연구의 초점에 있다. 그러나 실무에서는 별 차이가 없는 것처럼 보일 수 있다. (1995: 51)

그러나 1995년 투리가 새 책을 출판한 후 페르메어는 자신의 입장을 다음과 같이 수정한다.

필자가 과거 발표된 투리의 책에서 '등가'에 대한 부분을 인용했을 당

> 시에는 번역에 대한 투리의 기능주의 접근이 '과거 지향적'이라고 생각했지만 지금은 더 이상 '과거 지향적'이라고 생각하지 않는다. 투리는 필자가 위에서 언급한 것과는 달리 '기능'을 기호학적인 의미로 사용하고 있다.(1995: 111)

연구의 초점 및 용어의 사용과 관련된 차이점 외에도 번역학 연구의 중요한 두 가지 흐름인 기술번역학과 기능주의 연구가 왜 서로의 논문들을 정확히 이해하지 못하는지, 나아가 왜 외부 사람들도 그 논문들을 거의 이해할 수 없는지 설명할 수 있는 명확한 원인이 있다. 그것은 바로 이 논문들에 쓰여진 학술 언어 자체가 명료하지 않다는 점 때문이다. 우선 1980년대에는 연구 논리를 전개하는 데 있어 수학적인 공식과 매우 복잡한 도표를 사용하는 것이 일반적이었다. 그렇기 때문에 페르메어의 1983년 책과 심지어 홀츠-맨태리의 1986년 논문도 현시점에서는 마치 완전히 다른 시대의 연구물로 보이는 것이다. 또한 투리의 문체와 관련해 르페브르와 바스넷은 '너무 밀도 높은 문체'(1990: 5)라고 완곡하게 표현했지만, 홀츠-맨태리는 보다 노골적으로 '매우 난해하다'라고 표현했다. 이와 같은 문체는 당시 학계의 전통 및 문화와 관련이 있으며, 커뮤니케이션이 목적인 번역학과 같은 학문에서 특히 중요한 문제가 아닐 수 없다.

마이클 클라인Michael Clyne이 영어나 독일어로 쓰여진 학술 문서에 관한 연구에서 밝혔듯이, 영어 논문은 선형적·대칭적·귀납적·독자 중심적인 특성을 갖고 있으며, 독자가 해당 내용을 이해하도록 만드는 것이 저자의 책임이라고 본다. 이에 반해 독일어 논문은 비선형적·비대칭적·연역적·저자 중심적이며, 해당 텍스트를 이해하는 것은 독자의 책임으로 본다(Clyne, 1991). 페르메어와 홀츠-맨태리는 당시 독일어식 학술 문체로 글을 써야만 했고, 그러한 스타일로 논문을 발표했다. 그러나 영어가 모국어인 바스넷과 홈즈를 비롯해 영어권 국가에서 수십 년간 거주하며 연구 활동을 해온 이중 문화권 출신의 르페브르와 허만스는 영어의 글쓰기 형식을 따른다. 그리고 투리를 비롯해 수많은 비영어권 출신 학자들은 언어 자체는 영어를 사용하지만 글의 형식은 비선형적인 독일어의 글쓰기 전통을 따른다. 이러한 경우에는 번역상 여러 가지 어려움이 쉽게 수반될 수 있는데(Kussmaul, 1998 참조), 이중 문화권 출신의 연구자인 섀프너는 독일어로 된 스코포스 이론과 번역행위 이론(1998b, 1998a)을 전 세계 독자들이 이해할 수 있는 영어로 설명하는 성과를 남겼다.[11]

그러나 1980년대 말에는 번역학에 새롭게 등장한 다양한 하위 연구 분야 사이에 여전히 상당한 간극이 존재했고, 이와 같은 간극을 좁히기 위한 시도가 성공한 적이 없었다. 1988년 필자는 통합적 접근법이 하나의 해결책이 될 수 있다고 보았다. 예를 들어 당시 문학적 접근에 반대하는 언어학 중심 연구자들의 입장은 문화적 접근을 통해 견해의 차이를 극복할 수 있다고 생각했다. 그 외에도 이 장을 통해 우리가 해결해야 하는 보다 어려운 과제들이 있으며, 필자가 워릭 논문에서 다음과 같이 내린 결론이 결코 틀리지 않다는 점을 확인할 수 있었다. "나라도 다르고 배경도 다른 연구자 두 명이 만나 번역에 대해 논할 때, 서로 공통점을 갖고 토론할 수 있도록 현재의 간극을 메울 수 있는 다리를 놓아야 한다"(Snell-Hornby, 1990: 85과 6장).

11 그러나 섀프너의 번역에서도 홀츠-맨태리의 일부 용어는 정확하게 전달되지 않았다. 예를 들어 '메시지 전달자message transmitter'를 뜻하는 'Botschaftsträger'는 전자 기기를 의미하는 것으로 번역되었다.

제3장 1990년대의 '다학제적' 발전

1989년 유럽에서 공산주의가 붕괴하면서 나타난 대대적인 정치적 전환은 유럽의 번역사들에게 즉각적인 영향을 미쳤고, 이는 곧 번역학의 발전에도 기여했다. 특히 한때 제국의 수도였지만 40년 동안 서유럽의 동쪽 끝자락에 위치했던 빈이 공산주의의 붕괴로 다시 유럽의 중심부가 되면서 변화가 뚜렷하게 나타났다. 이로 인해 새로운 번역 시장이 창출되고, 수십 년 동안 '비주류'이자 이국적인 언어로 취급받아온 헝가리어, 폴란드어, 체코슬로바키아어에 대한 번역 수요가 급증했다. 또한 철의 장막이 사라지고 여행이 자유화되면서 번역학자들은 인접 국가의 연구자들과 활발히 교류하기 시작했다. 이와 같은 새로운 환경에서 처음 열린 번역학 학회 중 하나가 바로 신흥 민주주의 국가 출신 학자들의 참여하에 1991년 11월 빈에서 개최된 중앙유럽 심포지엄Central European Symposium이다(Snell-Hornby, 1992b 참조).

전반적으로 1990년대는 번역학의 발전에 유리한 분위기가 조성된 시기였다. 냉전으로 인한 분단이 사라지고 개인적인 교류의 가치를 재발견했을 뿐만 아니라, 국제적으로는 교역과 산업, 문화와 정치에서 대화의 시대가 열렸다. 또한 사람들은 다양한 언어와 문화가 공존하는 세계에 살고 있으며, 새로운 협력과 통합의 시대가 찾아왔음을 알게 되었다. 이와 같은 전반적인 시대 분위기는 번역사들과 번역 실무에 이상적인 환경을 제공하고, 번역사의 사회적 지위를 개선하는 데 기여할 수 있을 것으로 보였다. 또한 1980년대 문화적 전환 이후 번역학은 전성기를 맞이했다. 약 10년 전 저지대 국가에서 연구자들이 회동했던 것과 마찬가지로 당시 빈에서도 여러 연구자들이 학술 모임을 가졌다. 이 회의는 훗날 빈 번역정상회의 Vienna Translation Summits로 불리게 되었다(Pöchhacker, 2004a 참조). 이 회의에서는 번역 교수법과 교육 과정 개혁 등 다양한 주제에 대해 활발한 토론이 이루어졌는데, 쿠스마울(2004)은 다음과 같이 회고한다.

> 학회에 참여하는 이유가 학술적인 강연뿐만 아니라 사회적인 교류를 위해서라는 점은 모두 알고 있으며, 데이비드 로지David Lodge의 『교수들*Small World*』이 출판된 지금 이를 자유롭게 인정할 수 있다. 빈 번역정상회의가 특별한 점은 바로 풍부한 사회적인 교류를 통해 번역학에 대한 새로운 아이디어들이 탄생했다는 것이다. 아르누보 '카티지 호텔'에서 함께 아침 식사를 하면서 우리는 시간가는 줄 모르고 이야기를 나누었다. 그리고 이야기를 나눌수록 점점 더 명확해진 사실이 있었다. 그것은 바로 상대적으로 역사가 짧은 번역학이라는 학문을 지금보다 더 잘 알려야 한다는 것이다. (2004: 225)

이러한 노력은 1992년 9월에 개최된 빈 번역학술대회Vienna Translation Studies Congress로 이어졌고, 추후 유럽번역학회European Society for Translation Studies가 탄생했다.

이와 같은 번역학 발전의 흐름을 라드닛츠키가 말한 번역학 '전통'의 관점에서 살펴보자면, 1990년대 초반은 아직 '거장'의 단계로 『타겟 *Target*』(1989년 창간), 『텍스트컨텍스트 *TextConText*』(1986년 창간)와 같은 학회지에서 볼 수 있듯이 투리(기술번역학), 바스넷과 르페브르(일반적으로 문학 번역 중심의 연구), 페르메어와 홀츠-맨태리(독일어권 기능주의)가 당시 학계의 흐름을 주도했다.

4장과 5장에서도 자세히 살펴보겠지만 1990년대는 그 어느 때보다도 '후학'이 점차 자신의 업적을 남기기 시작한 시기였다. 다수의 번역 교육기관이 설립되고 대학원 과정이 생기면서 많은 이들이 갑자기 인기 학문으로 부상한 번역학 연구에 뛰어들었다. 이에 따라 당시 엄청난 양의 번역 서적이 쏟아져나왔고, 그 내용에 대한 평가도 다양했다. 여기에서 이러한 연구 흐름을 모두 다룰 수 없기 때문에 몇몇 혁신적인 개념을 중심으로, 오늘날의 관점에서 향후 번역학의 발전에 방향을 제시한 것으로 평가할 수 있는 낭내 주요 연구들을 선별해서 살펴보겠다.

3.1 언어학을 넘어서

번역학의 문화적 전환, 언어학과 비교문학으로부터의 독립, 그리고 학문으로서의 자립이 이루어지면서 자연스럽게 번역학이 갖는 학문적인 특징에 대한 관심이 일기 시작했다. 1988년 필자는 번역학이란, 문학에서 기술 번역에 이르기까지 다양한 번역을 모두 포괄하는 원형적 틀prototypological framework을 가진 통합적이고 독립적인 학문으로 설명했다(Snell-Hornby, 1988: 35). 이와 같은 개념적 틀은 통역학과 전문 용어 및 기계 번역을 비롯해 언어학, 문학, 기호학, 민족학, 사회학, 심리학 등 다양한 관련 학문을 포괄할 수 있도록 고안되었다. 번역학의 다면적인 특성은 필자가 쓴 『번역 입문*Handbuch Translation*』(Snell-Hornby 외, 1998)에서 다룬 적이 있다. 이때 번역학과 같이 복잡한 학문은 하나의 학문이 아닌 '다학제inter-discipline'로 설명해야 한다고 처음 언급한 사람이 바로 투리였다. 그리고 이 '다학제'라는 개념은 1992년 빈 번역학술대회에서 키워드로 채택되었다(Snell-Hornby 외, 1994 참조).[1] 클라우스 카인들Klaus Kaindl(2004)은 다학제성 등 학문의 특징을 정의하는 데서 비롯될 수 있는 다양한 문제들에 대해 자세하게 연구를 한 바 있다. 그는 관련 문헌을 검토하면서 '다학제'라는 용어 자체에 문제가 있다고 주장한다.

> 다학제란 별도의 학문 분야가 아니라 다양한 학문이 관련된 열린 연구 분야로 볼 수 있다. 다시 말해 '다학제'란 용어 자체가 엄격한 의미에서는 '학문적 구분이 없는' 상태를 말하거나, 혹은 린텔렌Rintelen의 표현을 빌리자면 "다학제 학문은 하나의 특별한 학문이 아니라 다양한 학과들이 상호 보완하는 것"이다(1974: 235). 만약 지금까지 주변적인 것으로 여겨졌던 연구 분야의 주제가 자체적인 학문의 대상으로 부상하고 독립적인 학문으로 발전한다면, 이는 "특정한 현실이 새롭게 조명되고 기술되는 현상이 새로운 학문으로 표출"된 것이다(Schwarz, 1974: 59). 이와 같은 새로운 학문은 다학제적인 특성을 가질 수 있다. 그리고 '다학제'라는 용어로 인해 자칫하면 모호해질 수도 있겠지만, 이것이 바로 번역학의 일반적인 목표다.(Kaindl, 2004: 58)

---

1 빌스Wilss(2000)는 번역학에 '다학제'라는 용어를 사용하는 것에 대해 문제를 제기한다. 그가 정의하는 다학제 연구에는 자연과학과 인문학이라는 '두 개의 문화' 간 상호 협력이 수반된다. 모든 학문은 당시의 시대적 필요에 따라 생산되고 제도화되는 구성물이며, 번역학에서 말하는 (다)학제라는 개념은 앞서 말한 이분법적 요소와 무관하다. 그러나 미셸 카이저-쿠크Michèle Kaiser-Cooke(2003)는 번역학에 생물학 연구를 적용하는 등 '자연과학'과 '인문학' 사이의 간극을 좁히고자 했다.

필자가 극복하고자 했던 전통적인 학문 분류가 아직 지배적이었던 1988년 당시, 카인들이 1970년대 연구를 인용했다는 점은 주목할 만하다. 전체론적인 관점에서 전체는 부분의 단순 합이 아니듯, '다학제' 역시 명확히 정의된 학문들 사이에 있는 단순한 중간 지대no-man's land는 아니니다. 오히려 다양한 주제와 방법을 통해서 '다학제'를 구성하는 원재료들과는 질적으로 차별화된 그 무엇으로 진화된다고 말할 수 있다. 그리고 이 장에서는 이와 관련된 다학제 연구 사례를 다루고자 한다.

카인들이 다학제성과 관련해 제기한 또 다른 중요한 점은 바로 학문 간 협력의 정도와 소위 '역할의 위계'다. 카인들은 다학제성의 발전 단계를 '제국주의적imperialistic', '차용적importing', '상호 보완적reciprocal' 단계로 구분한다(2004: 64-65). 첫 번째 단계인 제국주의적 다학제성이란 하나의 학문이 특정한 개념과 이론, 방법론으로 다른 학문에 일방적인 영향을 미치는 것으로, 1960년대와 1970년대 언어학이 번역학에 영향을 미쳤던 관계에서 볼 수 있다. 두 번째 단계인 차용적 다학제성은 카인들이 현재 번역학이 속한 단계로 보고 있는 것으로, 한 학문이 적절한 도구와 방법을 아직 갖고 있지 않기 때문에 다른 학문으로부터 이를 차용하는 것을 말한다. 한 학문은 다른 학문을 위해 단순히 필요한 도구를 공급하는 역할을 하기 때문에 도움을 받는 학문만 일방적으로 혜택을 받는다. 세 번째 최상위 발전 단계는 상호 보완적 다학제성으로, 참여하는 학문 모두가 혜택을 받는다. 즉 두 개 이상의 학문이 동등한 지위로 서로 협력하고 방법론과 개념을 함께 개발하면서, 궁극적으로 참여하는 학문 모두가 보다 풍요로워진다. 카인들은 번역학이 다학제 연구에서 입지를 강화하려면, 다른 학문으로부터 단순히 '차용'하는 단계에서 벗어나 상호 협력을 기반으로 하는 프로젝트를 수행해야 한다고 강조한다(5.3 참조).

물론 일부 연구자들이 1990년대에 다학제 연구를 시도했고, 분명 중요한 업적을 남긴 연구도 있었다. 이러한 연구 중 일부를 이 책에서 다루겠지만(3.1.3, 4.1.1, 4.1.2), 1990년대의 번역학은 카인들이 말한 상호 보완적 다학제성 단계에는 도달하지 못했다. 우선 이 장에서는 1980년대의 문화적 전환에 이어 언어학을 넘어서 영역의 확장을 시도한 1990년대의 주요 번역학 연구에 대해 살펴보기로 한다.

3.1.1 규범, 밈 그리고 윤리

번역 규범에 대한 투리의 연구는 1976년 그가 루벤 학회에서 발표한 논문으로 거슬러 올라간다(Toury, 1978). 그 후 투리는 『기술번역학 연구 *Descriptive Translation Studies and Beyond*』(Toury, 1995)의 토대가 된 자신의 1980년 책에서 일부 이슈에 대해 보다 자세하게 다루었다(1995: 3).

> 어떤 경우에는 원본을 대폭 수정하면서 한 장chapter을 전부 다시 쓰기도 했다. 이 책은 번역 규범에 대한 개괄적인 내용을 다루는 논문이다. 번역 규범은 필자가 1970년대에 직접 제시한 개념으로, 지금까지도 필자의 연구에서 핵심적인 부분을 차지하고 있다. (1995: 4)

투리의 규범은 최소한 기술번역학에 엄청난 영향을 미쳤는데, 이 책은 투리가 1995년에 수정, 발표한 규범의 정의를 사용한다. 그러나 다른 접근법을 취하는 일부 학자들은 투리의 연구를 그다지 높게 평가하지 않는다(2.5의 '연구 접근법 간 존재하는 간극'을 참조). 이 장에서 그 배경과 이유를 고찰해보고자 한다.

투리는 번역의 문화적인 중요성을 고려할 때 번역사는 규범을 습득하고 사회적인 역할을 수행한다는 점을 명확히 한다(1995: 54). 그리고 그는 '상대적으로 절대적인 규칙relatively absolute rules'을 한편에 놓고, 다른 한편에는 '완전한 특유성pure idiosyncrasies'을 놓으면서, 이 양극단 사이에 존재하는 방대한 영역에는 '일반적으로 규범으로 인정되는 간間주관적 요소inter-subjective factors commonly designated norms'가 위치한다고 주장한다.

> 규범은 특정한 척도를 기준으로 상대적인 등급이 있는 연속체를 자체적으로 형성한다. 일부 규범은 상대적으로 더 강하기 때문에 규칙과 비슷하고, 일부는 상대적으로 약하기 때문에 특유성을 갖는다. 그러므로 다양한 제약 간의 경계선이 흐려지고, 등급 등 모든 개념이 상대적인 것이 된다.(1995: 54)

시간이 흘러 제약이 변할 수도 있고, 처음에는 일시적이었던 것이 규칙 또는 규범이 될 수도 있다. 이와 관련해 투리는 다음과 같이 말한다.

> 오랫동안 사회학자와 사회심리학자들은 규범이란 한 공동체가 공유하는 일반적인 가치나 사상 — 무엇이 옳고 그른지, 적절한지 적절하지 않은지 등 — 이 상황에 맞는 행동 지침으로 표현된 것으로 간주해왔다. 이러한 지침은 특정한 행동 양식하에서 규정되거나 금지되는 행동뿐만 아니라 용인되고 허용되는 행동도 나타낸다.(1995: 54-55)

그러므로 규범은 '동일한 유형의 반복적인 상황에서 나타나는 행동의 규칙성'(1995: 55)을 의미하며, 사회 질서의 핵심 개념이다.

투리는 규범의 개념을 두 개의 언어와 문화적 전통, 즉 두 개의 '규범 체계'가 관여하는 번역 활동에 적용한다(1995: 56). 이때 번역 행태translation behaviour에서 뚜렷한 규칙성을 관찰할 수 있다.

우선 투리가 제시한 기본 규범initial norm이란 번역사가 내리는 일반적인 선택을 말한다. 번역사는 원문의 적절성adequacy을 중시해 원천 텍스트/문화의 규범을 준수하거나, 목표 문화 내의 수용성acceptability을 중요하게 고려해 목표 텍스트/문화의 규범을 준수할 수도 있다. 번역은 일반적으로 이 양극단의 일종의 타협을 수반한다.

기본 규범 외에 투리는 실제 번역 상황에 적용되는 규범인 환경 규범preliminary norm과 실행 규범operational norm에 대해 논한다. 환경 규범은 번역 정책(출판사가 왜 특정 텍스트를 번역 대상으로 선정하는지) 및 번역의 직접성(번역이 매개 언어를 통해서 이루어지는지, 즉 중역)과 관련이 있다. 실행 규범은 '언어적 내용을 전달하는 데 사용되는 수단'(1995: 58) 등 실제 번역 행위에서 벌어지는 결정에 직접적인 영향을 미치고, 형체 규범matricial norm(예: 텍스트 분절, 생략, 추가)과 텍스트 언어 규범text-linguistic norm으로 구성된다. 규범은 번역에서 등가의 유형과 정도를 결정한다. 투리는 등가라는 용어를 처방적인 개념이 아니라 역사적인 차원에서 계속 사용하고자 했다. 번역 규범은 모두 목표 문화에서 번역이 차지하는 지위에 따라 결정된다(1995: 61).

나아가 투리는 규범의 사회문화적 개별성socio-cultural specificity(규범은 한 사회 내 모든 분야에 적용될 필요가 없으며, 문화 간에 적용될 필요는 더더욱 없음)과 가변성instability(규범은 시간의 흐름과 함께 변함) 등 규범의 일반적인 특징에 대해 설명한다. 또한 주류 규범이 있고, 그 주변에 구舊규범과 신新규범이 위치하는데, 이러한 구도를 통해 현재 무엇이 유행하고 또 어떤 유행이 지났는지를 설명할 수 있다(1995: 63).

다음으로는 독일 기능주의학파가 제시한 규범의 정의와 분류, 설명에 대해 살펴보기로 한다. 스코포스 이론에서 규범의 중요성은 페르메어 연구의 핵심적인 부분을 차지하는 문화의 정의에서 찾을 수 있다. 페르메어는 문화를 '사회 구성원의 행동을 결정하는 규범, 관습, 의견 등의 총체'로 정의한다(2.2 참조). 그리고 규범, 관습 그리고 규칙의 차이는 노드의 연구에서 확인할 수 있다(1991). 노드는 투리가 정의한 규범과 관련해 규범이란 규칙과 관습 사이에 위치한다고 말한다(노드는 Toury 1980: 51에서 규정한 규범의 정의를 사용했지만, 이 책에서는 앞서 인용한 1995: 54-55의 정의를 사용했다). 여기서 규칙이란 교통법규와 같이 입법기관이 만드는 각종 규제를 말하고, 관습이란 존 써얼John Searle의 정의에 따르면 특정한 기대를 따르는 일반적인 행동을 의미한다.

> 관습은 명시적으로 정해져 있지 않고, 구속력도 없다. 관습은 집단 구성원이 공유하는 공통의 지식과 특정 상황에서 개인이 어떠한 행동을 보일 것이라고 예상하는 구성원들의 기대에 기반을 둔다. 그러므로 관습은 이와 같은 지식을 공유하는 한 집단 내에서만 유효하다. (Nord, 1991: 96)

라이스와 페르메어는 규칙과 규범이 마치 하나의 개념인 것처럼 통합적으로 접근한다. "규범은 상황별로 반복되는 행동에 대한 규정이다. 규범은 문화에 따라 다르게 나타난다"(1984: 97). 그러나 번역 이론이 아니라 텍스트 유형(장르)에 대한 연구에서는 규범과 관습의 차이를 볼 수 있다.

> 우리는 '규범norm'보다는 '관습convention'이라는 용어를 더 선호한다. 이는 규범은 따르지 않을 경우 제재가 가해지는 규제의 특징을 강하게 연상시키는 반면, 관습은 시간의 흐름과 함께 진화하는 다양한 현상을 보다 잘 반영하고 더 광범위한 개념으로 보이기 때문이다. 또한 한 규범이 다른 규범으로 대체되는 것보다 한 관습이 다른 관습으로 보다 쉽게 대체되는 것으로 보인다. (1984: 178-179)

나아가 라이스와 페르메어는 텍스트 유형 관습Textsortenkonventionen을 번역 행태가 아니라 텍스트 이론의 일부분으로서 완전히 기술적인 차원에서 상세하게 다룬다.

그렇다면 이제 투리의 기술번역학과 스코포스 이론 사이의 공통점과 차이점에 대해 살펴보기로 하겠다. 투리가 제시한 3단계 구분 또는 클라인cline(서로 인접한 것들끼리는 거의 비슷하지만 맨 처음 것과 맨 마지막 것은 크게 다른 항목들의 연속체 — 옮긴이)에는 규칙과 특유성이 양극단에 있고, 그 사이에 규범이 위치한다. 이러한 클라인 구도는 문학 번역과 관련해 코세리우가 언어적 클라인을 시스템, 규범, 텍스트/담화(1.2 참조)[2]로 구분한 것에서 그 유래를 찾을 수 있다(Toury, 1980: 52 이하 참조). 독일 기능주의에서도 언뜻 보기에는 비슷한 방식으로 구분을 하고 있는 것 같으나, 이들의 기본 접근법은 언어 또는 문학과 관련된 것이 아니라 전적으로 사회문화와 관련된 것이다. 노드는 관습을 정의하기 위해 투리의 규범에 화행론(Searle, 1.3 참조)을 적용해서 규칙과 규범, 관습을 구분한다. 페르메어는 규칙과 규범을 명확하게 구분하지 않았으며, 독일어에서 규범이라는 개념이 너무 처방적이기 때문에 스코포스 이론에서는 번역 행위가 아니라 텍스트 유형을 설명하는 데 관습Konvention이라는 용어를 보다 선호했다. 또한 투리의 특유성은 개별적인 반면 노드가 말하는 관습은 단체 행위와 관련된 것이다.

투리의 번역 규범과 관련해 한 가지 흥미로운 점은 바로 그 속에서 독일의 전통을 엿볼 수 있다는 점이다. 물론 슐라이어마허는 투리가 허용한 타협을 거부했지만 투리의 기본 규범에서 슐라이어마허(1.1)의 생각을 엿볼 수 있다. 또한 '번역 정책'으로서의 '환경 규범'은 독일 기능주의의 번역

---

2 이는 1995년 출판된 투리의 책에 명시되어 있지는 않다. Toury(1980: 23) 참조.

브리프 또는 스코포스로 접근할 수 있고(문학 번역의 경우 3.3.1 참조), 실행 규범은 '텍스트 유형 관습'(투리의 텍스트 언어 규범) 등과 관련된 '번역 전략'으로 논의할 수 있다.

기술번역학과 독일 기능주의 모두 규범을 문화 특징적인 것으로 정의했으며, 노드는 구규범과 신규범 사이에서 항상 변할 수 있는 투리의 주류 규범을 관습으로 취급했다. 그러나 이러한 공통점에도 불구하고 이 두 연구는 많은 용어를 혼란스럽거나 불확실하게 사용하고 있다. 투리는 '등가'라는 용어를 쓰기는 하지만 처방적인 의미로 사용하지 않고(페르메어는 '등가'라는 용어의 사용을 명확히 거부한다. 2.2 참조), 대신 '수용성'과 '적절성'이라는 용어를 사용한다. 여기서 '적절성'이라는 용어는 라이스와 페르메어(1984: 139) 역시 사용하는데, 이들은 '적절성'을 다소 다른 의미로 사용한다.

기술번역학과 스코포스 이론은 연구 관심사와 관점에서 서로 차이가 있지만 두 이론 모두 투리가 규범을 연구하면서 살펴본 분야들을 다루고 있다. 그러나 투리는 다양한 하위 개념으로 구성된 위계를 기준으로(홈즈의 도해와 마찬가지로) 일반적이고 광범위한 차원에서 규범에 접근한 반면, 스코포스 이론은 다양한 현상을 각기 다른 방식으로 설명하는 보다 개별적인 접근을 취한다. 이 두 가지 연구 사이에 종종 오해가 발생하는 주요 이유 중 하나는 바로 이들이 사용하는 용어 때문인데, 여기서 우리는 '등가의 환상'를 다시 확인할 수 있다(Snell-Hornby, 1988: 17 참조). 페르메어가 말하는 규범은 투리가 말하는 규범과는 확실히 다르다. 그리고 투리의 규범은 때로는 정책, 전략 혹은 관습의 의미로 사용되기도 한다. 이 외에도 적절성, 등가와 같은 용어들도 각각 개별적인 특징을 갖기 때문에 그 의미를 정확히 파악하기 힘들다. 그러나 여전히 두 연구는 뚜렷한 공통점을 공유하고 있으며, 각각의 연구에서 사용되는 용어를 명확하고 이해하기 쉽게 정리한다면 이는 향후 연구에 분명 도움이 될 것이다.

번역 규범과 규칙, 관습에 대한 연구는 1990년대에도 다양한 시도를 통해 확대, 발전되었다(Hermans, 1991/1996; Dizdar, 1997). 그런데 한 가지 문제는 바로 규범, 규칙, 관습이라는 이 세 용어, 즉 필모어의 표현을 빌리자면 일상생활에서 사용되는 언어적 '틀frame'이 그 자체로 모호성을 내포하고 있으며, 사회마다 각각 다른 의미를 연상시킬 수 있다는 점이다(이러한 의미에서 페르메어의 규범은 투리의 규범보다 더 '규범적'이다). 그러나 처음부터 용어를 명확히 정의한다면 이와 같은 문제는 줄어들 것이다.

용어 정의의 중요성은 1997년 페르메어(아래 인용 참조)와 앤드류 체스터만Andrew Chesterman이 번역 이론에 도입한 '밈meme'과 관련해서도 생각해볼 수 있다. 페르메어와 체스터만은 서로의 연구에 대해 언급한 적은 없지만 비슷한 시점에 각각 유사한 혁신적인 아이디어를 번역학에 소개했다. 이들의 연구는 앞서 카인들이 말한 다학제성의 발전 단계에서 다른 학문의 개념을 빌려서 쓰는 '차용적' 단계에 해당한다. 이들이 차용한 밈이라는 개념은 사회생물학자인 리처드 도킨스Richard Dawkins가 처음 소개했는데, 그는 문화 현상의 진화를 설명하기 위해 유전자와 유사한 개념으로 밈을 제시한다. 도킨스는 1976년 밈을 다음과 같이 정의했다.

> 문화 전달의 단위, 또는 모방의 단위 (……) 밈의 예로는 곡조나 사상, 표어, 의복의 양식, 단지 만드는 법, 또는 아치 건축법 등이 있다. 유전자가 유전자 풀 안에서 번식할 때 정자나 난자를 운반체로 하여 몸에서 몸으로 뛰어넘는 것과 같이 밈이 밈 풀 안에서 번식할 때에는 넓은 의미로 모방이라고 할 수 있는 과정을 매개로 하여 뇌에서 뇌로 건너다니는 것이다. (Dawkins, 1976: 206; Chesterman, 1997: 5 재인용)

페르메어는 도킨스가 1982년에 수정한 밈의 정의를 인용했는데, 그 정의는 다음과 같다.

> 밈이란 뇌에 있는 정보의 단위로, 클록F. T. Cloak의 용어를 빌리자면 'i-culture(사람들의 머릿속에 저장되어 있는 문화적 지시 사항들을 의미한다 — 옮긴이)'다. 밈의 규모나 범위 그리고 종류는 매우 다양하다(예: 아이디어, 습관, 강연). 밈은 타인의 감각기관에 인식될 수 있고, 밈을 받아들이는 개인의 뇌에 각인되면서 복제될 수 있다.(Dawkins, 1982: 109; Vermeer, 1997: 155 재인용)

페르메어는 밈의 구조란 무엇이며 번역 이론에 밈을 어떻게 적용할 수 있는지에 대해 연구했다("문화는 '밈 풀meme pool'로 볼 수 있고, 그 안에서 밈은 서로 의존한다". 1997: 163). 그리고 1998년 논문에서는 밈을 일반적인 차원에서 번역에 적용했는데("번역사는 밈 전달자다". 1998: 59), 특히 스코포스 이론에 적용했다. 또한 그의 연구는 체스터만의 연구와도 공통점이 많다. 체스터만의 연구는 이 장에서 다루는 규범과 밈 그리고 윤리와도 밀접한 관련이 있다. 이러한 내용을 비롯해 체스터만의 연구가 번역학 연구에 어떤 시사점을 가지는지 아래에서 보다 자세히 다루기로 하겠다.

체스터만은 번역의 5대 밈(체스터만이 제시한 번역의 5대 밈은 원천-목표, 등가, 번역 불가능성, 의역 대 직역, 모든 글쓰기는 번역이라는 개념을 말한다 — 옮긴이)을 소개하고, 번역 밈이 문자 중심적인 직역에서 시작해 성서, 로고스, 언어학, 커뮤니케이션, 인지학으로 진화해온 단계를 고찰한다. 이러한 밈의 진화는 1장에서 살펴본 번역학의 역사적 발전과도 그 맥을 같이 한다. 더 나아가 규범에 대해 논하면서(Chesterman, 1993에서 이미 다룬 바 있다), 페르메어와 마찬가지로 규범이란 일종의 구속력 있는 기준으로 '처방적인 압력'을 가하는 것으로 간주한다(1997: 68).[3] 또한 체스터만은 번역 행위, 번역사의 직업 그리고 번역학이라는 학문 자체에 매우 중요한 방향으로 논의를 이끈다. '번역 밈'으로서의 규범에는 '무결성integrity과 철저성thoroughness에 대한 전문가적 기준'이 포함되고, 이는 자연스럽게 번역 윤리와도 연결된다(1997: 68). 번역 윤리와 같은 복잡한 영역은 번역사의 책임을 강조하는 독일 기능주의에서 언급된 바 있으나 이에 대한 본격적인 논의는 1990년대에 이르러서야 이루어지기 시작했다(Pym, 1997/2001 참조). 특히 통역학에서 중요한 이슈로 다루어지기도 했지만(4.1.1 참조), 당시 출판된 주요 번역학 서적 세 권 모두 윤리와 관련된 문제는 다루지 않았다(Chan & Pollard, 1995; Baker, 1998; Snell-Hornby 외, 1998). 번역학에서 윤리적인 문제를 다루는 것이 완전히 새로운 패러다임이 아니라고 본다면, 체스터만의 밈은 보다 심도 있는 연구를 위한 일종의 도구로 볼 수 있을 것이다. 그리고 체스터만이 제시한 다음과 같은 책임성 규범accountability norm이 하나의 예시가 될 수 있다.

> 번역사는 원문의 저자, 번역 발주자, 번역사 자신, 잠재적인 독자 및 기타 관련자들이 요구하는 충성도를 충족할 수 있도록 행동해야 한다.(1997: 68)

노드 역시 이를 언급했다.

> 번역사는 원천 문화와 목표 문화 양쪽 모두를 반드시 고려해야 하고, ST 발신자(번역 발주자가 ST를 발신하는 경우에는 번역 발주자) 및 TT 수용자 모두에 대해 책임을 진다. 이와 같은 책임을 필자는 충성도라 부른다. 충

3 이는 용어 표준화와 관련된 규범과도 연관이 있다.

성도는 커뮤니케이션 과정에 참여하는 사람들 사이에서 반드시 필요한 도덕적 원칙이다. (Nord, 1991: 94)

번역 과정에 관련된 모든 이들에게 충성도가 적용된다는 개념은 번역 윤리의 측면에서 매우 중요하며, 이는 노드가 자신의 1989년 저서에서도 언급했듯이 원문에 대한 충실성이라는 과거의 개념을 대체할 수 있다. 그러나 투리는 "번역은 단 하나의 시스템, 즉 목표 문화 시스템만의 현상을 반영한다"(1985: 19)라는 자신의 주장과 모순되기 때문에 이러한 입장에 노골적으로 반대했다(1995, 2.5에서 인용). 하지만 독일 기능주의학파와 체스터만의 연구는 번역을 다양한 참여자들과 이들의 기대 및 특수한 니즈가 공존하는 복잡한 사건으로 바라본다.

나아가 체스터만은 명확성clarity, 진실truth에 대한 독자의 기대 규범 expectancy norm과 FIT '번역사 윤리 강령'(1997: 187), 페미니즘 번역(3.2.2 참조) 등 번역 윤리와 관련된 이슈들을 다룬다. 번역 윤리라는 복잡한 문제와 직접적인 관련이 있는 논제로는 바로 권력의 문제(3.2.1 참조)가 있는데, 이는 1990년대 번역학에서 중요하게 다루어졌다. 이와 같은 배경하에 번역 윤리에 대한 논의가 시작되었고, 아직 번역학에서 '윤리적 전환'이 일어나지 않은 만큼 앞으로도 이러한 논의는 계속될 것이다(6장 참조).

후기: 1998년 투리와 허만스는 '번역과 규범'이라는 주제로 버밍엄 애스턴 대학교에서 강연을 했는데, 당시의 토론 내용과 다양한 의견이 보완되어 이듬해에 책으로 출판되었다(Schäffner, 1999). 독자들이 그 책에서 가장 의아해할 수 있는 부분은 바로 열띤 토론이나 논란이 발생하는 이유가 연구자마다 연구 내용이나 사실 또는 관점이 달라서가 아니라, 각자 사용하는 개념의 정의가 다르기 때문이라는 점이다. 실제로 번역학에서 사용되

는 기본 용어에 대한 정의가 서로 다르기 때문에 학자들 사이에 많은 논란이 발생한다. 이와 같이 다양한 의미로 사용되는 개념으로는 '규범' 외에도 '관습', '동의', '가치', '전략', '차이', '유사점' 등이 있으며, 특히 '등가'에 대한 정의는 매우 다양하다. 그러므로 일부 기본 용어에 대해 최소한의 합의점이라도 도출한다면, 앞으로 번역학의 발전을 위한 공통분모를 찾는 데 큰 도움이 될 것이다.

3.1.2 번역과 비언어적 커뮤니케이션

기술번역학과 스코포스 이론이 텍스트를 목표 문화에 맞춘 반면 홀츠-맨태리의 '극적dramatistic' 이론은 언어적 범위를 초월해 번역을 다루었다. 이렇듯 언어를 넘어 텍스트와 행동까지 다루게 된 발전을 두고 카인들(1997)은 번역학이 이제까지 원천 언어와 목표 언어에 가져왔던 집착을 버리는 계기가 되었다고 평했다. 또한 이러한 접근이야말로 번역학의 학문적 미래를 여는 열쇠라고 주장했는데, 오늘날 그의 주장은 상당히 타당한 것으로 밝혀졌다. 번역이 언어(또는 원천/목표 텍스트)와 완전히 별개로 간주되는 것은 아니지만, 이제 언어는 더 이상 연구 대상이 아니라 번역 행위를 위한 도구로 인식되고 있다. 이러한 접근으로 인해 '텍스트'의 정의 또한 상당히 광범위해졌다. '소통적 발화체communicative occurrence'는 언어적인 요소로만 이루어지는 것이 아니다. 여기서는 비언어적 커뮤니케이션을 이용한 번역의 역할을 살펴보도록 하겠다.

비언어적 커뮤니케이션을 처음 소개한 페르난도 포야토스Fernando Poyatos는 뉴브런즈윅 대학교New Brunswick University의 인류학, 심리학, 사회학과 소속으로 비언어적 커뮤니케이션학을 가르치는 스페인계 캐나다인이다. 포야토스는 이러한 학문적 배경의 영향을 받아 자신이 수행한 학제적 연구의 방법론적 아이디어와 모델을 소개하는 방식을 통해 번역학에 접근했다.

비언어적 커뮤니케이션에 대한 포야토스의 정의는 다음과 같다.

> 한 문화에 속한 비어휘적이고 인공적이면서 환경을 의식하는 신호 체계를 통한 표현으로, 개별적 또는 상호적 구조화co-structuration의 형태로 나타낼 수 있다. 신호는 어떤 행동의 일부를 구성하고 인적 상호 작용을 일으키거나 그렇지 않을 수도 있다.(1997: 1)

포야토스의 비언어적 커뮤니케이션은 음색, 울림, 크기, 높이, 억양, 음절의 길이, 리듬 등과 같은 목소리의 속성인 준언어와, 신체의 움직임, 자세, 몸짓, 얼굴 표정을 포함하는 신체 언어에 초점을 맞추고 있다(Poyatos, 1997a: 42-43). 통역 행위(회의 통역도 포함되지만 특히 법정 통역이나 대화 통역과 관련이 깊다. 4.1.1 참조)와의 관련성은 명백하지만 포야토스는 비언어적 커뮤니케이션이 (문학) 번역과도 관련이 있다고 보았고 그 관계를 다음과 같이 설명했다.

> …… 모든 개인적이고 환경적인 요소의 집합을 읽고 그것에 생명을 불어넣는 매력적인 경험이다. 즉 발화하는 인물의 얼굴과 몸 그리고 전체적인 외모와 이에 수반되는 명시적 또는 내포적인 행간 준언어와 신체 언어뿐 아니라, 유사 준언어quasiparalinguistic와 같이 사람의 감정을 드러내는 소리 배경의 침묵과 고요도 한데 얽혀 일단 인쇄된 종이라는 하나의 시각적 매체로 모이게 되고, 나중에 일종의 신호 역변형countermetamorphosis 과정을 거쳐 독자에게 공감각적으로 증폭된다. 그러나 이 모든 비언어적 체계는 번역을 거치면서 심각한 변화를 겪게 되므로 번역가는 텍스트를 번역할 때 어떤 일이 일어나는지 혹은 일어나지 않는지 매우 예리

하게 감지할 필요가 있다. 왜냐하면 번역은 서로 다른 언어 사이에 일어나는 일인 동시에 이異문화 간의 작업이기 때문이다. (Poyatos, 1997a: 17-18)

포야토스(1997)가 편집한 문학과 영상 번역, (회의) 통역에 대한 에세이 모음집은 이러한 문제를 다루면서 번역학에 몇 가지 새로운 시각을 제시하고 있다.

이 장은 서술적 텍스트(영상 및 드라마 번역은 3.1.3 참조, 통역은 4.1.1 참조)의 번역 과정에서 비언어적 커뮤니케이션이 하는 역할에 초점을 맞추고 있다. 얼굴 표정이나 몸짓에 대한 묘사를 통해 독자가 등장인물에 대해 갖게 되는 인식을 비롯해 텍스트 준언어와 신체 언어적 행동의 표현, 그것이 원천 문화와 목표 문화에서 암시하는 내용의 차이, 그리고 두 언어가 본래 가지고 있는 표현의 풍요로움까지 비언어적 요소의 번역은 다양한 요인의 영향을 받게 된다.

특히 극동 지역처럼 유럽 또는 '서구' 독자에게 이국적으로 보이는 사회나 문화를 다루는 텍스트일 경우 문제가 더욱 명확해진다(페르메어는 인도의 경우 감사의 마음을 몸짓으로 표현하기 때문에 '감사합니다'와 같은 기본적인 말이 없다는 예를 자주 언급했다). 포야토스의 책에서 리에 하사다Rie Hasada는 비언어적 행위에 내포된 일본의 문화 정신를 논하면서 비언어적 커뮤니케이션이 서구 문화에 비해 일본 문화에서 더 중요한 역할을 한다고 말했다(1997: 87). 이 두 문화의 신체 언어적 행동은 다를 뿐 아니라 겉으로는 유사한 행동일지라도 다르게 해석된다. 이에 대한 적절한 사례로 상대방에게 공손함을 표하기 위한 눈 맞춤을 들 수 있다. 하사다는 고개를 숙여 눈이 마주치지 않도록 인사하는 일본의 관습에 따라 눈 맞춤을 피하는 일본인들에 대해 미국인들이 불편해한다는 연구를 인용한다(Hasada, 1997: 87-88). 또 다른 예로는 미소와 웃음에 대한 해석을 들 수 있다. 일본에서 웃음은 다른 사람의 기분을 상하게 할 수 있기 때문에 아이들만 자유롭게 웃을 수 있다. 따라서 미소가 가장 무난한 표정으로 간주되는데, (서구인들이 의중을 헤아리기 어렵다고 종종 말하는) 일본인의 미소는 부정적인 감정이나 무언가를 부탁하려는 의도를 숨기는 경우가 많다(Hasada, 1997: 94-96). 미소의 의미장semantic field을 통해 연상되는 내용의 차이와 일본어에서의 대응을 찾는 것은 번역에서 근본적 문제가 될 것이다(1.3 참조).

야우 순치우Yau Shun-chiu는 중국의 문학적 표현 중에서 몸짓과 관련된 이미지 사례를 통해 '신체적 행동corporal behavior'을 연구하고 있다(Yau, 1997). 이 연구에서 그는 중국 사람들이 라틴계 사람들만큼 다양하고 활발하게 몸짓을 사용하지 않는 데에는 역사적 이유가 있다고 강조한다.

> 손끝까지 덮는 긴 소매 옷을 수세기 동안 입어왔던 중국인에게 몸짓을 이용한 표현이 발달될 리가 있겠는가? 하지만 긴 소매로 인해 비록 손짓을 하기는 어렵지만 몸짓을 전혀 못 취하는 것은 아니다. 실제로 고대 중국에서 사용된 몸짓에 대한 기록을 문헌에서 많이 찾아볼 수 있다. (1997: 70)

이어서 야우는 차나 술을 따라주는 이에게 감사를 표현하는 방법을 예로 든다.

> 중지와 검지 끝으로 컵 가까이의 상 위를 두세 번 치는데, 이때 두 손가락은 고두叩頭를 하듯이 끝을 살짝 구부린다. 이 몸짓은 원래 중국 남부 광둥성 지방에서만 통용되었는데, 다른 지방에서 이용되기 시작한 것은 불과 20년 전의 일이다. 대화를 방해하지 않으면서도 감사의 뜻을 표할 수 있어 매우 유용한 이 몸짓은, 과거에는 남성의 전유물이었으며 아직까지도 그러한 경향이 남아 있다. (1997: 73)

데이비드 폴러드David Pollard는 『중·영, 영·중 번역 백과사전*An Encyclopedia of Translation, Chinese-English, English-Chinese*』(Chan & Pollard, 1995)에서 제스처를 '신체 언어'로 지칭하면서 몇 가지 비교를 위해 흥미로운 예를 들고 있다. 그는 신체 언어가 번역에서 매우 골치 아픈 문제라고 하면서 사례와 함께 이용 가능한 번역 전략을 제시한다.

> "상원은 대답이 없었다. 그녀의 어깨는 경련하듯 떨렸다. 울음은 더욱 격렬해졌다. 리는 …… 무슨 일이 있었는지 알아냈다. 그는 주먹을 쥐며 입술을 세게 깨물었다."
>
> 위의 글은 대만의 유명 작가의 작품에서 인용한 부분이다. 중국 독자에게는 전혀 특별할 것이 없이 지극히 평범한 내용이다. 중국인은 홍콩, 대만, 중국 본토 출신의 작가라면 누구든지 이런 글을 쓸 수 있다고 생각할 것이다. 하지만 외국인의 눈에는 감정을 밖으로 드러내는 사람의 모습을 세밀하게 그린 중국 소설의 전형으로 보인다. 이러한 묘사뿐 아니라 눈에 보이지 않는 신체적 감각에 대한 설명과 사람의 태도를 전하는 몸짓이나 표현은 번역 작업에서 어려움을 야기한다.(Pollard, 1995: 70)

폴러드는 번역에서의 문제점이 다음과 같은 세 가지 원인에서 발생한다고 했다. 첫째는 신체 기능에 대한 중국인 특유의 시각으로 인해, 둘째는 중국에만 고유하거나 또는 서구와는 의미가 다른 표현이나 몸짓으로 인해, 마지막으로는 서구 작가가 일반적으로 포착하려 들지 않는 신체적 반응에 대한 기술 때문이다. 폴라드는 이런 경우에 사용 가능한 번역 전략으로 직역, 생략, 자세한 설명 붙이기, 주석 달기 등을 제시하면서 신체 언어의 번역은 즐거움을 주는 대신에 골치만 아프게 한다고 결론을 맺는다(1995: 77).

한눈에 알아차릴 만한 것은 아니라도 영어와 독일어처럼 어느 정도 관련이 있어 보이는 문화의 언어 간에도 비슷한 문제가 발생한다. 준언어와 신체 언어 행위는 매우 다양하며 이에 대한 통찰이나 평가를 표현하는 방법은 상당히 다를 수 있기 때문에 번역하는 데 문제가 될 수 있다. 1960년대 번역 수업에서 관찰을 통해 어떠한 행위를 단순히 명시하지 않고 '묘사하는describe' '상태 동사descriptive verb'가 확인되었다(Snell-Hornby, 1983). 상태 동사는 독일어보다 영어에 더 많으며 단순한 형태(단음절이 많음)를 띠고 있는데, 일상 언어에서 자주 쓰이는 이러한 단어들은 매우 복잡한 의미론적 구조를 가지고 있어서 '번역이 불가능'해 보이기도 한다. 상태 동사는 프랑스의 언어학자인 루시엔 떼니에르Lucien Tesnière(1969: 102)가 문장을 하나의 '작은 드라마un petite drame'로 보는 것의 단적인 예라고 할 수 있으며, 홀츠-맨태리가 제시한 번역 행위의 '드라마티스틱dramatistic' 개념과 완전히 일치힌다고 볼 수 있다. 상태 동사는 화자나 서술자의 태도를 표현하거나 행위자를 평가하기도 하고, 행위의 특정 측면을 강조하거나 행위 결과에 대한 인식을 기술하는 역할을 한다.

이러한 요소에 따라 상태 동사는 손쉽게 의미장으로 배열되는데, 영어와 독일어의 의미장은 서로 다른 경우가 많다. 의미장의 예로는 앞서 일본어와 관련해 언급한 미소와 웃음을 들 수 있다(Snell-Hornby, 1998 참조). 영어와 독일어에서 'smiling미소'을 어떻게 인식하고 평가해서 표현하는지에 초점을 맞춰보면, 활짝 웃는다는 의미의 'grin'이 독일어 'grinsen'이라는 단어와 항상 등가를 이루는 것이 아니라는 사실에 주목하게 된다. 감정적 반응을 표현하는, 억제하지 않고 크게 웃는 웃음을 가리키는 단어인 'grin'은 건방짐, 어리석음, 악의와 같은 감정의 표현일 수도 있지만 동시에 친밀감, 자연스러운, 즐거움을 나타낼 수도 있다. 따라서 화자에 대한 평가는 다양할 수 있으며 맥락을 알아야 판단이 가능하다. 보통 'grin'은 독일어에서 'grinsen', 'feixen', 'schmunzeln'라는 단어들과 대응되는데, 'grinsen'은 부정적인 판단이 들어가는 경우가 많다. 따라서 행위자는 무례하고 냉소적이거나 악의적이기까지 하다. 'grinsen'을 통해 행위자는 마음을 열고 소통하는 표정을 짓지만 동시에 상대에 대한 냉담한 무시를 표현하기도 한다. 'feixen'은 'grimace찡그리다'처럼 이목구비의 움직임이 중심이 되는 동사로, 상대방에게 메시지를 전달하기보다는 관찰자에게 영향을 끼치려는 의도로 행해진다. 따라서 'feixen'은 근본적으로 숨김없는 즐거움 등을 나타내는 표현적이거나 도발적인 성격을 가지고 있지만, 동시에 자기만족이나 의기양양함을 표현하는 것으로 인식되기도 한다. 반면 'schmunzeln'에는 긍정적 의미가 분명히 포함되어 있는데, 얼굴의 표정이나 소통적 의미보다는 재미나 만족 등 행위자의 감정에 초점을 두고 있다. 따라서 상대방이나 관찰자의 존재는 전제되지 않고, 미소를 짓는 행위는 억제되어 있다. 영어 동사 'simper'와 'smirk' 모두 얼빠지고 어리석은 웃음을 의미하는데, 행위자가 보통 여성인 'simper'는 가장되거나 독선적인 고지식함에 초점을 맞추는 반면 'smirk'는 'feixen'과 마찬가지로 도발적인 요소를 가지고 있으며 조롱하는 듯한 효과를 낳는다. 그러나 'smirk'와 'simper' 모두 얼굴을 크게 찡그리는 모습을 가리키지는 않으며 화자에 의해 부정적으로 평가되는 행위자의 태도에 초점을 맞춘다 (Snell-Hornby, 1983: 119 참조).

앞에서 언급한 몇 가지 사례는 1970년대 후반에 본질적으로는 언어학적 연구였으나(Ernst Leisi의 접근에 근거함, 1.3 참조) '언어의 범위를 초월 beyond language'한 경우다. 이러한 연구는 포야토스의 비언어적 커뮤니케이션 연구와 쉽게 연관시켜볼 수 있다. 상태 동사는 영어 내러티브에 많이 쓰이는 요소로 설명이나 묘사를 위해 자주 사용되는데, 이는 포야토스가 1997a에서 '매혹적인 독서 경험'이라고 언급한 것과 맞아떨어진다. 소설가 찰스 디킨스Charles Dickens가 유독 상태 동사를 많이 사용해서 그의 작품을 번역하는 데 어려움이 있다고 알려져 있지만(Poyatos, 1993; Kurth, 1995 참조), 말콤 브래드버리Malcolm Bradbury, 칼슨 맥컬러스Carson McCullers, 살만 루시디Salman Rushdie를 비롯한 다른 여러 소설가들 또한 상태 동사를 많이 사용하고 있다. 포야토스(1997a)는 몇몇 작가의 작품을 예로 들고 있다.

상태 동사는 음성 인지sound-perception 중에서도 특히 가청audible 신체 언어와 환경음 부문에 풍부하다(Poyatos, 1997a: 28-33). 포야토스는 '언어가 표현적 측면에서 얼마나 풍부한가'에 대해 논하면서 스페인어 대응 어휘소lexeme 비교를 통해 상태 동사를 우회적으로 언급하고 있다.

> 영어는 음성 동사sound verb가 놀라울 정도로 풍부해서 특히 스페인어로는 하나의 단어로 표현하고 마는 차이가 미세한 소리까지 구분해 사용할 수 있다. 예를 들면 작은 종이 딸랑거리는 소리(사전에 따르면 작은 종의 'tintin')나 잔이 부딪히는 소리 등을 표현할 때 스페인어로는 'tintinear'를 쓰는데 영어로는 'Jingle bells, jingle bells!', 'The bell (door bell) rang insistently(종이 계속 울려댔다)', 'The cigarette vendor in Istanbul jingles his coins to attract our attention(이스탄불의 담배 판매상은 주의를 끌기 위해 동전을 짤랑거렸다)', 'The two lovers clinked their glasses gently while looking at each other(두 연인은 서로를 바라보며 잔을 부딪혔다)' 등 다양한 단어를 사용해서 표현한다. 문학적 가치는 차치하고 마지막 예문에서의 음향적 환기는 "chocaron las copas, expresando con igual calor su afecto a la simpatica familia"(Galdos Miau, VII)처럼 'Los dos amantes hicieron chocar sus copas suavemente'라고 표현하는 것이 충분하지 않다. 왜냐하면 'chocar'은 'to clink'라는 영어 표현의 의성적 어원을 포함

하고 있지 않기 때문이다.(1997a: 34-35)

'언어의 범위를 초월'한 풍부한 표현은 문학 번역에서 (지금까지는 대개 무시되었으나) 해결해야 할 과제이며, 이러한 주제가 언어학자나 번역학자가 아닌 다학제적 연구를 수행하는 외부인에 의해 제기되었다는 사실은 주목할 만하다.

비언어적 커뮤니케이션의 문제는 번역에 비해 통역에서 훨씬 분명하며, 포야토스는 기본적인 의사소통 기호 체계의 여러 요소에 대한 의미 있는 조사 내용을 그의 책에서 제시하고 있다(1997b: 251). 그 외에도 통역에서의 비언어적 커뮤니케이션에 관해서는 전문 회의 통역사인 서지오 비아지오Sergio Viaggio가 동시통역에서의 신체 언어에 대한 연구를 선보였으며, 에드나 윌Edna Weale이 「바벨에서 브뤼셀까지From Babel to Brussels」라는 글에서 비언어적 요소로 인한 오해 때문에 메시지가 "완전히 소실되는 수준으로까지 뒤죽박죽되는"(1997: 295) 경우에 대한 연구를 소개했다. 비언어적 커뮤니케이션은 자부심, 존경, 분노, 유머 등 문화적이거나 감정적인 요소를 포함한다. 그중에서도 유머는 '커뮤니케이션의 궁극the ultimate in communication'이나 번역에서 가장 어려운 과제다. 영국 유머는 보통 미묘하고 절제되어 있기 때문에 스페인 사람이 영국 유머를 재미있어하는 경우는 별로 없다. 마찬가지로 스페인 유머는 영국 사람에게는 야단스럽고 과장이 심하면서 천박하게 느껴진다" (1997: 300)[4]. 자신의 연구와 관련된 세 문화에 대해 윌이 했던 논평은 모든 번역학자에게 공감이 갈 것이며 이 책이 전하고자 하는 기본 메시지의 핵심이라고 볼 수 있다(6장 참조).

---

4 유머 번역의 문제에 대한 다른 연구는 Mateo(1995)와 Vandaele(2002) 참조.

나는 내 연구와 삶과 관련이 있는 영국, 프랑스, 스페인 문화 모두를 매우 존중한다. 영국인의 위엄과 다른 이의 사생활을 존중하는 문화를 존경하며, 쉽게 흉내 낼 수 없는 프랑스인의 스타일과 품위, 스페인 사람들의 즉흥성과 인간미 또한 탄복할 만하다고 생각한다. 하지만 세 문화 모두 세상에 대해 다른 인식을 가지고 있다. 각 문화는 전통과 교육 체계를 통해 각기 다른 가치 체계를 구축하고 있으며, 따라서 다른 문화와는 차별되는 비전을 갖게 된다.(1997: 304)

3.1.3 다모드multimodal 텍스트 번역

1971년에 라이스는 뷜러의 오르가논 모델(2.2 참조)을 바탕으로 텍스트 타입을 논하는 과정에서 자신이 분류한 세 가지 기본 유형(정보적, 표현적, 작용적 텍스트)이 불완전하다는 것을 인식하게 되었다. 이후 그는 '시청각 미디어audio-media'라는 네 번째 유형을 제시했는데, 시청각미디어 텍스트는 말이나 노래로 전달하려고 쓰여졌기 때문에(1971: 34) 비언어적(기술적) 매체나 다른 시청각적 표현을 통해서만 완전히 구현된다. 즉 언어는 다양하고 복잡한 요소 중 하나일 뿐이다(1971: 49). 라이스의 논평이 발표된 후 독일의 여러 번역학자들 사이에서 열띤 토론이 있었고, 이후 라이스는 다시 수정한 자신의 입장을 표명했다. 베른트 슈필너Bernd Spillner(1980: 75)의 제안을 받아들여 라이스는 시각적 요소는 있지만 음향적 요소는 없는(만화와 같은) 텍스트도 포함되도록 시청각미디어라는 용어를 멀티미디어multi-medial로 고쳤으며, 다시 1990년에는 이러한 텍스트가 그가 당초 의도한 네 번째 텍스트 타입을 따로 구성하는 것이 아니라 앞서 제시한 세 가지 텍스트에 해당하는 요소를 가진다고 말했다. 전술한 의미에 맞는 멀티미디어 텍스트의 예로는 노래, 무대에서 공연되는 연극, 영화 대본, 오페라 대본뿐만 아니라 만화와 시청각적 요소를 포함한 광고물 등이 있다.

(교육에서 텔레비전이나 슬라이드를 사용하는 것처럼) 매체의 복합적 이용을 가리키기 위해 사용되었던 멀티미디어라는 용어는 1990년대에 들어와서 정보통신 기술 매체라는 의미로까지 확대되었다. 이와 동시에 번역학 내에서는 1990년에 라이스가 제시한 텍스트의 종류가 과도하게 다양해서 심각한 혼란이 있었으며 한층 세분화된 분류가 필요하다는 인식이 형성되었다. 오늘날 언어 외적 요소에 의존하는 텍스트를 네 가지로 나누기 위해서 네 개의 표준화된 용어를 다음과 같이 정리했다.

1. 멀티미디어Multimedial 텍스트(영어로는 보통 'audiovisual'이라고 지칭)는 시각과 청각 요소를 포함한 기술 및 전자 미디어를 통해 전달된다(예: 영화 또는 텔레비전 제작물, 자막).
2. 다모드Multimodal 텍스트는 각기 다른 언어적·비언어적 표현 방식을 가지고 있으며, 드라마와 오페라처럼 시각적 요소와 청각적 요소를 모두 포함한다.
3. 다기호Multisemiotic 텍스트는 각기 다른 언어적·비언어적 그래픽 신호 체계를 사용한다(예: 만화 또는 광고 인쇄물. 4.2.2 참조).
4. 시청각미디어Audiomedial 텍스트는 구어로 전달하기 위해 쓰여지기 때문에, 인쇄된 종이가 아닌 사람의 목소리를 통해 최종 수용자에게 전달된다(예: 정치적 연설, 학술 논문).

위에서 언급된 모든 텍스트는 '언어의 범위를 초월'하고, 나아가 3.1.2에서 고찰한 비언어적 소통의 측면도 대개 뛰어넘는다. 이러한 텍스트는 1980년대 중후반에 들어서야 번역에서 특정 문제를 유발하는 대상으로 번역학에서 연구되기 시작했다(Snell-Hornby, 1988: 33 참조).

시청각미디어 텍스트는 포야토스가 이미 소개한 문제, 특히 그중에서도 준언어가 중심이 된다. 두 가지 근본 요인은 수사법rhetoric과 가화성speak-ability이다. 즉흥적으로 발화되는 담화와 달리 이러한 요인이 사전에 계획·고안된다는 점이 시청각미디어 텍스트의 특징이라고 볼 수 있다. 수사법은 문화에 따라 다르며, 구두로 발표되는 텍스트를 번역할 때에는 이 점에 유의해야 한다. 영국인은 대립(정/반), 은유, 두운, 리듬, 클라이맥스를 향해 올라가는 형태(명사 또는 동사 서너 개를 묶어 사용) 등 고전적 장치를 선호하며 무게나 초점을 끝에 둔다(Snell-Hornby, 1997a에서 전 세계 청년 학생을 대상으로 한 처칠의 1946년 취리히 연설 분석; Snell-Hornby, 1998a; Pöchhacker, 1997에서 클린턴의 1993년 베를린 연설 분석 참조). 리듬은 가화성을 결정짓는 또 하나의 중요한 요인이며, 보통 직선 또는 대칭적 통사 진행syntactic progression(병렬), 후치 수식을 이용하거나 과도하게 큰 자음군consonant cluster을 피하는 방법으로 끝에 무게를 두는 방식 등이 이용된다(Snell-Hornby, 1998a 참조). 이러한 특성은 2.5에서 살펴보았듯이 독일 학술 문헌을 영어로 번역하는 경우 매우 중요하게 고려해야 할 사항이다. 독일 학계는 장황하고 비대칭적인 구조와 엄격하게 명시화하는 문체, 그리고 복잡한 수식 구조와 종속적 동사 구조를 선호하는 경향이 있다. 따라서 독일어 원문이 가지고 있는 이 모든 특징을 영어 번역문에 그대로, 그것도 독일 학자의 완벽하지 못한 영어 실력으로 옮긴다면 번역된 텍스트는 말 그대로 '형언하기 힘든unspeakable' 상태가 될 것이다.

만화와 같은 다기호 텍스트는 또 다른 종류의 문제를 가지고 있는데, 카인들(2004)은 그의 연구에서 이를 자세히 다루고 있다. 1990년대에 특히 많은 관심의 대상이 되었던 것은 영상 번역('억제된 번역'의 궁극적 형태로서의 자막과 더빙 번역)과 극본 번역이라는 매우 특화된 두 분야였다. 영상의 자막과 더빙 번역은 1990년대에 많은 연구가 이루어졌던 분야다(Luyken 외, 1991; Ivarsson, 1992; Gottlieb, 1994; Pisek, 1994; Manhart, 1996; Gambier &

Gottlieb, 2001). 다모드 또는 무대에 올려지는 연극 대본의 번역에 대한 연구는 영상 번역만큼 폭넓게 다뤄지지는 않았으나, 이 역시 '언어의 범위를 넘는' 분야로서의 매력을 가지고 있다.

전통적 번역 이론에서 극drama 번역은 충실한 '학구적' 번역과 대비되는 '연기하기 알맞은actable' 또는 '공연하기 알맞은performable' 대본, 다시 말해 직역과 의역의 대결 구도라는 '수퍼밈supermeme'에 대한 논의가 중심이 되었다. 1976년 루벤 콜로키엄에서 발표된 논문(Bassnett-McGuire, 1978)과 논문집 『문학의 조작*The Manipulation of Literature*』에 실린 그의 논문(Bassnett-McGuire, 1985)을 통해 수잔 바스넷은 초반 현대 번역학의 발전에 기여했다. 1980년대를 거치면서 번역학에서 극 번역을 어느 정도 다루기는 했으나, 바스넷의 논문이 발표되기 이전까지 등한시되었던 분야라는 사실에 대해서는 이견이 없다.

당시 극 번역에는 기호론적 접근과 전체론적 접근이 지배적이었다. 에리카 피셔-리히테Erika Fischer-Lichte(1983)가 대표하는 연극 기호론은 아이콘, 지표, 상징으로 이루어진 퍼스의 삼분법과 준언어 및 신체 언어의 개념뿐만 아니라(3.1.2에 언급된 내용 참조), 무대 환경에서 인물과 인물 또는 인물과 물체 사이의 다양한 거리에 따른 관계와 관련이 있는 공간학proxemics까지 다양한 이론을 이용한다(Snell-Hornby, 1997: 190-191. 공간학을 맥베스의 독백에 적용시킨 예시 참조). 연극의 기호가 문화에 따라 매우 다르게 해석될 수 있다는 것이 극 번역에서 문제가 되며(특히 상징적 기호), 연극의 기호 번역의 상당 부분은 해당 문화 공동체의 관습과 연기 스타일에 의해 좌우된다.

전체론적 접근 방법은 대본을 협주곡의 악보와 같이 극적인 공연 행위의 기준으로 보며(Snell-Hornby, 1993 참조), '연기/공연성actability/performability', (앞서 논의된 바와 같이) '가화성speakability', 그리고 뮤지컬이나 오페라의 경우에는 '가창성singability'이 핵심이 되는 말이다. 이러한 기준은 모두 해당 문화의 연극 전통과 연기 스타일에 영향을 받는다. 공연성을 기준으로 할 때, 대본의 기본 요소는 다음과 같이 요약 가능하다.

1. 연극 대화는 인위적인 언어이며 상연을 목적으로 창조되었으며, 지시적인 상호 작용의 특수한 역학을 포함하는 매우 정교한 창조물이다.
2. 대화는 다양한 요인의 동시적 상호 작용과 그것이 관객에게 미치는 영향에 기인하는 여러 관점의 상호 작용에 의해 특징지어진다(예: 아이러니, 은유, 말장난, 암시).
3. 언어는 줄거리나 사건이 진행됨에 따라 변하는 내적 리듬을 포함한 리드미컬한 진행에서의 잠재적 행위로 볼 수 있다.
4. 배우에게는 대사가 '언어의 탈mask of language'인 개인어를 형성하고, 이는 목소리, 몸짓, 움직임으로 감정을 표현하는 수단이 된다.
5. 관객에게 무대 위 행위와 언어는 반응을 보낼 수 있는 개인적인 경험의 형태로 감각을 통해 인지된다.(더 자세한 논의는 Snell-Hornby, 1984와 1996 참조)

극 번역에 필요한 전문성을 고려할 때, 번역가는 배우 및 제작자와 리허설 전부터 지속적으로 협력 관계를 유지하는, 즉 연극 제작팀의 한 구성원으로 소속되어 있어야 효과적으로 일할 수 있다(Hörmanseder, 2002 참조). 알토넨Aaltonen은 대본으로만 작업하는 힘없는 번역가와, 실제 공연장에서 일하면서(예: 극작가로서) 보다 큰 재량권을 행사하고 필요하면 텍스트를 자유롭게 수정하는 번역가를 분명하게 구분했다(1997: 92).

이와 같은 가설은 1980년대 세워졌지만, 1990년대 빈 대학교에서 몇몇 경험론적 연구에 적용되고 검증되었는데 그 결과가 흥미롭다. 예를 들어 수잔 자직Susanne Zajic은 오스카 와일드Oscar Wilde가 쓴 『진지함의 중요성 *The Importance of Being Earnest*』의 두 가지 독일어 번역본, 즉 문학 번역가의 작품과 배우들이 번역한 원고를 통해 독일의 무대 감독 안스가르 하아그Ansgar Haag(1984)가 소개한 연기성, 공연성, 그리고 '호흡하기 알맞음 Atem-barkeit'의 기준을 연구했다(Zajic, 1994). 자직이 제시한 사례 중 하나(3막에서 브라크네스 부인이 프리즘양을 추궁하는 장면)는 배우들이 공연성을 확실히 선호한다는 것을 보여준다(Snell-Hornby, 1997: 195-198). 클라우디아 리사Claudia Lisa는 뮤지컬 레미제라블Les Misérables의 영문 번역본(런던/뉴욕)과 독일어 번역본(빈)이 어떻게 탄생하게 되었는지 연구했다. 그는 인터뷰를 통해 두 언어의 번역가 모두 뮤지컬 제작팀에 소속되어 작업함으로써 작품이 성공하는 데 일조할 수 있었다는 사실을 밝혀냈다(Lisa, 1993). 그리고 카인들은 홀츠-맨태리의 번역 행위에 대한 연구에서 오페라 번역에 나타나는 상호 작용의 양상을 제시했다(1995). 그는 연극학·문학·음악학적 이해가 동원된 다학제적 연구를 통해 오페라 텍스트를 대본, 음악, 연기(보컬과 무대 장치 모두 포함)의 종합적 산물로 보는 전체론적 접근을 취했다. 음악과 공연, 언어의 상호 작용의 몇 가지 사례 중 하나로는 돈 조반니의 샴페인 아리아 '포도주를 마시며Fin ch'han dal vino'를 들 수 있으며, 오페라에서의 언어적 텍스트의 비중은 대화 위주의 희곡에서보다 훨씬 적고 동시적으로 작용하는 복잡한 요인 중 일부에 지나지 않는다는 것을 수세기에 걸친 다양한 해석과 공연을 통해 알 수 있다.

창의적이며 공연하고 노래하기 알맞은 외국어 버전의 극 텍스트를 과연 번역으로 봐야 하는지에 대해서는 자주 의문이 제기된다. 번역가라는 직업이 연상시키는 낮은 지위와 영향력 때문에 창의적인 작업을 하는 사람들은 모두 번역가보다는 시인, 작가, 또는 극작가 등으로 불리길 원한다. 레미제라블의 영어 버전을 만든 헤르베르트 크레츠머Herbert Kretzmer 역시 리사와의 인터뷰에서 자신의 작품이 번역으로 간주되는 것을 강하게 거부했다.

> 번역이라는 말로는 내가 레미제라블을 위해 한 작업을 절대 설명할 수가 없다. 내가 한 일을 번역으로 표현하는 것을 절대적으로 거부한다. 작업의 1/3정도는 작품의 줄거리를 따라가는 개략적인 번역의 일종으로, 물론 프로젝트의 중요한 부분이다. 또 다른 1/3은 대략적인 번안이고 나머지 1/3은 프랑스 원작에는 포함되어 있지 않은 노래가 적어도 대여섯 곡 있기 때문에 독창적인 것으로 볼 수 있다. (Lisa, 1993: 62)

이러한 크레츠머의 주장은 극 번역을 할 때의 관례대로 그가 불어 텍스트와 더불어 영문 번역 작업의 초반에 참여했던 제임스 펜튼James Fenton의 행간번역본을 받았다는 점, 그리고 연극 프로덕션에서 흔히 하는 것처럼 새로운 내용을 추가했다는 점에서 일부는 설명 가능하다. 그러나 번역이라는 용어를 강력하게 거부하는 이유에 대해 그는 다음과 같이 답했다.

> '번역가'는 학술적인 기능을 수행하기 때문에 번역가로 불리는 것에 대해 분개하고 이를 거부한다. 왜냐하면 나는 학술적인 기능 이상을 하기 때문이다. (……) 나는 프로젝트에 독창적인 기여를 했다고 생각하고 싶고, 프로젝트에서 비서나 직원 역할을 한 것이 아니라 부브릴이나 쇤베르그[5]에 못지않게 레미제라블의 작가 역할을 했다고 생각한다. 그런 이유에서 나는 번역가라는 호칭을 거부한다. 번역가는 단순하고 영혼이 없

5 레미제라블 프랑스어 버전을 창작한 극작가 알랭 부브릴Alain Boublil과 작곡가 클로드 미셸 쇤베르그Claude Michel Schönberg를 말한다.

> 는 기능을 수행한다. 번역 작업에는 지적 능력이나 열정이 아닌, 다른 언어에 대한 꼼꼼한 이해만 있으면 된다. 번역 작업을 위해서는 자아가 아니라 지식과 기술만이 필요하다.(Lisa, 1993: 62)

반면 빈에서 공연된 레미제라블의 번역을 맡았던 록음악 가수이자 독문학 전공자인 하인츠 루돌프 쿤체Heinz Rudolf Kunze는 자신이 한 작업이 번역이 아니라고 부정하지 않으면서도, 자신의 일을 단순히 개별 언어 항목을 재생산하는 차원이 아니라 목표 언어로 유사한 효과를 만들어내기 위한 매우 창조적이며 시적인 활동으로 보았다(Lisa, 1993: 76). 쿤체는 제작 초기에 창의력을 발휘할 여지를 전혀 주지 않은 채, "한 줄 한 줄 빠짐없이 모든 것을 번역하도록 했을 뿐 아니라 음절 하나하나까지 모두 옮기도록" 했던 런던과 미국에 있는 제작자들에 대해 경멸감을 표했다(Lisa, 1993: 75).

앞서 언급했듯이 연극계에서는 행간번역본으로 작업하는 경우가 매우 흔하며, 따라서 번역가는 창의적인 전문가들이 작품을 완성하기 위한 전 단계인 단순 작업만 하는 신세로 전락한다. 이러한 경향은 관련자가 원문의 언어와 친숙하지 않을 경우 더욱 심하다. 또 다른 중요한 사례로는 스와보미르 므로제크Slawomir Mrozek, 가르시아 로르카Garcia Lorca, 아르투어 슈니츨러Arthur Schnitzler와 요한 네스트로이Johann Nestroy의 작품을 해당 언어에 능통한 사람이 제공한 직역문을 가지고 영문판을 창작한 톰 스토퍼드Tom Stoppard가 있다(Snell-Hornby, 1993 참조). 그는 슈니츨러의 『광활한 땅*Das weite Land*』을 번안한 책에서 다음과 같이 말했다.

> 여기 발표된 텍스트는 대체로 슈니츨러의 연극에 언어적으로 충실하지만 정신적 측면에서는 특히 더 그러할 것으로 믿는다. 이 텍스트는 원

문과 충분히 거리를 두기 때문에 번역이라고 선뜻 내놓기는 어려울 것이다. 이 글은 국립극장에서 상연된 작품의 기록이다. (Stoppard 1986: x)

극 번역이 '버전'인지 '번안'인지 아니면 '콜라주'인지에 대한 헛된 논의를 개탄하는 수잔 바스넷의 1985년 논고를 상기하고 지지할 수밖에 없다. "원천 텍스트의 버전과 번안을 구분하는 것은 완전히 논점을 벗어나는 것이다. 이제는 이러한 용어를 사용함으로써 사람들을 현혹시키는 행위는 그만두어야 한다" (Bassnett-McGuire, 1985: 93).

예술가들이 '진짜' 텍스트를 창조하는 데 필요한 원료를 제공하기 위해 번역가들을 저렴하게 고용해서 대략적인 직역본을 만들어내도록 하는 것은 더욱 심각한 문제를 낳는 관행이다. 영화 더빙 업계에서는 (시간적으로 엄청난 제약을 받고 영상은 전혀 볼 수 없는 환경에서 만든) 대략적인 버전을 가지고 최종적인 외국어 버전을 만드는 것이 일반적인 관례다(Manhart, 1996 참조). 베를린 소재의 회사 도이체시크론Deutsche Sychron에서 더빙 부서를 이끌고 있는 마티아스 뮌터페링Matthias Münterfering은 『랭귀지 인터내셔널』(14/2, 2002) 특별호에 게재한 기고문 「독일에서 더빙하기Dubbing in Deutschland」에서 전문가에 비해 번역가를 푸대접하고 있다고 다음과 같이 시인했다.

1. "오늘날 더빙 업계의 경쟁은 점점 치열해지고 있다. 그 결과 가격은 떨어지고 시한은 촉박해졌으며 품질에 대한 기준은 높아지고 있다. 따라서 모든 회사는 비용을 줄일 수 있는 방법을 찾느라 골머리를 앓고 있다. 이때 가장 먼저 희생되는 쪽이 바로 번역가다. 번역가는 권력도 없고 희소성도 없다. 그들이 만들어내는 것은 최종 생산물이 아니다. 번역가들이 작업한 것을 가지고 더빙 작가들이 립싱크된 대화로 다시

창조해낸다. 따라서 사람들은 번역가를 제대로 대접해주지 않고, 나 역시 그러하다". (2002: 15)

2. "번역가는 더빙 작가를 위해 텍스트를 제공하고, 더빙 작가는 운이 좋으면 립싱크가 되는 단어를 찾아낸다. 더빙 작가의 비용을 줄일 수 있는 여지가 없다. (……) 그들은 더빙 과정에서 결정적인 역할을 하며, 어떤 더빙 작가를 선정하느냐가 프로젝트에 큰 변수로 작용한다". (2002: 15)

3. "의학 드라마 '응급실ER'처럼 매우 현실적인 프로그램을 더빙하려면 전문가의 자문이 필요하다. 그래서 두 명의 외과 전문의를 자문으로 고용해서 번역을 먼저 검토하고 그 다음에 더빙 원고를 확인한다". (2002: 16)

비용을 줄이고자하는 회사에 특히 도움이 될 만한 해결 방안은 더빙과 번역 모두에 전문성을 갖추었으며 그 분야의 전문가에게 무엇을 물어봐야 하는지를 정확하게 알고 있는 인력을 신중하게 채용하는 것이다. 『랭귀지 인터내셔널』의 같은 호에서 자막 작가 앨런 와일드블러드Alan Wildblood의 하루일과를 소개하고 있는데, 그의 경우가 정확히 이런 경우에 해당한다. 그는 자신이 번역가라고 생각하지 않는다고 하면서 다음과 같이 말한다. "자막 작업은 번역이 아니다. 훨씬 더 어렵지만 그만큼 더 재미있다" (2002: 43).

이토록 번역가가 부당한 대접을 받는 것 역시 번역 윤리의 한 양상이라고 할 수 있다(3.1.1 참조). 연극과 영화를 위한 번역은 훈련을 받은 전문가들만이 할 수 있는 매우 복잡한 작업이며, 이는 언어와 그 이상의 차원 모두에서 문화적 전이가 일어나는 다면적인 현상이기 때문에 앞으로도 계속 번역학이라는 다학제적 학문에 중요한 이슈로 거론될 것이다.

3.2 '제국주의의 눈'

콜럼버스가 아메리카 대륙을 발견한 지 500주년이 되는 해인 1992년에 메리 루이즈 프랫Mary Louise Pratt이 쓴 다학제적 저서 『제국주의의 눈: 여행문과 초문화화*Imperial Eyes: Travel Writing and Transculturation*』가 나왔다. 뒤표지에서 언급된 바와 같이 이 책은 "여행문이 유럽 제국주의라는 국내적 주제를 어떻게 만들어내는지, 또한 독자들이 영토 확대주의자들의 계획에 어떻게 관심을 갖게 되었는지"를 보여준다. 후기식민주의 번역에 대한 관심이 증폭되었던 1990년대와 같은 시기에 나온 프랫의 연구에서는 번역학 전반, 그중에서도 특히 여기서 제시될 주제와 관련 있는 수많은 개념과 비유, 통찰을 읽을 수 있다.

수잔 바스넷은 번역가와 여행문 저자의 관계를 강조한 번역학자 가운데 한 사람이다.

> 번역이란 시공간상의 어느 한 곳에서 다른 곳으로의 여행, 즉 여행자가 현실에서 겪을 수 있는 텍스트상의 여행과 같은 것이다. 또한 번역과 여행문 모두 서로 다른 통문화적 접촉을 내포하는 해석학적 행위다. 여행은 필연적으로 일종의 번역을 내포하는데, 앞서 등장했던 많은 여행문도 발견되지 않은, 미지의, 새롭고 낯선 것들을 탐험가의 언어로 표현하려는 노력을 자세히 묘사하고 있다. (2000: 106; Cronin, 2002 참조)

마이클 크로닌Michael Cronin 역시 여행자와 번역가를 다른 언어 간의 대화와 다른 문화 사이에 관여하는 사람들로 본다.

> 번역가와 통역사는 학문과 학문 사이, 일반 문화의 비유적 언어와 특수 분야의 난해한 전문 용어 사이를 오간다는 점을 볼 때, 어떤 의미에서

는 백과사전적 여행 문화 또는 전통적인 인문 과학의 경계를 포함할 뿐만 아니라 인문적 탐구의 여타 분야까지 망라하는 제3의 문화에 종사하는 사람들이다. 학문적 편협성의 시대에 번역가나 여행문 저자로서의 제3자는 어딘가에서 새로운 소식을 가져오는 유목민으로서의 가치가 있는 존재다. (2000: 150)

앞서 언급한 여행자와 번역가 간의 비교를 염두에 두고 번역학, 특히 후기식민주의 번역과 관련해 프랫이 소개하는 몇 가지 용어와 개념을 살펴보자.

초문화화transculturation라는 용어는 문화인류학의 민족지학에서 따와 프랫의 책 제목으로 쓰이고 있는데, 한눈에 보아도 책 내용과 관련이 커 보인다. 이 단어는 1940년대에 쿠바의 사회학자인 페르난도 오르티스Fernando Ortiz가 아프리카계 쿠바의 문화를 설명하기 위해 만들었는데, 문화적 적응acculturation과 탈문화화deculturation라는 두 개념을 대체하기 위한 것이었다(Pratt, 1992: 228). 민족지학에서 초문화화는, 종속 집단이나 경계 집단이 지배적 문화 혹은 지배국 문화에 의해 자신들에게 전달된 것 가운데서 어떤 것을 선택하고 새로 창조하는지를 설명하기 위해 사용되는 용어다(Pratt, 1992: 6).

프랫의 저서에서 주요한 개념은 접촉 지대contact zone인데, 그는 이를 다음과 같이 정의하고 있다.

> 때로는 **지배와 종속이라는 매우 비대칭적인 관계** ─ 식민지주의나 노예제도, 또는 오늘날 지구상에서 그것들이 실행되고 남은 후유증처럼 ─ 속에서 **이질적 문화가 서로 만나고, 충돌하고, 다투는** 사회적 공간이다. (1992: 4, 강조 부연)

그리고 후반부에서는 다음과 같이 기술한다.

> 식민지적 만남colonial encounters의 공간, 지리적·역사적으로 분리되어 있던 사람들이 서로 접촉하게 되면서 지속적인 관계를 형성하는 공간으로서, 통상적으로 억압, 극도의 불평등, 해결하기 힘든 충돌이라는 환경을 포함한다. (1992: 6, 강조 부연)

프랫은 흔히 소홀하게 다루어지는 "식민지적 만남의 상호 작용적이고 즉흥적인 차원"을 전면에 내세우기 위해 '접촉'이라는 개념이 사용됨을 강조한다(1992: 7). 접촉 지대라는 말은 이미 번역학에 적용되고 있다(Simon, 1999 참조).

프랫이 사용한 또 다른 중요한 용어는 자기민족지autoethnography(또는 자기민족지적 표현)로서, 그는 이에 대해 다음과 같이 언급하고 있다.

> 식민지 피지배자가 식민지 지배자의 고유한 표현을 취해서 자신들을 나타내는 사례들이다. 민족지 텍스트가 유럽인이 그들의 (보통 예속된) 타자를 스스로에게 제시하는 수단이라면, 자기민족지 텍스트는 지배국에 의해 묘사된 자신의 모습에 대한 피지배자의 반응 혹은 대화라고 볼 수 있다. (Pratt, 1992: 7)

마지막으로 프랫이 유럽의 행성적 의식planetary consciousness이라 부르는 개념을 들 수 있는데 이는 유럽의 자아 개념과 다른 나라와의 관계에 대한 인식을 의미한다. 그의 출발점은 지식 구조로서의 자연사의 등장과, 해양과 상반되는 의미인 내륙 탐험으로의 이동이라는 두 가지 기념비적 발전이 일어났던 18세기 중반이다. 이들을 보여주는 예시는 1735년에 일어났던 두 사건이다. 전자는 지구상의 모든 식물종을 범주화하는 분류 체계를 제시했던 카를 린네Carl Linné의 『자연의 체계*The System of Nature*』의 출판이고, 후자는 라 콩다민La Condamine의 스페인령 라틴아메리카 탐험기다. 프랫은 이 두 가지 발전이 유럽의 행성적 의식에 변화를 가져온 것으로 생각했다.

> …… 부르주아 중심의 권력과 지배 구조의 공고화, 원료 탐사로 촉발된 새로운 영토 자본주의 시기의 시작, 해안 무역을 내륙으로 확장하려는 시도, 경쟁 관계에 있는 유럽 열강들에 앞서 해외 영토를 차지하려는 국가적 과제 등을 비롯한 수많은 사건들과 때를 같이하는 변화다. (1992: 9)

이러한 '행성적 의식', 즉 자연과 세계, 자아와 타자를 바라보는 시각이 다음 두 세기를 지배할 '제국주의의 눈'을 이룬다. 프랫의 책에서는 존 스테드만John Stedman과 알렉산더 폰 훔볼트Alexander von Humboldt[6]로부터 플로라 트리스탕Flora Tristan과 리처드 버튼Richard Burton에 이르기까지 주로 아프리카와 남미 지역을 여행한 유럽 탐험가와 여행가들의 경험과 기록을 다루고 있다. 특히 번역학자에게는 사유를 촉발하는, 세계와 문화 현상, 그리고 무엇보다도 '제국주의의 눈'의 관점에서 본 것과 같은 인간 상호 작용의 파노라마를 제공한다. 밀레니엄의 끝을 향해 나아가는 시점에서 루시디가 지적한 것처럼 제국주의는 후기식민주의 저술 및 번역 분야에서 '답장 쓰기'를 시작하는 시대의 출발점을 제공한다.

3.2.1 후기식민주의 번역

1988년 워릭 회의에서 가장 많은 흥미를 불러일으켰던 것 중 하나가 인

6 1769-1859, 빌헬름 폰 훔볼트의 동생(1.1 참조).

도 학자 마하쉐타 센굽타Mahasweta Sengupta가 발표했던 「번역, 식민지주의 그리고 시학: 두 세계의 라빈드라나드 타고르Translation, colonialism and poetics: Rabindranath Tagore in two worlds」라는 제목의 논문이었다(Sengupta, 1990). 우리가 번역의 문화적 전환을 기리면서 목표 문화에서의 번역의 기능을 강조하고 있던 때에 그 여성학자는 벵골의 시인 라빈드라나드 타고르Rabindranath Tagore(1861-1941)의 번역에 찬물을 끼얹는 반례를 들어 보였다. 센굽타의 예시는 1913년 비유럽인으로서는 최초로 노벨문학상을 수상한 타고르가 쓴 시집 『기탄잘리: 신께 바치는 노래*Gitanjali: Song Offering*』에서 나온 것이다. 센굽타는 우선 타고르의 영어판(1990: 56) 수상작을 인용하고 나서 벵골어 원본(1990: 57)을 그 자신이 자구에 충실하게 번역한 것을 제시하는데, 몇 가지 면에서 타고르의 번역판과 매우 다르다. 그의 지적은 다음과 같다.

> 타고르가 목표 언어인 에드워드 7세 시기의 영시학과 부합하도록 언어의 형태를 바꾸는 것은 말할 것도 없고, 원본의 문체뿐만 아니라 시어의 억양과 심상까지도 바꾼다는 것을 알아차릴 수 있다. 이것은 목표 제도의 시학에 부합하도록 일부러 꾀한 의식적인 수정 행위다. 이를 위해 타고르는 억양, 심상, 어법을 고쳤고, 결과적으로 원본에 존재하는 서정성이 영어번역본에 전혀 전달되지 못한다.(Sengupta, 1990: 57)

센굽타는 타고르가 자신의 시를 벵골어 시와 판이한 영문 시로 번역한 이유를 당시 인도에 퍼져 있던 영어와 영문학에 대한 타고르의 이해에서 찾을 수 있다고 생각한다. 프랫의 말로 접근하자면 그것이 접촉 지대였고, 타고르는 자기의 시를 지배 문화의 미학적 이데올로기에 맞추어 번역했다. 센굽타는 다음과 같이 주장한다.

> 타고르는 원본을 번역할 때면 두 개의 다른 세상에 살고 있다. 원본 언어에서 그는 외국 문화와 어휘의 덫으로부터 독립적이고 자유로워 실제로 구어체적 어휘로 글을 쓴다. 번역할 때는 그의 식민지적 자아가 표현을 모색하는 또 다른 상황으로 들어간다.(1990: 59)

이것이 민족지로 번역되는 자기민족지, 즉 유럽인이 '동양적인 것들'로부터 쌓아올린 이미지와 정확히 부합되는 '식민지적 자아'다. 이는 에드워드 사이드Edward Said가 이미 1980년에 기술한 바 있는데, 센굽타는 이에 대해 다음과 같이 말한다.

> 그는 머나먼 세계의 평화와 고요에 대해 이야기할 뿐만 아니라 동시대 서구 사회의 물질주의로부터 탈출시켜주는 목소리라는, 식민지 지배자에게 익숙한 진부한 역할에 완벽하게 들어맞는다.(1990: 58)

이러한 세계관과 식민지주의에서 유추할 수 있듯이 '식민지 시대의 번역'은 지배자/피지배자, 서반구(서양)/동반구(동양), 고유의 것/타자의 것과 같이 극명한 이분법이 특징이다. 타고르는 그 구분을 넘어서려 했고 자신의 시를 번역해 더 폭넓은 독자층, 즉 영어권 독자들에게 다가선(거의 100년이 지나 우리에게 익숙해진 동기) 이후 서구에서 즉시 인기를 얻게 되었다. 나아가 '성자'라고 불리고 신비스러운 존재로 치켜세워지기까지 했다. 노벨위원회의 행성적 의식으로 볼 때 타고르는 그토록 '머나먼 지역'의 인사라는 점 때문에 환영을 받았지만, 그가 노벨상을 받은 것은 역설적이게도 그의 시가 기독교 선교사를 영적으로 지원한다고 생각되었기 때문이다. 노벨위원회는 다음과 같은 찬사를 보냈다.

> 특히 기독교의 가르침은 여러 지역에서 고유 언어의 재생과 부활, 즉 인위적인 전통의 속박으로부터의 해방과 그에 따라 생명력 있고 자연스러운 시를 북돋우고 지탱할 수 있는 능력을 계발하기 위해 최초로 분명한 힘을 불어넣어 주었다. (Frenz, 1969: 129 인용. Sengupta, 1990: 61)

유럽의 미학 이데올로기가 제1차 세계대전과 함께 변화하고 타고르가 서구의 굴레를 벗고 오늘날 인도인들에게 알려진 대로 벵골 문학의 개혁가로 변모하자, 그는 유럽인들에게 버림받고 곧 잊혀졌다. 번역학자들에게 그는 '제국주의의 눈'이 어떻게 스스로의 현실을 날조하는지 보여주는 명백한 증거로 남아 있다.

번역사史에는 이와 유사한 현상을 보여주는 다른 예시들, 즉 프랫이 말하는 민족지 텍스트가 많은데, 가장 잘 알려진 것 중 하나가 에드워드 피츠제럴드Edward Fitzgerald(1809-1863)의 『오마르 하이얌의 루바이야트*The Rubaiyat of Omar Khayyam*』(1859)일 것이다(Bassnett, 2000 참조). 또한 프랫이 가장 대담한 여행가라고 칭했던 리처드 버튼(1821-1890) — 그는 버튼의 '답사하는 모든 것은 내가 지배한다monarch-of-all-I-survey' 식의 관점을 강조한다 — 의 작품도 들 수 있는데, 버튼은 『아라비안 나이트*Arabian Nights*』(1885-1890), 『카마 수트람*Kama Sutram*』(1883), 그 외 동양의 여러 성애 문학을 번역했다(Carbonell, 1996: 80-81 참조).

1990년대에 식민지주의와 언어 그리고 번역의 관계는 대중적인 연구 주제가 되었다. 이 분야에서 뚜렷한 족적을 남긴 것은 또 다른 인도 태생의 학자인 테자스비니 니란자나Tejaswini Niranjana의 저서다. 『번역의 자리매김: 역사, 포스트구조주의, 그리고 식민지의 배경*Siting Translation: History, Post-structuralism, and the Colonial Context*』(1992)에서 그는 언어와 번역이 어떻게 권력과 편견, 지배의 불평등한 관계를 강화하고 영속화하는

데 이용되는지 보여준다. 이는 인도어 텍스트가 영국인 식민지 지배자의 편의를 위해 영어로 번역될 때 더욱 분명하다. 이에 대한 뚜렷한 본보기로 동양학자이자 법학자인 윌리엄 존스 경Sir William Jones(1746-1794)의 저서를 들 수 있다(1992: 12). 1983년 인도에 도착한 그는 번역을 이용해 '동양을 길들임으로써 유럽학의 한 영역으로 만들고자' 했다. 존스의 작품은 현재까지 수세대의 학자들에 걸쳐 항구적인 영향력을 지니고 있고, 니란자나의 주장에 따르면, 인도가 고분고분하고 나태한 '힌두교도'의 나라라는 허구적 이미지를 구축하는 데 일조했다. 후대의 저술가들은 이를 대규모로 모방했다. 니란자나는 존스의 저술 바탕에 자리 잡은 기본 요소들을 다음과 같이 진단한다. 첫째, 토착민들은 고유의 법과 문화를 제대로 통역할 수 없다고 생각한 데서 오는 유럽인 번역가에 의한 번역의 당위성 둘째, 식민지의 대군주로서 인도 국민에게 그들 '자신의' 법(즉 식민지 지배자가 번역한 후에 식민지 지배자가 보는 관점에서)을 만들어주려는 입법자로서의 욕구 그리고 셋째, 인도 문화를 '순화'하고 그것을 대신 말하려는 욕구다. 특히 세 번째 요소는 타고르 시인의 경우에서 확인된다.

식민지주의 말기 이후 분류상 오도의 여지가 있는 '연방 문학' 형태로 '다시 쓰기'가 시작되었을 때(Schäfer, 1981: 7 참조), '하이브리드 텍스트' 현상이 나타났다. 이 현상은 한때 지배적이었던 문화와 언어를 '먹어치우는' 인류학의 개념과 정확히 일치한다(2.4에서 기술). 주목할 만한 사람으로는 나이지리아 출신의 작가 치누아 아체베Chinua Achebe를 들 수 있다. 그는 후기식민주의 영문학에서 아프리카 작가가 사용하기 적당한 언어를 표현 수단으로 설명한다(4.2.3 참조).

> 그가 모국어 사용자처럼 그 언어를 쓸 수 있도록 익히는 게 가능할까? 아마 그렇지 않을 것이다. 그가 그렇게 할 필요도 없으며 그렇게 하는 것

> 이 바람직하지도 않다. 어떤 세계적 언어가 치러야 할 대가란 수많은 다양한 쓰임새에 순순히 굴복하는 것이다…… 아프리카 사람의 목표는 보편적이면서도 자신의 독특한 경험을 전달할 수 있는 영어를 만들어내는 일이다. 그것은 영어의 전통적 본고장과 완전한 교감을 유지하면서도 새로운 환경에 맞게 변화된 새로운 영어여야 할 것이다.(Villareal, 1994: 62 인용)

이와 비슷한 상황이 과거 프랑스의 지배를 받았던 나라들, 특히 북아프리카 머그레브 지역에서도 나타난다. 1992년에 발표된 사미아 메레즈Samia Mehrez의 논문「번역과 식민지 경험Translation and the colonial experience」은 이 분야에 더욱 기여한 저작물이다. 북아프리카 프랑스어권 텍스트에 천착한 이 논문에서 그는 새로 나타난 '하이브리드 텍스트' 현상을 자세하게 다루고 있다.

> 제1세계의 주요 도시에서 늘어나고 있는 소수 민족들뿐만 아니라, 과거 식민지였던 나라에서 후기식민주의 영어권 및 프랑스어권 문학이 세계 문학의 장에 등장하고 성장을 지속함에 따라, 서구의 '인문주의'와 '보편주의'의 오랜 전통 속에서 논의되고 다듬어져 왔던 번역 이론에서 수용된 여러 개념을 수정하고 재정의해야 할 필요가 생겼다. 내재하는 문화언어학적 층위culturo-linguistic layering which exists within them 때문에 흔히 '하이브리드hybrid' 혹은 '혼혈아métissés'라고 불리는 이러한 후기식민주의 텍스트는 쉽게 다른 언어로 번역할 수 있는 '외국' 텍스트라는 개념을 거부하고 새로운 언어를 만들어내는 데 성공했다. 이 문학으로는 기존의 언어학적 등가성의 개념이나 번역 이론에서 오랫동안 고려의 대상이었던 손실과 획득 개념을 사용할 수 없다. 후기식민주의의 이중 언어 사용자가 쓴 이러한 텍스트는 '중간 언어language in between'를 만들어내

> 고, 그리하여 '중간 공간space in between'을 차지하게 되기 때문이다. 대부분 '중간 공간'의 문제는 이중적이다. 이러한 텍스트는 두 명의 압제자로부터 한 번에 벗어나려고 한다. 하나는 그런 텍스트가 있음을 순진하게 떠벌림으로써 궁극적으로 텍스트를 원상으로 회복시켜주는 서구의 전 식민지 지배자이고, 다른 하나는 근시안적으로 텍스트의 중요성을 무시함으로써 결과적으로 그것을 소외시켜버리는 '전통적', '민족적' 문화다. (Mehrez, 1992: 121, 강조 부연)

여기서 주요 어구는 '중간 공간'으로서, 호미 바바Homi Bhabha의 표현으로는 '제3의 공간'(1994: 36)으로 알려져 있다. 이는 잡종성을 이루는 문화적·언어학적 현상의 저장고로 해석할 수 있다. 이 문학적 접촉 지대는 번역학에 있어서 비옥한 영토로, 1990년대에 다양한 분석 작업과 사례 연구가 등장한다. 그 가운데 일부를 예로 들면 '필리핀인의 눈'으로 본 번역을 다룬 비야레알Villareal(1994), 스페인인의 관점에서 본 파노라마적 시각을 연구한 카보넬Carbonell(1997), 그리고 아랍계에서 스페인계 미국인에 이르기까지 '통문화적 텍스트'에 관한 다양한 작가들의 글을 모아 논문 선집을 편찬한 딩와니Dingwaney와 마이어Maier(1995) 등이 있다.

이들 연구에서는 식민지 시절과 그 이후의 번역 뒤에 숨어 있던 비대칭적 권력 관계가 사라지고 없다. 1999년, 이러한 상황을 살펴보기 위해 수잔 바스넷과 해리쉬 트리베디Harish Trivedi가 『후기식민주의 번역: 이론과 실제*Post-colonial Translation: Theory and practice*』라는 제목의 논문집을 발간했다. 두 사람은 서문에서 당시의 상황에 대해 다음과 같이 언급한다.

> 바로 지금 후기식민지주의 이론가들의 눈이 번역으로 쏠리면서 그 용어 자체를 다시 이용하고 재평가하는 작업을 하고 있다. 식민지화와 번

> 역의 밀접한 관계가 면밀한 조사 대상이 되었다. 우리는 이제 수세기 동안 번역이 얼마나 일방통행식 과정이었는지 이해하게 되었다. 그동안 텍스트는 상호 교환 과정의 일환이기보다 유럽 소비자를 위해 유럽 언어로 번역될 뿐이었다. 문학적 생산물은 유럽의 규범에 의해 통제되어왔고 그 규범에 따라 수용 문화에 반하지 않는 일정한 텍스트만 번역되었던 것이다. 아누라다 딩와니와 캐롤 마이어의 지적처럼 번역이 일종의 폭력일 때도 있다.(1999a: 5)

바스넷과 트리베디는 위에서 기술한 것처럼 순전히 '중간 공간'과 잡종성이라는 뜻에서 '중간성이라는 새 정치학, 역공간域空間의 잠재적 창조성의 재평가'(1999a: 6)를 주장한다. 선집에 실린 논문들의 초점은 주로 인도에 맞춰져 있는데, 타고르의 사례에 맞추어 균형을 잡는다. G. J. V 프라사드Prasad의 기고문 「번역문 쓰기: 인도의 영문 소설이라는 낯선 사례Writing translation: The strange case of the Indian novel」가 그러한 경우다. 그는 '새로운 영어'에 대해 치누아 아체베와 견해를 같이 하면서 다음과 같은 살만 루시디의 주장을 인용한다. "우리는 모두 영국인이 영어를 구사하는 방식으로 영어를 구사할 수 없으며, 자신의 용도에 맞게 영어를 다시 짜야 한다는 견해를 공유하고 있다"(Rushdie, 1991: 17 인용; Prasad, 1999: 41). 영국계 인도인을 '번역된 사람들'이라 지칭한 것으로 유명한 루시디는 '잡종' 언어와 번역을 긍정적으로 생각했는데, 사람들이 흔히 생각하듯이 번역을 통해 잃는 것보다는 오히려 얻을 게 많다고 여겼기 때문이었다. 프라사드도 당당하게 주장한다. "이러한 이득은 번역 행위—전반적인 지탱 행위일 뿐 아니라 풍요로운 산출의 행위—의 결과인, 가루받이를 해서 더욱 풍부해진 언어(그리고 문화) 속에 거울처럼 반영되어 있다"(1999: 41). 그러고서 이 논문에서는 생각의 구조와 말의 패턴을 비슷하게 하던가, 인도어의 지역적 구어 리듬, 숙어, 문화적 특성을 영어로 번역하는 방식을 통해 그러한 언어를 창출하는 전략에 대해 서술한다. 이런 텍스트의 예시를 보여주기 위해 프라사드는 루시디의 『한밤중의 아이들*Midnight's Children*』에서 한 구절을 선택했는데, 여기에 첫 단락을 인용한다.

> 파드마의 이야기(그녀의 말을 그대로 기록한 것을 다시 읽어주자 그녀는 눈알을 굴리고 소리높여 울부짖고, 가슴을 치며 틀림없다고 확인한다): "그건 저의 어리석은 자존심이고 허영심이었어요, 살림 바바Saleem baba. 그것 때문에 제가 당신으로부터 도망쳤던 거예요. 여기 일도 좋고, 당신도 돌보미가 필요한데도 말이죠! 그렇지만 얼마 지나지 않아 저는 돌아오고 싶어서 죽을 지경이었어요." (Prasad 인용, 1999: 52)

유럽의 독자에게는 복잡한 형용사구("눈알을 굴리고 소리높여 울부짖고 가슴을 치며eye-rolling, high-wailing, mammary-thumping")에서 정중한 어법과 친숙한 어법의 혼재("돌아오고 싶어서 죽을 지경" 외에 "확인", "어리석은 자존심")와 신조어("돌보미looker-after") 등이 모두 전형적인 루시디 언어로 보일 것이다. 인도 언어에 정통한 학자라면 다양한 신호나 빗나간 언어를 인도적 배경의 맥락에서 파악할 수 있다. "살림 바바"(바바는 하인이 사회적 신분이 높은 어린 소년을 부를 때 쓰는 애칭)라는 호칭부터 "그것 때문에 제가 당신으로부터 도망쳤던 거예요"라는 구절까지, 힌두스타니어와 우르두어에서 문자 그대로 번역된 구조임을 알 수 있다. 그래서 저자는 "번역가의 전략과 수단을 이용해 특정한 영어를 만들어냄으로써 인물을 지역, 계급, 성별을 고려해" 배치한다(Prasad, 1999: 53). 후기식민주의 인도의 하이브리드 텍스트를 특징짓는 것은 바로 이런 장치들로서, 메레즈가 말하는 '문화-언어학적 겹침'이다(Snell-Hornby, 2003도 참조).

세계적인 베스트셀러이자 부커상 수상작(1981)이기도 한 『한밤중의 아이들』은 자연스럽게 여러 유럽 국가의 언어로 번역되었다. 물론 독일 시장에서의 상업적 성공을 위해 독일어로도 번역되었다. 그러나 잡종 영어로 된 후기식민주의 텍스트를 또 다른 유럽의 목표 문화용 텍스트로 번역하는 데는 근본적인 문제가 자리 잡고 있다. 독일어의 경우 한 가지 난제는, 다른 유럽 국가들과 달리 여러 함축적 의미와 언어 용법, 문화적 배경을 남기는 식민지적 과거가 없다는 데 있다. 상상의 독자는 교양 있고 지식을 갖춘 사람일 수도 있겠지만, 소설 속에 나오는 인물에 대해 잘 알고 있으리라고 미리 가정할 수는 없는 노릇이다(3.3 참조). 무엇보다 원본 언어가 갖는 복층적 성격이 뛰어넘을 수 없는 장애가 되는 경우도 있다.

프라사드는 영어판을 논의할 때 '타자성의 층위성'을 언급하며, 대화 부분은 '문맹 여성이 하는 말을 전사한 것'으로 진단하지만(1999: 52), 그가 언급한 특징 중 어느 하나도 독일어 텍스트에서는 알아볼 수가 없다. 파드마의 말은 문법적으로 옳은 정중한 독일어다. 우르두에서 번역되었다는 흔적도 없고 '돌보미'라는 신조어도 찾아볼 수 없다. 그리고 프라사드가 (소설 말미에 수록된 용어 사전에 나온 부족한 설명에도 불구하고) 밝혀낸 호칭 형태의 신호도 일반 독일 독자들로서는 알아차릴 수 없을 것이 분명하다. 바꾸어 말하면, 그 언어는 언어학적으로 올바르고 문체적으로도 통일된 독일어식 서술로 중화된 것이다(3.3.1 참조).

한 지역 언어로 쓰여진 후기식민주의 문학이 나중에(타고르의 경우에서처럼) 더 넓은 시장에 접근하기 위해 영어로 번역되는 경우(메리 루이즈 프랫이 의미하는 자기민족지)에는 완전히 다른 성격의 문제가 불거진다. 흔히 단편소설인 이러한 텍스트들은 대개 해당 국가의 후원을 받아 출판된다. 이와 같이 출판된 시리즈의 하나가 한 인도 기업체의 후원을 받아 맥밀런 인디아에서 나온 〈근대 인도 소설 번역판*Modern Indian Novels in Translation*〉이다.

프로젝트의 편집자인 미니 크리슈난Mini Krishnan은 서문에서 이러한 번역의 개념과 전략, 방법에 대해 다음과 같이 설명한다.

> 우리의 논쟁거리와 변화하는 이론이 무엇이든 간에 모든 인도인은 비록 오래 전에 형성되긴 했지만 한 번도 중단된 적이 없는 복잡하면서도 안정된 가치관, 신념, 관습 체계가 자신들에게 있다는 것을 인지한다. 그 체계는 여전히 표층의 차이 아래 견고하게 자리 잡고 있으면서 차이들을 이해할 수 있도록 해준다. 우리가 기획한 번역 작품들은 이러한 인도의 전통을 탐험하는 일이자, 인생을 참을 만하고 의미 있는 것으로 만들어줄 존재의 질서를 세우려는 인류의 지극히 오랜 노력의 하나다.
>
> 우리는 인도의 독립(1947) 이후 인도인이 창작한 모든 픽션 가운데 일부를 선정해 편집하는 방법을 택했다. 이 소설들이 지난 천 년간, 그리고 사고방식의 영향이 있은 후에도 인도인의 삶을 특정지어온 관습, 확고한 전제와 끈질긴 의혹 대부분을 보여줄 것으로 희망한다. (Sethumadhavan, 1995: v에서 Krishnan)

이 마지막 문장에서 크리슈난은 그 시리즈를 후기식민주의 문학으로 규정하지만 영어판은 하이브리드 텍스트가 아니라 분명히 고전적 의미의 번역 작품으로 간주된다. "일부 각주가 지나쳐 보일 수도 있지만 비인도권 독자를 염두에 두고 쓰여졌다"(1995: v)는 그의 마지막 말로 볼 때, 크리슈난은 상상의 독자를 인도의 일상생활과 문화에 어두운 사람으로 생각하고 있음도 드러난다. 이 시리즈의 전형적인 본보기는 케랄라 지방 출신의 유명 작가인 세투Sethu(A. Sethumadhavan의 필명, 1942년생)가 말라얄람어로 쓰고 프레마 자야쿠마르Prema Jayakumar가 번역(1995)한 『판다파푸람

Pandavapuram』이다. 케랄라의 시골을 배경으로 하며 환상과 서술이 은근한 사회 비판과 약간의 지역 문화에 대한 묘사와 함께 뒤섞여 있는 작품이다. 영어 텍스트에서는 여러 가지 번역 전략이 드러나는데, 후기식민주의 번역에서 전형적으로 나타나는 주석만큼은 아니지만, 위에서 언급한 것처럼 포뚜pottu(신부의 양미간 사이에 찍는 빨간 점)와 뿌자리pujari(제식을 주관하는 사제)와 같은 문화와 매우 밀접한 단어들에 관해서는 각주를 빈번하게 사용하는 것도 번역 전략의 하나다(Snell-Hornby, 1997c: 50 참조).[7] 다른 전략은 대화 중에 다양한 말라얄람어 호칭을 쓰는 것이다.

> "샤말에다티는 욕심이 많아요. 보는 건 뭐든지 갖고 싶어 해요." 라구가 말했다. "아마가 그것 때문에 늘 그녀를 꾸짖어요."
>
> "왜 '에다티'라고 불러? 네 고모잖아, 안 그래?"
>
> "제가 '고모'라고 부르는 걸 좋아하지 않아요. '에다티'라고 부르는 게 더 좋다고 해서요."
>
> 그는 안에서 들려오는 목소리들을 들을 수 있었다. 데비가 샤말라를 나무라고 있었을 것이다(43 페이지).

앞에 나온 각주에서 독자는 에다티edathi가 '손위 여자 형제'를 의미한다는 것을 알게 된다. 그것을 여기서처럼 이름(샤말라)에 접미사로 붙일 수도 있다. 여러 가지 이름으로 불리는 수많은 친척에 관한 호칭도 보통 텍스트에 번역하지 않은 채로 두고 미리 각주 설명을 달아놓는다. 그 결과

---

7 인용된 논문에서 다루는 전형적인 예시는 (K.M. George가) 말라얄람 이야기들을 영어로 번역한 작품에서 가져온 것이기도 하다. 그래서 문화적 특색이 있는 주요 단어들을 번역하지 않은 채 텍스트에 남겨두고, 넓은 의미의 일반적 어휘, 예를 들면 "그는 집(타라바드 taravad라고 불림)의 가장, 카라나바르karanavar였다"와 같이 뜻풀이를 해놓았다.

남부 인도의 배경을 묘사할 때, 기본적으로 표준 영국 영어의 규범을 따르지만 때로는 텍스트 내의 통일성이 흐트러지고 번역되지 않은 호칭과 끊임없이 바뀌는 이름이 여기저기 박혀 있는 텍스트가 탄생한다(3.3.1 참조).

이렇게 각주와 주석을 단 '고전' 번역 작품은 후기식민주의 문학의 하이브리드 텍스트와 뚜렷한 대비를 이룬다. 일찍이 프리드리히 슐라이어마허가 자기 시대의 역사적 배경에 비추어 혼혈(1.1)이라고 경멸해마지않던 것이 하나의 장르로 변모한 셈이다. 대영 제국이 쇠퇴한 후 이 '새로 만들어진 영어'는 전 세계적으로 과거 식민지였거나 자치령이었던 지역에서 발전했고, 우수한 문학 작품을 산출해냄으로써 이루 말할 수 없을 만큼 영어를 풍부하게 했다. 이러한 현상은 세계화의 영향으로 세계 공용어 형태인 국제영어의 영향력이 축소된 것과는 큰 대비를 이루었다(4.2.3). 그리고 여기서 볼 수 있듯이 새로운 문학과 함께 번역에 대한 새로운 과제와 번역학에 대한 새로운 관점이 등장하게 된다.

하지만 문학적 잡종성이 정복자와 정복당한 자를 명료하게 이분하는 고전적인 식민지 시나리오에 국한된 것은 아니고 어느 다문화 사회에서나, 실제로 유럽 문학에서도 나타나는 현상이라는 점은 짚고 넘어가야 한다. 20세기 초반, 미카엘라 볼프Michaela Wolf(2000)는 호미 바바의 '복시double vision' 개념(1994: 50)을 가지고 이탈리아의 국제 도시 트리에스테의 상황을 탐구했다. 당시 그곳은 오스트리아-헝가리 제국의 활기 넘치는 항구로서, 이탈리아, 독일, 슬로베니아 문화가 (위계질서는 있었지만) 사이좋게 꽃피우고 있었다. 이 '세 개의 세계'가 당시 문학에서는 공생적으로 통합되었다. 뛰어난 본보기가 스키피오 슬라타퍼Scipio Slataper(1888-1915)의 작품이다. 볼프는 그의 자전적 소설 『나의 카르스트*Il Mio Carso*』를 작가의 언어적·문화적 정체성 속에 세 가지 문화적 요소가 모두 들어 있음을 반영하는 하이브리드 텍스트로 간주해 자세히 살펴본다(4.2 참조). 두 독일어 번역본을 비교한 볼프의 연구를 통해 우리는 두 문화의 거리가 가까워 보이는 데에도 불구하고 멀리 떨어진 인도 아대륙의 원형적인 후기식민주의 텍스트와 비슷한 특징을 가지고 있고 비슷한 문제 또한 발생하는 것을 확인할 수 있었다.

3.2.2 젠더 중심의 번역학

후기식민주의 연구처럼 여성주의 번역학의 모태인 여성학의 주제는 가부장적 권력 때문에 생긴 비대칭적 권력 관계에 대한 반응으로 발전했다. 우리는 다시 또 다른 '제국주의의 눈' 아래 놓이게 되는데, 이번에는 곳곳에 침투하는 행성적 의식을 지닌 능동적이고 창조적이며 구조적인 주체가 다름 아닌 남성이다.

일찍이 제국과 여성주의의 공통 영역에 자리 잡고 프랫의 여성 여행가 가운데 한 사람이기도 했던 인물이 프랑스 작가이자 선구적 사회주의자였던 플로라 트리스탕Flora Tristan(1803-1844)이다. 그가 1833년에서 1834년까지 페루에 마치 모험과 같은 여행을 다녀온 후 기록한 『파리아 사구 여행*Pérégrinations d'une Paria*』(1838)의 영어판 『파리아 여행*Peregrinations of a Pariah*』[8]을 프랫이 인용하는데, 당시에는 굉장히 놀라운 문헌이었다. 트리스탕은 카프베르 지역 '니그로들'에 대한 불쾌감을 굳이 숨기지 않는 유럽의 식민지주의자처럼 행성적 의식을 소유하는 한편, 노예무역의 강력한 반대자이면서 또 그만큼 열렬한 여성 인권 투사이기도 하다. 후기식민주의 관점에서 보면 그의 책은 민족지적이지만 초기 여성주의 정책 가운데 한 가지 주장처럼 자기민족지적 성격을 띤다. 그의 '접촉 지대'도 복잡하

8 여기서 사용한 것은 독일어판 『*Meine Reise nach Peru: Fahrten einer Paria*』(Tristan, 1983)이다.

기는 비슷하다. 한편으로는 동족 유럽인들(배의 선장과 선원들 등)이나 상류층인 친척들과 주로 교류하면서, 다른 한편으로는 '현지'의 사회 성원, 특히 리마의 여성들에 대해 흥미로운 설명과 함께 철저한 여성주의적 통찰을 보여준다. 남성 유럽 여행자들은 이들을 '지저분하고 더러운', '시가를 피우는', 그리고 '코르셋도 안 입는' 사람들(Charles Brand 인용. Pratt, 1992: 151)로 무시해버렸지만 트리스탕은 그들의 독립성에 매료되었다.

> "지구상의 어느 곳도 리마만큼 여성들이 그토록 자유롭고 그만한 힘을 갖고 있는 곳이 없다"라고 그녀는 감탄한다. (……) 리메냐의 소녀들은 남자들보다 키가 크고, 일찍 성숙하며, 아기도 쉽게 갖고, 아름답지 않으면서도 "저항할 수 없을 만큼 매력적이고 총명함과 정신력이 남자들보다 월등하다. 마음대로 오고 가고, 결혼한 후에도 자신의 이름을 지키며, 남자의 보석도 걸치고, 도박하고, 담배를 피우고, 바지를 입은 채 말을 타고, 수영하고, 기타도 친다. 그렇지만 교육은 받지 못했고 매우 무지하다". (Pratt, 1992: 167)

1990년대 초반과 같은 분위기에서는 이렇게 놀라운 주제가 집중 연구 대상으로 보였을지도 모르지만, 당시에는 후기식민주의 연구의 열기가 뜨거웠다. 따라서 이 주제는 번역 연구로 '도입'되었고, 여성주의적 시각에 대한 관심은 주로 직접적인 (여성주의) 관련자들로 한정되어 있었으며 유럽 번역학에서 수년간 다소 소외된 연구 분야로 남아 있었다. 『텍스트컨텍스트*TextConText*』, 『타겟*Target*』, 『번역가*The Translator*』와 같은 간행물에도 이 분야의 여성주의적 측면을 다룬 글이 없는 점이 뚜렷하게 눈에 띄며, 『라우트리지 번역학 백과사전*Routledge Encyclopedia of Translation Studies*』에도 관련 항목이 빠져 있다. 『번역 입문*Handbuch Translation*』에 게재된 '여성주의적 측면'에 관한 원고는 글의 내용과 저자의 소속을 통해 여성주의 번역학이 시작되고 번성한 곳이 캐나다임을 드러낸다. 여기서도 그 기원은 과거 식민지 시대로 거슬러 올라간다.

1988년 워릭 회의에 바바라 고다드가 기고한 논문인 「여성주의 담화/번역 이론화Theorizing Feminist Discourse/Translation」에서도 이 같은 사실이 명백히 드러난다. 여기에서는 식민지화된 퀘벡의 처지와 여성의 언어학적 소외 사이의 유사점을 다룬다(Godard, 1990: 87).[9] 그녀 역시 당시 보편적이었던 (등가성과 같은) 주장을 거부하면서, 문화적 현실이 새로운 정황으로 이동함으로써 페르메어의 기능적 접근과 아로요의 해체주의적 접근 모두와 조화를 이루는 여성주의 담화 개념을 설명한다. 캐나다 학자들의 연구를 언급하면서 그는 새로운 시도를 아래와 같이 이야기한다.

> 이 여성주의 담화 이론에서 번역은 생식이 아닌 생산, 즉 '음악의 영역에서' 그리고 '재미있는 반복의 효과'를 통해 (……) 담화에 의한 여성 착취의 공간을 보여주는 미메시스mimesis다. 굉장한 진실과 의미를 생산한다는 허세는 접어둔다. 이 이론은 여성주의적 담화를 의문스러운 정체성, 의존 그리고 등가성이라는 개념에 대한 거듭된 연구로 보고, 담화의 텍스트 간transtextual 혹은 텍스트를 넘어선hypertextual 관계에 초점을 맞춘다. 번역은 모방이다. 즉 거울 속을 들락거릴 때, 역방향으로 되돌릴 수 없는 것은 그 어떤 것도 포용하지 않는 지나친 분열의 논리를 다시 두 배로 늘리는 반복이다. 이러한 되돌림이 추가되는 상황에서 일차적 의미는 있을 수 없다. 여기에서 여성주의적 담화는 행위로서의 변화를 번역 모

9 플로토Flotow(2001: 51-52)는 1970년대 후반의 성경 번역을 비롯해 영미 지역에서의 다른 기원들을 언급한다.

델로 제시한다. 텍스트의 변화는 위상심리학의 원리로 표현된다. 그러나 이것은 투명성의 시학에 근거한 등가성이라는, 오랫동안 지배적이었던 번역 이론과 배치된다. (1990: 91)

이 개념에서 여성주의 번역가는 조작자로서 언어의 유희 능력을 발휘하고, 고다드 글의 설명대로라면 '텍스트에 여성의 손길을 가하는' 데서 기쁨을 느끼는(앙드레 르페브르가 말한 개작으로서의 번역과 일치함) 다시 쓰는 사람이다(1990: 94). 당시 여성주의 담화 영역에 관한 연구는 캐나다에서 활발했고 이와 관련된 언어유희도 확산되었는데, 가장 유명한 것이 수잔느 드 롯비니에르 하우드Susanne de Lotbinière-Harwood의 '반항과 부정Re-Belle et Infidèle'이다. 그는 번역을 여성을 위한 정치적 도구라고 여긴다.

> 내 번역은 여성을 대변하는 언어를 만들려는 정치적 활동이다. 그러므로 나는 번역에 여성주의적 전략을 모조리 이용해 언어에서 여성성을 부각시키려 했다. 여성성을 언어에서 부각시킨다는 것은 현실 세계에서 여성을 볼 수 있고 그들의 목소리를 들을 수 있게 하는 것을 의미한다. 그것이 곧 여성주의다. (Lotbinière-Harwood, 1991 인용. Flotow, 1998: 131)

번역 작품과 번역가를 가리켜 사용된 가부장적 은유(부정한 미녀belles infidèles나 '생식'과 같은 생물학 용어 등)는 토론의 기본 주제가 되거나(Chamberlain, 1992 참조) 유럽 국제 잡지에 주요한 논의 대상으로 떠오르기도 했다(Resch, 1998).

유럽에서 여성주의 번역에 대한 학구적 관심을 불러일으킨 것은 1970년대 말과 1980년대 초반 사회학과 언어학에서 일어났던 움직임이었다. 1984년에는 홀츠-맨태리, 라이스와 페르메어의 저작 외에도 언어학자 루이제 푸쉬Luise Pusch의 『남성 언어로서의 독일어: 여성주의 언어학에 대한 논문과 주석*German as a man's language: Essays and glosses on feminist linguistics*』과 젠타 트룀멜-프뢰츠Senta Trömel-Plötz의 『언어를 통한 폭력: 대화 중의 여성 강간*Violence through languge: The rape of women in conversations*』 등 혁명적인 저서도 출판되었다. 후자의 제목은 1978년 두 사회학자 셰릴 버나드Cheryl Benard와 에디트 슐라퍼Edit Schlaffer의 공저 『결혼에서 일상적인 폭력: 권력과 사랑의 사회학에 관한 텍스트*The quite ordinary violence in marriage: Texts on a sociology of power and love*』를 떠올리게 한다. 트룀멜-프뢰츠와 푸쉬가 말한 차별적 언어라는 주제가 갑자기 언어 연구의 열띤 토론 주제가 되는 한편, 그에 대한 반박도 이루어졌다(Grbić & Wolf, 1998 참조).[10]

그러나 번역학 분야에서 1997년 플로토우Flotow와 1996년 사이먼Simon의 저작들이 나온 캐나다 학계와 달리 여성주의 문제에 관한 연구 주제를 다루려는 시도가 유럽에서 이루어진 것은 1990년대였다. 빈 대학교에서는 번역에서 성gender의 각각 다른 측면을 다룬 박사학위 논문 세 편이 발표되었다. 플레처Plecher(1998)의 민족지적 통찰을 바탕으로 한 학제 간 연구에서는 자메이카 소설 번역판을 연구해 그 속에서 후기식민주의와 여성주의적 양상이 결합됨으로써 독일어판에서 여성에 관한 묘사가 어떻게 가부장적 거울에 의해 왜곡되는지 보여준다. 보이렌Beuren(2005)은 작가 카슨 매컬러스Carson McCullers와 그녀의 작품을 독일어로 번역한 엘리자베

10 제임스 홈즈James Holmes가 같은 해인 1984년 그의 빈 논문에서 아주 멋지게, 미묘한 재치까지 발휘해 이 문제를 다루었다는 사실은 놀랍다. "그리고 문학번역가는 그만큼 보상받아야 한다. 그들은 하루에 몇 시간씩 일한다……" (1988: 103). 같은 논문에서 그는 다음과 같이 말하기도 했다. "20년 전만 해도 번역이나 번역 작품을 연구 대상으로 확신했던 대학의 연구자(흔히 남성이었고 여성은 매우 드물었음)를 무해하지만 이상한 고집불통이라고 여겼다"(1988: 105).

스 슈나크Elisabeth Schnack의 작품과 삶을 탐색함으로써, 동일한 이야기들 속에 나오는 허구의 여성 인물들을 구성하는 각각의 방식이 미국인 작가와 독일인 번역가 사이에 어떻게 다른지 보여준다. 기벨스Gibbels(2004)는 메리 울스톤크래프트Mary Wollstonecraft의 선언 '여성 인권의 옹호A Vindication of the Rights of Woman'(1792)의 네 가지 독일어 번역판—게오르그 F. C. 바이센보른Georg F. C. Weissenborn(1794), 베르타 파펜하임Bertha Pappenheim (1898), 에디트 쇼테Edith Schotte(1989), 이름가르트 횔셔Irmgard Hölscher (1999)의 번역본—을 각 번역가의 이채로운 생애와 관련지어서 비교하는 작업을 하며 텍스트에서 근본적인 차이가 나타나는 이유를 탐색한다.

2000년 6월 그라츠 대학교가 주최한 여성주의 번역학을 주제로 한 국제회의에서 관심의 초점은 번역학 중에서도 역사상 여성 번역가의 역할(지금까지 우리의 논의에 간신히 포함됨)이라는 분야에 맞춰졌다. 메스너Messner와 볼프(2001)의 책에 소개된 기고문 가운데 가장 흥미로운 글 두 가지(Walter, 2001; El-Akramy, 2001)는 요한 크리스토프 고트쉐드의 아내이자 문학이론가이며 르페브르의 전통적인 독일어 번역 이론의 선구자(1장 참조)인 번역가 루이제 고트쉐드Louise Gottsched(1713-1762)와, 아우구스트 빌헬름 슐레겔의 아내이자 셰익스피어 작품의 번역가이며 르페브르의 독일어 전통에 정통한(1.1 참조) 카롤리네 슐레겔-셸링Caroline Schlegel-Schelling(1763-1809)의 생애와 작품에 대해 기술하고 있다. 걸출한 남편들에 관해서는 방대한 책들이 쓰였지만, 그들의 아내에 대해서는 알려진 것이 거의 없고 안타깝게도 그들의 삶은 오늘날의 여성주의자가 보기에 낯익은 부분이 많다. 두 사람 모두 고등 교육을 받았고 총명했으며 상상력이 풍부하고 부지런했으나 결혼에 환멸을 느꼈다. 남편의 조수와 비서로 일하면서 그들도 남편만큼 열심히 글을 쓰고 번역을 했지만 돈과 명성은 당연히 남편에게 돌아갔다. 카롤리네 슐레겔은 남편의 이름으로 나온 셰익스피어 번역본 중 상당 부분을 맡기도 했다(1797년에 자신의 이름으로 로미오와 줄리엣 번역판을 냈다). 1828년에 A. W. 슐레겔은 그의 「비평적 글쓰기Critical Writings」 서문에서 "일부는 작가로서 빛날 만한 재능을 모두 갖추었지만, 그럴 야심은 없는 총명한 여성의 손으로……"라고 언급하지 않을 수 없었다. (El-Akramy, 201: 76)

3.3 독자의 위치

1990년대 '다학제 간' 특성 중 하나는 그것이 외부에서 '수입'되었을 뿐 아니라 내적으로도 다양한 새 지식의 분야를 통합하고 조정했다는 것이다. 그중 번역에서 불변의 요소는 독자로, 독자로서의 번역가와 번역 작품의 독자 모두를 포함한다. 지금까지 이 장에서 고찰한 바에 비추어볼 때, 이제는 번역학과의 관계에서 독자의 여러 가지 위치를 따져봐야 할 것이다.

수잔 바스넷은 초기 저서인 『번역학*Translation Studies*』(Bassnett-McGuire, 1980/2002^3)에서 문학 텍스트가 "하나의 복잡한 체계의 집합으로 구성되고, 그 체계는 경계 밖의 다른 체계들과 방언적 관계를 이루며 존재한다"(2002^3: 80)는 점을 번역가들이 흔히 놓치고 있다고 지적한다. 바스넷은 그들이 텍스트의 특정한 부분에 초점을 맞춤으로써 다른 부분을 간과한다고 지적하고 소련의 기호학자 유리 로트만Juri Lotman[11]이 규정한 독자의 네 가지 기본 위치를 아래와 같이 인용했다.

---

11 바스넷은 1970년 모스크바에서 출간된 로트만의 원작의 이탈리아어판 『시적 텍스트의 구조*La struttura del testo poetico*』(Milan: Musia, 1972)를 인용하고 있다.

1. 독자가 중요한 내용이라고 여겨 초점을 맞추는 경우, 즉 글의 논쟁이나 시적 구절풀이를 뽑는 경우
2. 독자가 어떤 작품 구조의 복잡성과 다른 관점들이 상호 작용하는 방식을 이해하는 경우
3. 독자가 특별한 목적을 위해 신중하게 작품의 한 관점을 추정하는 경우
4. 독자가 텍스트 탄생의 기본이 아닌 요소를 발견하고 텍스트를 자신의 용도로 사용하는 경우(2002[3]: 80, 강조 부연)

지금 현재의 용도로 세 번째와 네 번째 위치는 부적절하다. 네 번째는 '시간과 공간상 멀리 떨어진 문화적 제도'(2002[3]: 81)에 속하면서 제도의 탄생 이후 발전해온 특수한 요소를 포함하는(예: 햄릿의 '비만') 텍스트에 관한 것이고, 세 번째는 홀츠-맨태리가 비판하는, 번역 수업(그리고 검토)을 위해 선택된 전형적인 텍스트 조각들을 특징짓는 위치다.

더욱 주목해야 할 것은 앞의 두 가지 위치다. 그 위치들이 텍스트에 내재된 구조를 무시하고 내용에 초점을 맞추는 많은 번역가들, 특히 소설 번역가들의 문제점을 드러내기 때문이다. 바스넷은 헬렌 로우-포터Helen Lowe-Porter가 번역한 토마스 만Thomas Mann의 『마의 산*The Magic Mountain*』의 서두를 훌륭한 예로 든다.

> 한 수수한 젊은이가 한여름에 그리손스 주에 있는 다보스-플래트에 가서 3주간 묵으려고 고향인 함부르크를 떠나 여행 중이었다.

> 함부르크에서 다보스까지는 머나먼 — 그렇게 짧게 묵기에는 정말로 너무나 머나먼 — 여정이었다. 제각각의 모습을 한 시골을 지나기도 하고, 산을 탔다가 골짜기를 따라 내려가기도 했다. 남부 독일의 고원지대에서

콘스탄스 호수변으로 내려갈 때는 넘실대는 파도를 굽어보기도 하고 바닥이 없을 거라고 생각했던 늪지를 건너기도 했다. (2002³: 111)

호흡이 빠르고 묘사가 강렬해 매우 현실적으로 느껴지는 이 단락은 마치 지리에 관한 설명처럼 읽힌다. 그리고 원본 텍스트와 목표 텍스트 사이의 거리감은 독일어판 『마의 산*Der Zauberberg*』의 서두를 읽을 때 뚜렷해진다.

바스넷이 자세히 지적하고 있듯이, 독자에게는 이 소설을 관통하는 여러 가지 기호에 대한 실마리[12]와 함께 이질적 여정의 목적들(젊은이의 실제 여행, 한 나라를 아우르는 상징적 여행, 그리고 소설 속 독자의 탐색에 대한 은유로 이용되는 여행)이 주어진다. 이것은 몇 가지 꽤 명확한 장치들을 통해서 나타난다. 'Ufer'(둑)대신 'Gestade'(호수변)으로, 'Graubünden'(그라우뷘덴—스위스의 지명) 대신 'Graubündischen'(그라우뷘디쉔)으로, 그리고 'Bodensee'(보덴제 호수) 대신 'Schwäbisches Meer'(슈바벤 산맥에 접한 바다)가 그것들이다. 하지만 영문판은 압축된 신택스와 고의적인 생략으로 짧아졌다. 그리고 'unergründlich'(헤아릴 수 없는) 'Schlünde'[13](협곡, 계곡)이라는 아주 모호하면서 여러 가지를 떠올리게 하는 은유는 'Sümpfe', 즉 '바닥이 없는 늪지'로 잘못 이해되어 있는데, 이는 독자에게 잘못된 정보를 줄 뿐 아니라 그 산악 지방에는 존재하지 않는 것이기도 하다.[14]

---

12 이런 경우는 소설의 서두 단락에서 흔히 나타난다(그리고 번역 과정에서 종종 무시된다). Snell-Hornby(2001)에 나오는 루시디의 『무어의 마지막 한숨*The Moor's Last Sigh*』 참조. 첫머리를 두고 비슷한 논의가 있었다.

13 목구멍, 식도의 문학적 고어인 'Schlund'는 여기서 은유적으로 협곡, 계곡, 심연의 뜻으로 쓰였다.

14 이것은 유일한 예가 아니라 로우-포터가 번역한 토마스 만의 작품에서 전형적으로 나타나는 현상이다. Snell-Hornby(1997b: 78-82)에서 'Das Wunderkind유아신동' 논의도 참조.

한편 이 문제는 독일 스코포스 이론(2.2)과 해체주의의 '식인주의적 접근법'(2.4)의 텍스트와 독자, '신성한 원작'과 '다시 읽기'의 논의로 되돌아가게 한다. 페르메어는 텍스트가 진공 상태의 정지한 물체가 아니라 독자가 받아들이는 존재 '그대로'라고 본다. 아로요 역시 텍스트를 내용을 담는 '그릇'이 아니라 다양한 읽을거리를 지닌 '거듭 쓴 양피지'로 볼 수 있다고 주장한다. 데리다는 독자가 저자의 의미를 '보존'하는 것이 아니라 저자의 '죽음'과 독자의 '탄생'을 통해 새로움을 만들어낸다고 주장했다. 이 문제는 격렬한 논의의 대상이 되면서 다시 이분법과 양극성의 주제가 되었다. 필자는 중간 입장으로(Snell-Hornby, 1988에서처럼), 원천 문학 텍스트의 상태가, 예를 들어 디지털 손목시계 사용설명서와 같지는 않지만 그렇다고 해서 그 상태 때문에 문학 텍스트가 의미들을 담아 움직이지 않게 놓아둔 그릇이 되지는 않는다고 생각한다. 오히려 텍스트의 상태는 독자의 활동에 크게 의존한다(Snell-Hornby, 1988/1995²: 114-115). 이러한 생각을 책에 썼던 1980년대 중반 이후로 스코포스 이론을 고수하는 학자들에게서 반성의 과정이 나타났다.

한편으로는 3.1.1에 인용된 노드의 충실성 개념 덕분에 기능적 원리들을 문학 번역에까지 확장시킬 수 있었다. 그러한 충실성이 결여될 때 어떤 일이 일어날 수 있는지 보여주는 좋은 예가 표트르 쿠히프크작Piotr Kuhiwczak이 1988년 워릭 회의에 기고했던 글에서 제시되었다. 그는 유럽이 동서 두 세계로 나뉘어 있을 당시의 문화 전파 문제를 짚으면서, 밀란 쿤데라Milan Kundera의 초기 소설 『농담*The Joke*』(1967년 체코슬로바키아에서 발행)의 1969년 영문판을 다루었는데, 이 영문 번역판은 '보상 없는 박탈'의 본래적 의미를 암시하는 '전유'라는 부정적 형태의 다시 쓰기라고 할 만했다. EU 여러 기구에서 일상적으로 번역이 이루어지고 있는 오늘날과 같은 확대된 유럽의 시대에[15], 체코의 소설을 영어로 번역하는 데 발생하는 문화적 문제를 이해하기는 힘들어 보인다. 역사적으로 '민족, 종교, 이데올로기의 도가니'였던 중앙 유럽(Kuhiwczak, 1990: 119)은 항상 거대한 복합성의 지역이었기 때문에, 기고문에서는 상당한 비판을 받았던 소설의 최초 영문판이 소설의 이야기 구조와 주제의 복잡한 요소들을 지나치게 단순화하고 심지어는 생략해버린 점에 초점을 맞춘다. 두 번역가 가운데 한 사람은 「타임스 문예 부록Times Literary Supplement」에 보내온 편지를 통해 다음과 같은 내용을 털어놓았다.

> …… 그는 책에 엄격한 연대기적 순서가 없다는 사실이 독자를 오도하고 심지어 당황하게 한다고 생각했다. 그는 미래의 독자를 깊이 염두에 두고 장들을 자르고 '붙이고' 이리저리 옮김으로써 연대순으로 배열을 해야겠다고 결정했다. 그의 결정은 확실히 출판사의 인정을 받았던 것 같다 『농담』의 마무리 작업을 담당한 편집자가 다음과 같은 권한에 대해 명시하고 있기 때문이다. '자신의 견해로 볼 때 독자의 명확한 이해를 돕기 위해서는 무엇이든 제공하는 것이 편집자의 책임이다'. (Kuhiwczak, 1990: 125)

이 영문판에서 빼버린 주제는 체코 모라비아 지방의 민속 음악에 관한 것으로서 소설 속에서 특히 마르크스주의 정치 제도와 대비되어 문화적 전통 보전의 의미가 컸다. 그러나 번역가는 그 주제가 '중첩된다'고 여겼다. 쿠히프크작이 지적하듯, 이런저런 수정을 가해 이야기의 의미들을 벗겨내고 '평범한' 이야기만 남기게 되면서, 번역가는 "마법의 선을 넘어감으로써 단순화를 현실성으로 착각하게 만들었다"(1990: 128). 쿤데라 스스

15 '문화' 대 '담화 체계'를 다루는 6장 참조.

로 자신의 소설이 잘못 해석되고, 잘못 번역되었으며, 잘못 이해되었다고 불만을 터뜨린 일, 그리고 "몇 년간 자신의 소설 번역본을 고치고 자신의 관점을 잘못 해석한 저널리스트들을 쫓아다니느라 창작보다 더 많은 시간을 보냈다"(Kuhiwczak, 1990: 122-3)는 사실은 놀라운 일이 아니다. 『농담』의 경우 그는 출판사들을 몰아붙여 1970년에 완전한 소설을 출간하도록 함으로써 문제를 해결했고, 그 다음엔 새로운 번역판을 요구했다(그리고 3년 후에 출간되었다). 이는 매우 극단적인 경우일 수도 있지만 번역학자들에게는 그와 같은 문화 전파의 문제와 함께 특히 번역 윤리의 문제, 그리고 저자와 독자 모두에 대한 번역가, 편집자, 그리고 출판자로서의 책임의 문제를 제기한다.

스코포스 이론에 새로운 돌파구를 제공한 것은 1990년 마가렛 암만이 제시한 (페르메어를 기반으로 한) 번역비평의 기능적 모델이다(3.3.1 참조). 이 모델의 중요한 요소 중 하나는 움베르토 에코Umberto Eco(1985)가 제시한 '모델 독자' 개념이다. 에코는 텍스트를 "둔한 메커니즘"(1985: 52)으로 설명하는데, 이는 "타인의 움직임 예측을 포함하는"(1985: 66) 전략을 취하는 독자에 의해 활성화될 때만 텍스트로 구체화된다. 이러한 "예측된 움직임"이란 독자의 배경 지식이나 독서 습관과 기호에 관한 것일 수도 있지만, (추측이나 암시에서 생기는) 공백을 메울 때처럼 반드시 능동적 참여를 수반하며, 텍스트의 저자도 그 공백들이 정말로 채워질 수 있다고 여긴다(1985: 52). 에코에게 모델 독자는 이렇게 공백을 메우는 동시에, 텍스트를 해석하면서 텍스트에 내재된 여러 겹의 의미를 최대한 많이 인식할 수 있는 (바스넷이 인용했던 로트만의 독자의 두 번째) 사람이다.

이 개념을 통해 저자 및 저자로서의 번역가가 특정한 독자층이나 목표 집단을 상상할 수 있음(그리고 쓸 수 있음)을 알 수 있다. 에코에게 번역은 "공개된 해석적 협동"이며, 번역가는 "모델 독자처럼 행동하는 경험적 독자"다(1985: 186). 당연하게도 암만은 번역을 위해서는 이것이 지나치게 단순한 설명이라고 생각해 장면과 틀 개념을 언급하며(1.3 참조) 모델 독자에 대한 그 자신의 정의를 아래와 같이 내리고 있다.

> 그러므로 내게 있어서 모델 독자란 독서 전략에 기반을 둠으로써 텍스트를 독자적으로 이해한 사람이다. 이 전략의 목표는 텍스트의 완벽한 장면scene을 그려내는 일인데, 한편으로는 독자 개인의 문화 특유의 장면을 활성화시킴으로써 이루어지지만, 예측으로 촉발될 수도 있다. (1990: 225)

모델 독자 개념과 함께 암만의 번역비평 모델은 3.3.1에서 적용될 것이다.

한편 로우-포터가 번역한 만의 작품들로 돌아가 '모델 독자'의 논의 속에서 다루고, 이 개념을 인지하고 적용했다면 질적으로 더욱 향상되었을 것으로 생각되는 학문적 논의의 예를 들어보자. 1995년 10월 13일자 「타임스 문예 부록」은 독일 문학 연구자 티모시 벅Timothy Buck이 로우-포터가 번역한 만의 작품(특히 『마의 산』과 『베니스에서의 죽음』)에서 발견된 번역의 결함을 다룬 '글도 아니고 정신도 아닌'이라는 제목을 단 기사를 실었다. 그는 번역가의 독일어 능력 부족을 번역 품질이 떨어지는 주된 이유로 생각했으며, 수많은 예시에서 보듯(대개 정황 없이 주어진 단어와 구절에서) 언어 능력이 부족한 번역가가 작가의 지극히 복합적인 언어를 이해하지 못한 것으로 진단했다. 그러고 나서 벅은 다음과 같이 언급한다.

> 한때 '나 자신이 그 책을 썼다고 느껴지지 않으면 출판사에 번역물을 절대 보내지 않겠다고 스스로에게 약속했다고' 밝혔던 로우-포터에게 번역은 '작품 창작의 기쁨'을 듬뿍 주는 수단이었다. 때로는 작가의 텍스트

> 나 의도를 거의 무시한 그녀의 '창작' 번역의 위험은 위의 예시에서 분명하게 드러난다. (1995: 17)

이는 엄청난 비판을 받은 존 우즈John Woods의 『부덴부로크가의 사람들 *Buddenbrooks*』 재번역판과 함께, 벅이 "유려하면서도 원본에 충실한 모범 번역"(1995: 17)이라고 치켜세운 데이비드 루크David Luke의 번역판 『베니스에서의 죽음*Death in Venice*』(1988)과 대조를 이룬다.

1995년 11월 24일자 「타임스 문예 부록」은 이번에는 "번역에 대한 전형적인 학문적 요약을 새로운 경솔함의 차원으로 끌어올리는 벅의 장광설"에 대해 쓴 로렌스 베누티(1995a)의 서한을 실었다. 베누티는 (그 텍스트들을 읽지 않았음이 분명함에도) 다음의 여러 가지 근거를 들며 그 번역들을 옹호한다. 첫째, "로우-포터나 우즈 그 누구도 극도의 정밀성을 요하는 정확한 번역이라는, 동시대의 학문 규범을 채택하지 않았으며, 현재 학자들 사이에서 대세를 이루는 독일어 텍스트의 해석도 받아들이지 않았다"(1995: 17). 두 번째 근거는 다음과 같다.

> 벅의 '모범' 번역 이란 "유려하면서도 원본에 충실한" 것이다. 그러나 정확성의 기준은 늘 번역이 지향하는 독자에 맞춰지는데다가 시간이 흐르면서 달라진다. (……) 그리고 한때는 유려해 보였던 것이 다른 때도 똑같이 유려해 보이리라고 기대할 수 없다. 벅이 — 작가의 언어를 다시 해석할 때 — 로우-포터의 부정확성을 공격한 것은 번역이 단순히 외국 텍스트와의 의사소통이며, 번역가가 국내적 가치관에 따라 그것을 재해석할 여지가 없다는 순진한 가정에서 나온 것이다. (1995a: 17)

1995년 12월 8일자 「타임스 문예 부록」은 다음으로 데이비드 루크의 회답문을 실었다. 그는 베누티가 "고의적으로 티모시 벅이 최근 가했던 비판의 요지를 생략한다"고 했다. 문제는 "재해석"이 아니라 "학생의 어이없는 실수라고 할 수 있는 수준의 번역"이라고 하면서 두 번역가 중 누구도 만의 작품을 번역할 만큼 독일어를 이해하지 못했다고 강조했다(1995: 15).

여기서 다양한 문제가 떠오른다. 첫째, 번역가는 관련 언어가 유창해야 하고, '모범 독자'로서 '공백을 메우며', 여러 개의 층위와 구조를 인식할 수 있는 위치에 있어야 한다. 로우-포터의 결점은 빈번히 지적되어 왔고(Snell-Hornby, 1995/1997b 참조) 위에서 인용된 『마의 산』 첫머리에서도 어느 정도 드러난다. 그러나 한편으로 두 독일어 학자는 번역을 정적인 '신성한 원본'에 충실한 언어적 습작으로 취급한다. 바로 만의 작품이 정전의 반열에 오른 독일 문학의 원형으로 칭송받는 것은 '신성한 원본'이기 때문이다. 베누티가 공격한 배경이 원칙적 정당성을 갖추었다고 해서 그토록 공격적인(대상 텍스트와 잘 어울려 보이지도 않는) 어조로 말한 것은 불행한 일이다. 번역은 단순히 외국 텍스트와의 의사소통이 아니며 만의 작품인 경우는 더욱 그러하다. 설사 로우-포터가 필요한 전문적 능력을 갖추었다고 하더라도 그 텍스트를 능동적으로 읽을 수 있었을 것이며(에코의 의미에서), 그가 활동했던 시대 말기 번역학에서 이해하듯 '작품 창작의 기쁨'을 당연히 즐길 만한 위치에 있었을 것이다.[16]

3.3.1 기능적 번역비평의 모델 적용

투리로 대표되는 기술번역학은 기본적으로 기술적이면서 평가적이지

16 이 주제는 베누티(1998: 32-33)가 다시 다루었으나, 단지 일반화하고 평가를 내리는 차원과 어휘 항목을 비교하는 수준에 그쳤다.

않은 접근법을 택한다. 그것은 이론을 "응용된 확장"보다 중시하며 번역물을 — 원천 텍스트의 저자에 의지하지 않는 — "오직 한 체계의 사실, 즉 목표 체계"(Toury, 1985: 19)로 본다. 이 절에서는 적절한 이론적 모델(적용되는 범위)을 기초로 한 번역비평(평가)은 바람직할 뿐만 아니라 필요한 것이며, 문학 번역도 원천 텍스트의 저자를 비롯한 관련 당사자들을 고려해야 한다는 사실을 보여주고자 한다.

출발점은 찰스 필모어(1.3)가 제시한 '장면과 틀' 개념이다(1.3). 이것만큼 특정 언어나 언어쌍과 무관하게 번역의 실제에 관해 풍성한 의미를 지닌 언어학적 개념도 드물다. 앤트워프 번역학교의 교사인 미아 바네렘Mia Vannerem은 1980년대 초반 자신의 번역 수업에서 이 개념을 적용하고나서 지역 회의에서 그 주제에 관한 논문을 발표했다. 이후 그 결과가 폭넓게 공유되어(Vannerem & Snell-Hornby, 1986; Snell-Hornby, 1988) 독일에서 '장면'과 '틀'에 관한 심화 연구가 이루어질 수 있도록 힘을 불어넣었는데, 특기할 만한 연구로는 (페르난도 포야토스가 도입한 '채널'의 개념이 포함된) 페르메어와 비테(1990)의 저서와 페르메어의 초안에 기초한 암만의 번역비평 모델(Ammann, 1990)을 들 수 있다. 후자는 지난 10년 간 여러 대가들의 번역비평 논문에 매우 귀중한 참조 자료를 제공했는데, 여기서도 최근의 예 하나를 제시하려고 한다.

그러나 우선 장면과 틀 이론을 그 특수한 번역 관련성 속에서 설명하도록 하겠다. 장면과 구성 접근법에서는 번역을 원천 텍스트 저자와 원천 텍스트 독자인 동시에 목표 텍스트 저자로서의 번역가, 그리고 원천 텍스트 독자 사이의 상호 작용으로 일어나는 복잡한 의사소통의 행위로 설명한다. 번역가의 출발점은 작가가 자신의 원형적 장면 목록으로부터 뽑아 만든 구성(원천 텍스트와 그 언어학적 구성물)이다. 원천 텍스트의 틀을 기반으로 번역가-독자는 개인적 경험에 의해 활성화되고 내면화된 관련 자료 지식을 통해 장면을 스스로 만들어낸다. 원천 언어 및 문화에 대한 지식과 숙련도에 의지하는 번역가가 작가의 의도와는 다른 장면을 활성화시키거나 (헬렌 로우-포터의 스위스 그리손스 주에 있는 '바닥이 없는 늪지대'의 경우), 원천 언어의 원어민이 자연스럽게 활성화시키는 장면에서 빗나가는 것(같은 예시로 협곡, 계곡을 의미하는 'Schlünde'에서처럼)도 당연해 보인다. 자신이 활성화시킨 장면을 바탕으로 이제 번역가는 목표 언어 속에서 적합한 틀을 찾아내야 한다. 이는 자신의 목표 언어 및 문화에 대한 지식과 유능함에 의지해 끊임없는 판단을 해야 한다는 뜻이다.

1980년대에 개발된 이 접근법은 암만의 기능적 번역비평 모델에서 한 걸음 더 나아간 것이다. 이는 분석의 다섯 단계를 포함하며, 다른 모델에서처럼 출발점은 원천 텍스트가 아니라(예: Reiss, 1971) 번역 자체다. 모델은 이 점을 염두에 두고 (1) 목표 문화에서에서 번역의 기능 (2) 번역의 텍스트 내적 합치성 (3) 목표 문화에서 목표 텍스트의 기능 (4) 원천 텍스트의 텍스트 내적 합치성 (5) 목표 및 원천 텍스트의 텍스트 상호 간 합치성을 확립하려고 시도한다. 암만은 장면과 틀의 개념 및 에코의 '모델 독자' 개념을 모두 이용한다.

추-안 첸Tzu-Ann Chen은 자신의 최근 석사 논문(2004)에서 암만의 모델을 자비네 로만Sabine Lohmann이 번역한 에이미 탠Amy Tan의 처녀작 『조이럭 클럽*The Joy Luck Club*』 독일어판에 적용했다. 이 책은 여기서 다루는 기본 주제들과 잘 들어맞으므로, 번역 비평에 앞서 소설의 내용과 서술 기법에 대해 언급할 필요가 있다.

이 소설의 주인공은 제2차 세계대전 와중에 공산주의 중국에서 미국으로 도망쳐 나온 네 명의 여자와, 미국에서 태어나고 자라서 어머니 나라의 문화와 전통적 사고방식에 전혀 관심이 없는 네 명의 딸이다. 그러나 소설이 전개될 때 딸들은 두 개의 세계와 문화 속에서의 삶의 가능성과 함께 자신의 '진정한' 정체성을 인식하게 된다. 이 소설의 근본적 문제의식은 어머니와 딸의 관계, 정체성 탐색, 거리가 먼 두 문화의 양립가능성이다.

소설은 네 부분으로 구성되어 있으며, 각 부분마다 네 개의 짧은 이야기들로 이루어졌는데, 네 어머니와 네 딸의 서로 다른 관점에서 쓰여졌다. 소설의 시작은 전쟁이 끝난 후 샌프란시스코에서 딸들 가운데 하나인 징메이가 돌아가신 어머니 수유얀 대신 조이럭 클럽의 마작 테이블에 앉는 장면이다. 수유얀은 전쟁 중에 용기를 잃지 않으려고 일본인들로부터 숨어지내는 친구 세 명과 함께 중국 남부 구이린에서 클럽을 처음 만들었다. 끔찍한 정신적 상처를 남긴 도피 끝에 그는 미국에 도착했고, 몇 년이 흐른 후 새 친구들, 즉 소설 속 '어머니들'과 새로운 조이럭 클럽을 시작한다. 1부에서 어머니들은 각자 중국에서 자신이 어머니와 가졌던 관계에 대해 이야기한다. 2부에서는 네 딸이 자신의 어린 시절과 어머니와의 관계를 회상하고, 3부에서는 어른이 된 딸들이 직장과 결혼 생활에서 겪는 어려움을 묘사한다. 4부는 딸들에게 자신의 인생 이야기를 들려줌으로써 인생의 해답을 찾도록 도와주려는 어머니들 이야기다. 마지막 장에서 징메이는 중국에 남겨졌던 두 자매를 만나러 아버지와 함께 중국으로 여행을 떠나고, 그때서야 어머니를 이해할 수 있게 된다. 그리고 중국 문화가 자신의 정체성의 일부임을 깨닫는다.

이 소설에서 언어학적 '구성'은 문화적 정체성을 드러내고 확립하는 장치로 쓰이고 있다. 중국어를 알지만 서투른 영어를 구사할 수밖에 없는 어머니의 편에서나 완벽한 미국식 영어를 구사하지만 중국어는 조금밖에 할 줄 모르는 딸의 편에서 볼 때, 언어적 결함은 피차 부족한 타 문화에 대한 지식을 반영하는 것이다. 어머니들은 딸들이 이야기하는 내용의 의미를 알아차리지만, 딸들은 어머니가 하는 말을 거의 이해하지 못한다. 따라서 불가피하게 의사소통의 문제가 존재한다. 어머니들은 자신과 중국 문화의 일부를 딸들에게 전해주고자 하지만 중국식 사고방식과 문화적 개념을 '번역'하는데 애를 먹는다. 그리고 목표 텍스트에서는 그 모든 것이 독일어로 표현되어야 한다.

첸 자신도 중국 출신으로서 암만의 5단계 모델을 이용해 소설을 분석했다. 텍스트 내적 합치성(2장과 4장)을 다루고자 한다면 예시를 통해 그에 일치하는 텍스트 단락이 제시될 것이다.[17]

목표-텍스트 기능은 출판사에 의해 (이상적으로) 정의되는데 이는 표지 디자인이나 추천문, 또는 역자의 말(또는 서문)과 같은 요소에서 분명히 드러난다. 독일어 텍스트는 (영어판보다 겨우 1년 뒤인) 1990년 골드만Goldmann에서, 처음에는 양장본으로, 나중에는 더 넓은 시장을 겨냥해 문고판으로 출간되었다. 책과 저자에 관한 서문에서는 독일어판이 주로 모녀간이란 진부한 주제에 초점을 맞추었음을 암시하지만 문화적 충격과 문학성에 대해서도 언급한다. 뒤표지에는 "시와 부드러운 마법이 가슴을 울리는 보석 같은 책"이라는 글이 쓰여 있고, 밝은 색조의 앞표지에는 제목인 『천국의 딸들*Töchter des Himmels*』을 두드러지게 보여주는데, 이러한 '구성' 모두가 주로 여성 독자를 위한 가벼운 소설임을 암시하고 있다.

번역판의 텍스트 내적 합치성intratextual coherence을 정립하기 위해 소설 첫머리에 징메이가 어머니와의 사이에서 있었던 다양한 의사소통 문제를 회상하는 짧은 단락을 들여다보자. 징메이는 어머니의 서투른 영어가 모녀간의 순탄치 못한 관계의 원인 중 하나라고 생각한다.

독자는 어머니의 서툰 영어를 또렷하게 떠올릴 수 있다. 독일어에서는 이것이 기본적인 구문론과 무관한 느슨한 연결을 통해 표현되는 반면(그래

17 보통 이런 종류의 번역 비평에서는 많게는 약 20개의 단락이 분석된다. 여기서는 지면의 제한으로 한 가지만 다룬다.

서 표준 규범으로부터 빗나가고 '외국인'이라는 '장면scene'을 떠올리게 하는 '틀frame'이 나온다), 중국어가 사용되어야 할 부분은 합치성 있고 훌륭한 구문론적 짜임을 갖춘 문장(정중한 독일어에서의 표준 규범)으로 표현된다. 차이는 분명하게 다가오면서, 텍스트에는 합치성이 있다.

암만의 모델에서 세 번째 단계는 원천 텍스트의 기능 분석이다. 에이미 탠의 『조이럭 클럽』은 1989년 하이네만에서 출간되었는데, 그 전에 문학 잡지에 일부분이 게재된 바 있다. 따라서 상상의 독자는 교양 있고 비판적이되, '가벼운 읽을거리'를 기대하지 않는 사람이다. 기쁨과 행운을 찾고 있는 한 무리의 사람들을 떠올리게 하는 소설 제목은, 다시 말하자면 '중국'이라는 '장면'을 생각나게 하는 '틀'이다. 1998년 이 소설은 랜덤하우스 빈티지에서 문고판으로 나왔다. 표지 글은 "자신들의 문화적 정체성을 받아들이기 위해 분투하는 두 세대의 여성들"과 같이 중국계 미국인 이민자들의 특별한 문제를 언급한다. 이미 1989년에도 여성 이민자들의 문화적 정체성은 미국 내에서 화제가 되었으며, 오늘날 『조이럭 클럽』은 다수의 고등학교와 대학교에서 필독서로 읽힌다.

원문의 텍스트 내적 합치성을 확고히 하기 위해 위에서 분석한 단락과 같은 영문판을 읽어보자.

> "유대인 마작과 중국 마작의 다른 점이 뭐예요, 엄마?"
>
> 언젠가 나는 어머니에게 물었다. 그러나 어머니의 대답에서 나는 그것이 게임하는 방식이 다른 것인지, 아니면 중국인과 유대인에 대한 어머니의 태도가 다른 것인지 구별할 수가 없었다.
>
> 어머니는 설명조의 영어로 말씀하셨다.
>
> "식이 완전히 달라. 유대인 마작은 자기 패만 보고 눈으로만 하지."

그리고 어머니는 중국어로 바꿔 말씀을 하셨다.

"중국 마작은 머리를 써야 한단다. 아주 까다로워. 다른 사람들이 무슨 패를 던져버리는지 잘 보고 그걸 머릿속에 기억해두어야만 하거든. 잘하는 사람이 없으면 유대인 마작처럼 되기 십상이지. 다른 사람이 실수하는 것을 기다리기만 하고, 아무런 작전이랄 게 없는 그런 마작을 해서 뭘 하겠니?"

어머니가 이런 식으로 설명하시는 걸 들으면, 나는 어머니와 내가 완전히 다른 언어를 쓰고 있다는 느낌이 들었고, 또 사실이 그러했다. 내가 어머니에게 영어로 말하면, 어머니는 중국말로 대답하셨다.(Chen, 2004: 61-62, 한국어판 박봉희 역: 45-46, 1990)

수유안의 ('외국인'이라는 '장면'을 연상시키는) 어색한 영어는 그의 중국어 구사 방식과 두드러진 대비를 이룬다. 그의 중국어는 구문론적으로 더욱 복잡하지만 미국 영어다운 영어와는 다르다. 탠은 자신이 소설에서 사용한 언어에 대해 다음과 같이 말했다. "…… 어머니가 완벽한 영어를 할 수 있었다면 자신의 중국어를 그렇게 번역했을 것이라고 생각한 그의 내적 언어이다. 그래서 나는 영어나 중국어의 구조 모두 지키지 않고 그 핵심만 살렸다"(Tan, 1996: 44). 이것들이 바로 '외국인 번역' 장면을 떠올리도록 의도된 '틀'이다.

암만 모델의 5단계이자 마지막 단계는 목표 테스트와 원천 텍스트를 비교해 텍스트 외적 합치성intertextual coherence을 세우는 일이다. 앞에서 인용한 짧은 단락에서 가장 인상적인 요소는 어머니가 중국어로 말하는 부분이다.[18] 탠이 영어의 규범 안에서 자신만의 언어를 만들어냄으로써 어머니가 외국어를 말하고 있다는 점을 분명히 하고 있는 반면, 거기에 일치하는 독일어 텍스트는 언어학적으로 너무나 정확해서 사람들은 말하는 사람이 중국인이 아닌 독일인이라는 인상을 받게 되어 다른 이야기 '장면'을 떠올린다. 책 전체를 통틀어 비슷한 모습을 관찰할 수 있는데, 이 때문에 중국인 어머니의 특성을 살리기 위해 마련된 특유의 언어적 표현이 억눌려 있다는 결론을 내리게 된다. 색다른 속어 구절이나 기묘한 은유가 섞인 서툰 미국 영어가 교양 있고 때론 뻣뻣하고 낡은 표준 독일어로 둔갑함으로써, 익살스런 내용은 남아 있지만 그 언어 용법 속에 담긴 여러 층위의 위트는 사라지고 만다. 이것은 루시디의 『한밤중의 아이들』의 독일어판에 관해 언급한 내용(3.2.1)과 정확하게 일치하는 결론이기도 하다.

암만의 모델은 문학 텍스트를 분석하는 도구로 제시되었으나, 전기나 역사 연구물, 생활상담 같은 논픽션에도 응용성이 매우 탁월하다. 이는 빈에서 소개되었던 여러 학자들의 논문 중 로버트 맥나마라Robert McNamara의 저서 『회고: 베트남전의 비극과 교훈*In Retrospect: The Tragedy and Lessons of Vietnam*』 독일어판을 분석한 엘리자베스 포크트Elisabeth Vogt(2002)의 연구(Snell-Hornby, 2005a 참조)와 토마스 고든Thomas Gordon의 『부모 역할 훈련*Parent Effectiveness Training*』 독일어판을 분석한 소냐 림베크Sonja Limbeck(2005)의 연구 등에서도 드러난다.

일반적으로 얘기하자면 이러한 번역비평은 번역학자에게 유용할 뿐 아니라 일반인들에게도 문학 번역이 어떤 작업인지 이해할 수 있는 실마리를 제공하는 데 아주 유용할 것으로 보인다. 1971년 라이스가 적절히 지적했듯이, 신문의 번역 작품 평론에서는 번역가가 작업에 참여했다는 사

18 독일어 텍스트에서 한 가지 간과한 것을 언급해둘 필요가 있다. 셋째 줄 "ihre Einstellung gegenüber Juden"라는 구절에서 단독으로 쓰여진 'Juden구성'은 반유대주의적 이미지를 연상시키는데, 이는 '중국 민족과 유대 민족'이 비교되는 영문 텍스트와 대비된다.

실을 암시하는 법이 거의 없다. 그리고 그러한 상황은 오늘날 거의 달라지지 않았다(Snell-Hornby, 2003a 참조). 번역가의 성취에 대해 평가는 고사하고 언급할 가치조차 없는 것으로 간주된다. 문학 기자들이 번역 문학을 평가할 때 비평 대상에 대한 자각을 높이는 차원에서 암만의 모델은 추천할 만하다.

제4장 1990년대의 전환

20세기의 마지막 10년에 해당하는 1990년대에 번역학은 '다학제적' 접근에 있어서 다른 인접 학문으로 관심의 영역을 확대했을 뿐 아니라 내부적으로도 새로운 변화가 있었다. 통역학은 이 시기에 연구 내용과 방법 면에서 모두 큰 변화가 있었다. 과거에는 변방의 학문으로 무시되거나 번역이론으로 '자동 편입'되었지만 1990년대 말경에 이르러서는 (문학 및 비문학) 번역 연구와 어깨를 나란히 하는 독립된 학문으로 부상했다. 1990년대 들어와 통역학자들이 자체적으로 학술 공동체와 연구 대상 그리고 기본 참고 도서를 발전시킨 결과 이제는 ('일반 이론가'를 제외하고) 번역학자이면서 동시에 통역학자임을 스스로 주장할 수 있는 이는 많지 않다.

오늘날의 관점에서 봤을 때 번역학에서는 전체적으로 두 가지의 기본적인 '전환'이 발생했다. 첫 번째 전환은 방법론적인 변화로 이는 번역과 통역 모두에서 실증 연구에 대한 요구가 더욱 강해지면서 나타난 변화다. 두 번째 전환은 기술이 급격히 발전하고 세계가 글로벌화하는 과정에서 발생한 대외적 변화로 인해 발생한 것으로, 번역가(4.2.1)와 부분적으로는 통역사들(4.1.1)의 직무 프로파일에 급격한 변화를 가져왔다. 한편 전문 용어와 컴퓨터 보조 번역 등의 분야가 '일반' 번역 혹은 문학 번역을 연구하는 학자가 지닌 전문성을 뛰어넘는 하나의 독립적인 세계를 형성했다. 이 장에서는 이러한 발전에 대한 개요를 제시하면서 번역가가 거친(그리고 보다 제한적인 범위 내에서는 통역사가 거친) '1990년대의 전환'을 정리하고 평가하고자 한다.

4.1 실증적 전환

오랜 철학화와 이론화의 시대가 지나고 수십 년에 걸친 언어학적 요인 분석을 거친 후, 조금 늦은 감은 있지만 번역학에도 사례 연구와 실증 연구에 대한 요구가 커졌다. 허만스가 자신의 책 서문에서 밝히고 있듯이(2.1) 1985년 당시 '조작학파' 프로그램의 일부는 '지속적인 실천적 연구'와 더불어 '이론 모델과 실무 사례 연구 간의 지속적인 상호 작용'을 표방했다(1985: 11). 1990년대에 그러한 의도가 실증 연구의 형태로 실현되어 번역학의 프로파일을 바꾸는 데 일조했다. 이 절에서는 그 발전 과정의 개요와 사례를 설명하려고 한다.

4.1.1 통역학의 새로운 분야

1980년대 (서)유럽 통역학의 중심에는 다니카 셀레스코비치(1.2 참조)가 이끄는 파리학파가 자리잡고 있었으며, '의미론théorie du sens'이 그 기본 교리였다. 다니엘 질Daniel Gile은 파리학파의 전통에 대해 '논쟁적인 경향'을 지닌 학자였다. 그는 1992년에 열렸던 빈 번역학술대회에서 '통역학의 지평을 열며'라는 제하의 강연을 통해 (라드닛츠키가 말한 의미에서) 향후 학문 발전의 '기본 틀'을 만들고 새로운 사명을 선포했다(Gile, 1994).

이를 위해 과거에는 '폐쇄된 학계' 안에서만 교류되던 정보를 널리 공유함으로써 젊은 학자들로 하여금 이러한 정보가 지닌 잠재적인 가치에 눈을 뜨도록 하고, 다학제 간 프로젝트, 특히 인지과학 분야와의 협력을 확대해(1994: 153-154), '높아져 가는 실증 연구에 대한 요구'를 충족시켰다(1994: 151).

사실 회의 통역 분야에서의 중대한 실증 연구 결과는 홀데군트 뷜러 Hildegund Bühler가 이미 1986년에 책으로 출간했다. 그는 회의 통역사들의 통역 수행에 대한 수용성 기준을 연구했으며, 이것이 다른 연구에서도 많이 인용되면서 장래 연구의 출발점이 되었다. 1990년대에는 질의 호소에 따라 통역의 다양한 측면에 관한 실증 연구 및 다학제 연구가 활발하게 진행되었다. 비르기트 슈트롤츠Birgit Strolz(1992)는 1955년 5월 15일에 있었던 오스트리아 국가조약Austrian State Treaty 조인식 생방송 연설의 독일어 동시통역에 관해 연구했다(Strolz, 2000 참조). 잉그리트 쿠르츠Ingrid Kurz는 빈 대학교 신경생리학연구소와의 협력 연구를 통해 통역사의 '블랙박스'(1994/1996) 내부를 연구했으며, 프란츠 푀히하커는 빈 비즈니스회의(1994)에서 홀츠-맨태리의 번역행위 이론을 통역사의 통역 수행에 적용했다. 그 외에도 실무 통역사이자 연구자인 수많은 통역학자들이 이와 유사한 연구를 활발히 진행했다.

1990년대의 가장 흥미로운 변화는 통역에 있어서 새로운 분야를 발견(혹은 기존 분야의 재인지)한 것이다. 그 새로운 분야는 두 그룹으로 분류된다. 첫 번째는 신기술을 통해 등장한 새로운 유형의 통역이며, 두 번째는(커뮤니티 통역을 포함한) 대화 통역이다.

동시통역은 이미 20세기 상반기에 자체적인 '기술적 전환'을 거쳤다. 적합한 장비가 발명된 데다가 1947년 뉘른베르크 전범 재판에서 특정 구도constellation가 형성되면서 그러한 전환이 가능했다. 기술과 장비가 모두 첨단화됨에 따라 1998년 푀히하커는 다음과 같은 결론을 내렸다.

> 동시통역사들은 익명화와 기계화 과정을 거치면서 지난 50년간 탄성을 자아내는 곡예사에서 국제적 커뮤니케이션에 필수불가결한 테크노크라트로 변모했다.(1998: 303)

동시통역에서 첨단 기술의 발전으로 인해 부상하게 된 새로운 분야로는 미디어 통역과 화상 회의를 들 수 있다. 미디어 통역에 대해서는 방송통역사인 쿠르츠(1997)가 이미 기술한 바 있다. 쿠르츠는 전국적 혹은 전 세계적으로 TV 시청자에게 중계되는 생방송 통역(인터뷰, 리포트, 또는 연설)이 통역사에게 주는 스트레스와 제약에 관해 상세하고 설득력 있게 설명했다. 한편 푀히하커는 생방송 통역에 관한 사례를 들어가며(1993년 클린턴의 브란덴부르크문 연설. 3.1.3 참조) 독일어 통역에 관해 자세하게 분석했다(Pöchhacker, 1997).

이보다 더 복잡한 것은 위성 통역을 통한 시청각 커뮤니케이션이다. 크리스티안 헤이놀드Christian Heynold(1998)는 이 '대담한 신세계'의 기술과 조직에 관해 상세하게 기술했다. 국제회의통역사협회International Association for Conference Interpreters(AIIC)는 1997년에 발표한 '국제회의통역에서의 신기술 사용에 관한 규정'을 통해 이러한 유형의 통역을 네 가지로 분류하고 각 항목에 해당하는 전문 용어와 그 정의를 제시했다.

- '원격 회의Tele-conference': 둘 혹은 그 이상의 참가자가 둘 혹은 그 이상의 서로 다른 장소에 있을 때 서로 다른 장소 간에 전송되는 하나 이상의 음성 신호에 의지하는 소통의 형태.
- '화상 회의Video-conference': 하나 이상의 영상 신호로 일부 혹은 모든

참가자의 영상이 전달되는 원격 회의.

- '다국어 화상 회의Multilingual video-conference': 둘 이상의 언어로 진행되면서 (순차 혹은 동시) 통역이 제공되는 화상 회의(순차 혹은 동시통역).
- 화상 통역Tele-interpreting': 연사나 청중 그 어느 쪽도 통역사의 시야에 직접 들어오지 않고 통역사가 모니터를 통해 참석자를 봐야하는 다국어 화상 회의 통역.(1997: 24)

이에 대한 이해를 돕기 위해 쿠르츠는 여러 가지 연구 사례(2000: 299-300)를 소개하면서 화상 통역의 경우 통역사들이 회의 장소에 직접 참석하지 못하고 모니터만으로 정보를 수신하기 때문에 전문 통역사로서는 수용 불가능한 통역 유형이라는 점을 강조한다. 가능한 대안이 있다면 참가자와 통역사가 모두 같은 회의 장소에 모여 회의를 진행하고 다른 장소로는 영상이 동시 전송되는 화상 회의가 있다. 이 경우 '외부'에서 발언을 하면 스크린이나 모니터를 통해서 통역이 제공된다(2000: 293-294).

이 외에 통역학에서 새롭게 등장한 분야는 화려하지는 않지만 흔히 지나치기 쉬운 일상과 사회의 기본적인 면들과 관련이 있다. 통역의 한 분야로 개념화된 '커뮤니티 통역'이라는 용어는 앵글로색슨에 뿌리를 둔다(물론 커뮤니티 통역 역시 1.1에서 논의한 슐라이어마허의 'Dolmetschen' 개념을 강하게 연상시킨다). 커뮤니티 통역이라는 개념은 1980년대 초 런던에 소재한 언어학자연구소Institute of Linguists에서 처음으로 소개했는데(Longley, 1984), 주로 이민자나 난민, 이주 노동자들이 학교, 병원 혹은 사회 기관에서 정부 당국자들과 소통할 때 제공되는 개별 통역을 가리킨다(Bowen, 1998: 319). 커뮤니티 통역의 필요성은 지역 전쟁이나 빈국과 부국 간의 극심한 경제적 격차로 인해 난민과 망명 신청자들이 급증하던 시기부터 대두되었다. 캐나다, 호주, 스웨덴 등 일부 국가에서는 커뮤니티 통역 서비스가 잘 발달했으나 커뮤니티 통역은 회의 통역과는 달리 전문 직업으로서의 위상이 낮았다. 통역의 역사에 관한 초기 연구에서 티엠Thieme과 헤르만Hermann, 글래서Glässer(1956; Snell-Hornby, 1996: 15 참조)는 참가자의 위상에 따른 통역의 '수직적' 관점과 '수평적' 관점을 대비시켰다. '수평적' 관점은 참가자 간의 동등한 지위를 암시하며 외교 미팅, 사업 협상, 또는 회의 통역의 상황이 이에 해당한다. '수직적' 관점은 참가자 간의 동등하지 않은 지위를 내포하며 정복자/식민 통치국 대 패자/식민지, 혹은 이민자와 난민 대 정부 당국으로 대비되는 경우가 이에 해당된다. 그러한 상황에서 통역은 단순히 필수품이나 사회복지 사업의 일환으로 간주된다. 그리고 관련된 니즈에 대한 인식이 제고되지 않아 전문 직업으로서의 기반이 미비한 나라의 경우, 커뮤니티 통역사는 화상 회의나 국제 조직에서 활동하는 전문 통역사만큼 높은 수준의 교육을 받은 사람들이 아니라 우연히 일정이 가능한 원어민이나 청소직원 혹은 어린아이들인 경우가 종종 있다.

그 이유 중 하나가 언어다. 국제회의나 미팅에서 제공되는 동시통역은 영어, 프랑스어 혹은 아랍어 등의 국제어로 진행된다(필요한 경우 확산이 덜 된 언어로 릴레이 통역도 한다). 그러나 커뮤니티 통역은 이민자를 받아들이는 국가의 언어와 이민자나 난민의 모국어로 진행되는데, 이민자나 난민의 모국어는 많이 확산이 되어 있지 않은데다가 사용 언어도 당사자들의 출신국과 이민국에 따라 천차만별하다.

1996년 푀히하커는 빈에 소재한 병원의 통역 니즈에 대한 대규모 실증 연구를 실시했다(Pöchhacker, 1997a: 2000). 병원 당국이 제시한 정보에 따르면 독일어 외에 적어도 27개 언어가 사용되었다. 가장 자주 사용된 언어는 보스니아어, 크로아티아어, 세르비아어와 터키어이며, 다음으로 영어(대체로 지역 변종어), 폴란드어, 아랍어, 체코어가 그 뒤를 잇고 있다. 그 외의 언어로는 헝가리아어, 프랑스어, 러시아어, 중국어, 인도어, 루마니아어, 이탈리아어, 알바니아어, 필리핀어, 스페인어, 페르시아어의 순으로 사용되었다.

푀히하커는 설문지와 사례 연구를 바탕으로 빈의 의료기관 및 사회복지 기관에서 행해지는 커뮤니티 통역 실무에 대한 포괄적 연구를 실시해 이 분야의 개척자로 평가된다. 이 연구는 의료 복지기관의 직원들과 독일어를 구사하지 않는 환자 사이의 커뮤니케이션을 중재할 필요가 있다는 점을 밝히기 위한 것이었다. 총 508명에 달하는 의사, 간호사, 그리고 치료사들의 설문 응답은 통역 서비스의 필요성을 보여준다. 기존의 경우에는 주로 가족 구성원(특히 어린이들)이나 '이중 언어를 구사하는' 청소원 등 병원 직원이 통역을 했다. 대부분의 응답자들은 지금처럼 즉석에서 통역사를 구해 통역을 제공하는 방식의 단점을 잘 인식하고 있었고, 병원 차원에서 제공되는 통역 서비스를 선호하며 이러한 서비스가 필요하다는 점도 밝혔다.

푀히하커는 두 건의 사례 연구를 기록·전사하고 이에 대한 상세한 논의를 통해 병원 차원의 통역 서비스가 얼마나 시급한지 보여준다. 이 사례 연구는 병원 내 독일어를 구사하지 못하는 환자들 사이에서 가장 많이 사용되는 두 언어에 관한 것이다. 첫 번째 사례는 두 명의 치료사(타냐와 티나)가 '에미르'라는 10세 보스니아 소년을 위해 진행하는 언어 치료 세션이다. 이 자리에는 아이의 부모와 (40대 중반의) 세르비아계 통역사가 동석했다. 통역사는 본업이 그 병원의 청소부였고 '언어 소통에 문제가 있으니 도와 달라'는 요청을 받아 일을 하는 도중에 불려 나왔다. 전사된 대화를 보면 치료사의 발화 어조와 내용이 통역사에 의해 조작되고 있음이 여실히 드러난다. 세션 초반의 단순한 예만 보아도 이러한 사실을 알 수 있다.[1]

1 개별 발화의 영어 번역이 있는 (세르비아어와 독일어로 된) 대화 원문은 Pöchhacker & Kadrić(1999: 164-165) 참조.

티나: (에미르에게) 자, 오늘은 앉아서 하지 않고 누워서 할 거야. 잘 때 처럼.

통역사: (에미르 뒤에서) 여기에 누워야 해.

(……)

티나: 자, 내 말 알아들었니? 아이한테 말해주세요……

통역사: 알아들었어? 이 분이 너보고 저기 누우라고 하잖니. 저기 말야 (매트를 가리킨다). 저쪽에 누워. (Pöchhacker, 2000: 192)

이 세션에서는 줄곧 이런 식의 소통적 문제가 계속되었고, 그 외에도 의료 전문 용어의 사용, 퇴원 후의 운동 안내, 통역사의 자의적인 가치 판단 개입(가령 통역사가 아이의 부모에게 '이 사람들이 아이에게 정말 잘해주고 있다'고 말한 점) 등의 면에서 문제점들을 드러냈다(2000: 207).

두 번째 사례 연구에는 언어 발달 장애를 갖고 있는 '세나푸르'라는 2세 터키 어린이와 치료사 타냐, 아이의 부모가 참가했고 아이 엄마의 16세 조카가 통역사로 함께 참여했다. 이 사례에서는 병력을 묻는 질문에서부터 문제점이 노출된다.

타냐: (엄마에게) 임신 때는 어떠셨어요?

통역사: 이모, 태어나셨을 때는 어떠셨어요?

엄마: (어깨를 으쓱하며) 괜찮았어. 정상적이었어……

타냐: 정상적이요. 흠. 그러면 출산 때는 어땠나요?

엄마: (궁금한 눈빛으로 통역사를 바라본다).

통역사: (낮은 목소리로) 이모 태어나셨을 땐요. (더 크게) 태어나셨을 때요.

엄마: 내가 태어났을 때라니 무슨 소리니?

타냐: 겸자나 흡입기를 썼다거나 제왕절개를 하셨나요?

통역사: 이모 태어나셨을 때 어떠셨느냐구요. (Pöchhacker, 2000: 216-217)

대화는 이런 식으로 계속된다. 비록 잘 만든 부조리극처럼 보일지는 모르나 실제로는 매우 안타까운 현실을 보여주는 사례다. 이 대화가 더욱 혼란스러워진 것은 통역사가 말을 너무 아껴서이기도 하다. 당황, 무지, 언어적 능력 부족, 혹은 가족 안에서 자신의 낮은 지위에 대한 자각 등 어떤 이유에서건 대부분의 대화가 통역되지 않거나 분명하지 않게 통역되었다. 아이의 성별도 (사실은 여자 아이이나) 치료사는 남자 아이로 이해하고 있으며, 아이의 병에 대해서도 가족들은 기질성 질환이지 인지적인 문제는 아니라고 시종일관 주장하지만 그러한 내용이 전달되지 않았다. 이 사례 연구는 의료 서비스와 같은 민감한 분야에서 전문 통역이 필요하다는 사실을 여실히 보여주고 있다.

같은 시기 통역학에서 발전하고 있던 또 하나의 새로운 분야는 청각 장애자와 난청자를 위한 수화 통역이다. 이 분야 역시 중앙 유럽 국가들보다는(Grbić, 1998 참조) 영미권 국가들을 중심으로 많이 발전했지만(Isham, 1998 참조), 수화 통역이라는 특수한 형태의 소통에 대한 대중의 인지도와 존중, 그리고 다양한 커뮤니티의 수화 통역에 대한 니즈는 전반적인 증가 추세에 있다. 실제로 수화 통역은 (다양한 TV 프로그램 등) 방송 매체에서 사용되고 있으며 신규 교육 과정도 개설되고 있다. 일례로 1990년대에 그라츠 대학교 통·번역연구소Translation Studies Institute of the University of Graz에서 특별 교육 과정이 개설되었으며 학위 과정이 진행 중이다.

법정 통역court interpreting은 통역에서 꽤 오래된 분야이지만 1990년대 들어서야 통역학의 새로운 분야로 부상했다. 스웨덴 등의 나라에서는 법정 통역이 커뮤니티 통역에 속하지만 대부분의 유럽 국가에서는 비록 그 자체가 하나의 독립된 전문직으로 분류되지는 못해도 기존의 통역과는 확연히 구분되는 분야로 간주되며, 법정 통역사들만의 전문가 협회가 결성되어 있다. 오랜 이중 언어 식민 통치의 역사를 지닌 캐나다는 이 분야에서 유럽 대륙만큼이나 기나긴 전통을 갖고 있다. 크리스챤 드리센Christiane Driesen(1998)은 법정 통역이 전문직으로 제도화된 것이 19세기 초반이라고 보고 있다. 무하메드 가말Muhammed Gamal(1998: 53)은 앵글로색슨적 시각을 바탕으로 공식적인 법정 통역이 1946년 뉘른베르크와 도쿄 전범 재판 때부터 시작된 것으로 본다. 이 두 재판은 법정 통역의 역사에서 주요 사건으로 간주된다.

일반적으로 법정 통역의 영어 대응어인 'court interpreting'은 경찰서에서의 인터뷰나 이민 당국과의 대화 등 갖은 유형의 법률 통역legal interpreting을 나타내는 데 사용할 수 있으며, 법정 내에서 제공되는 수준 높은 통역인 'courtroom interpreting'과 대비된다. 한편 독일어로 영어의 'court interpreting'에 해당하는 것은 'Behördendolmetschen'이며 법정에서 제공되는 통역의 경우 'Gerichtsdolmetschen'으로 불린다. 그러나 이 책에서 'court interpreting'은 후자를 의미한다(법정 통역사들이 종종 법률 문서 번역도 한다는 점도 고려한다. 4.1.2 참조).

법정 통역의 개념은 UN의 인권선언에 바탕을 두고 있다. 민주 국가는 인간의 기본권을 보호하며, 그 누구도 자신이 사용하는 언어 때문에 불이익을 당해서는 안 된다는 법 앞의 평등 개념이 인권선언에 담겨 있다. 즉 법률 소송을 밟고 있는 사람은 누구나 통역사를 사용할 권리가 있다.

어떤 유형의 법률 커뮤니케이션이든지 법정 통역의 총체적 복잡성은 관련된 법률 시스템에 의해 좌우된다. 미라 카드리치Mira Kadrić는 법정 통역에 대해 푀히하커의 병원 통역 연구에 비견할 만한 실증 연구를 실시했다. 그는 오스트리아 사법제도하의 법정 통역 현상을 조사했다(2001). 카드리치는 '번역행위 영역'으로서의 법정이라는 홀츠-맨태리의 개념을 이론적 출발점으로 사용했고 설문 조사(빈의 지방법원에 근무하는 200명 이상의 치안판사들에게 설문지를 보냈다)와 사례 연구(1997년 법원 심리의 전사와 녹음 기록에 바탕을 두었다)를 모두 실시했다. 법정에서 통역사가 지닌 역할과 위상에 대한 치안판사의 시각을 묻는 설문 조사의 결과를 통해 현황 파악이 가능해졌다. 통역사가 필요한 사건의 경우 가장 흔하게 사용된 언어는 보스니아어, 크로아티아어, 세르비아어와 터키어였으며 주로 오스트리아에 사는 이주 노동자와 관련된 사건들이었다. 통역사의 지위에 대한 인식을 물어보는 항목에서 응답자의 65%는 통역사를 지위가 낮은 보조인으로, 39%는 언어 전문가로, 30%는 언어와 문화 전문가로 인식했고 8%만이 다문화간 소통의 전문가로 인식했다(Kadrić, 2001: 119).

통역사 선정에 있어 중요한 기준은 언어 및 소통 능력(법률 지식은 필수적이지 않나), 신뢰성, 공정성, 기밀 유지, 일정이 가능한지의 여부, 그리고 자신감 있는 태도였다(2001: 112-117). 통역사에게 기대되는 임무는 다양했다. 가장 중요한 것은 오해가 발생했을 때 그것을 포착해 관심을 집중시키는 능력(95%), (지하세계의) 은어slang를 설명하고(90%), 법률 용어를 설명하는 것(72%), 문제가 있는 진술의 경우 발언 당사자에게 별도로 재확인해 진술을 명확히 하는 것(63%), 그리고 발화자가 특정 단어를 썼을 때 그것이 개인의 문화적 배경으로 인한 것임을 설명하는 것(85%)으로 나타났다(2001: 122-124).

카드리치는 (폴란드와 전 유고슬라비아 출신의) 두 명의 건설현장 노동자와 관련된 사례 연구를 분석했다. 이들은 언쟁 끝에 몸싸움을 벌이게 되었는데, 그 과정에서 상해를 입은 폴란드인이 보상을 요구한 것이다. 법률 소송에서 33세의 피고에게는 세르비아계 크로아티아인 통역사가 있었고 43세의 폴란드인은 독일어를 할 줄 알았다. 통역사는 단지 6개월의 통역 경력이 있었을 뿐 준비가 부족했으며 해당 소송에 대해 제대로 파악하지 못한 상태였다. 통역사와 치안판사 모두 공판의 기록 및 분석에 동의했다(모든 참가자는 익명으로 처리됐다)(Kadrić, 2001: 148). 전사된 텍스트를 보면 메시지가 와전될 만한 소지가 많았다. 치안판사는 통역사가 피고와 원고의 신상 정보를 소개 차원에서 알아서 말해주기를 바랐던 반면 통역사는 시킨 일만 했다. 더욱이 피고는 일관성 없고 왜곡된 언어를 사용하고, 치안판사는 보다 정확한 정보를 요구하며 계속 말을 '가로막아' 원활한 소통에 어려움이 있었다. 가뜩이나 통역사의 역량과 배경 지식이 부족한 상태였기 때문에 이러한 어려움 자체만으로도 충분히 문제가 되었다(2001: 194). 카드리치는 통역사가 법정 통역에 대해 적절한 교육을 받았다면 통역 수행이 더 나았을 것이라는 결론을 내린다. 사실 오스트리아에서는 법정 통역에 대한 교육이 전무하다시피하다. 다른 지역에서도 법률 통역사는 문화 간 중재자로서의 역할이 과소평가되고 전문직으로서의 지위가 낮으며 공적 지원이 적고 재원 조달도 열악하다(Morris, 1995; Barsky, 1996 참조).

오토 카데는 1968년 '통역Dolmetschen'에 대한 정의를 내렸을 때 회의 통역 상황만을 염두에 둔 것이 분명하다. 그는 통역이 "원천 텍스트가 단 한 번만(주로 구두로) 제시되고, 목표 언어 텍스트는 제한적 범위 안에서만 점검이 가능하며 시간적 압박하에서 생산되어 수정의 기회가 거의 없다"(강조 부연)고 정의했다. 이 정의는 동시통역에 여전히 적용되지만 질문을 되풀이하고 답을 점검하고 교정할 수 있는 대화 통역에는 완벽하게 적용되지 않는다.

대체로 통역학은 지난 15년간 엄청난 확장을 해왔고, 그 점은 특히 새로운 활동 분야의 (재)발견에 있어서 두드러진다. 1972년에 발표된 제임스 홈즈의 도해를 보면 통역학은 번역학의 '순수한' 연구 영역에 속하는 부분 이론에 불과했지만(Holmes, 1987: 21 도해상의 작은 '잔가지'에 해당) 이제는 연구, 교육 및 실무 분야를 두루 아우르는 하나의 독립된 학문으로 꽃피게 되었다. 오늘날에는 번역을 '문어 통역written interpreting'이라고 칭하는 것이 어색하듯이 통역을 '구술 번역oral translation'으로 부르는 것도 적절하지 않다(Pöchhacker & Shlesinger, 2002).

4.1.2 번역의 실증 연구

통역학과 마찬가지로 1990년대 번역의 실증적 전환은 1980년대 중반의 중대한 연구로부터 시작되었다. 1986년 보훔 대학교의 프랑스어 강사였던 한스 페터 크링스Hans-Peter Krings는 번역가의 머릿속을 들여다보고자 연구를 실시했다. 쿠르츠(4.1.1)가 신경생리학적 방법을 이용해서 통역사의 '블랙박스'가 어떤 작업을 하는지 연구했다면 크링스는 심리학의 '사고발화법think-aloud protocol(TAPs)'을 연구에 적용했다. 그의 연구에서 피험자들은 '사고 발화'를 했는데 이는 번역을 하면서 머리에 떠오른 생각들을 구두로 표현하는 방법을 말한다. 한편 피험자들의 번역 수행은 기록 및 전사되었다. 그 연구의 결과가 『번역가의 머릿속에는 무슨 일이 일어나고 있는가: 프랑스어 상급과정 학생의 번역 프로세스 구조에 관한 실증 조사 *What goes on in the heads of translators: An empirical investigation of the structure of the translation process with advanced learners of French*』라는 제목의 제법 많은 분량의 책으로 탄생했다. 이 연구에 옥의 티가 있다면 그것은 부제의 끝부분에 뚜렷이 드러난다. 부제에서 가리키는 '번역가'는 불어불문학을 공부하는 학생들이며, 그들은 이 연구에서 모국어를 외국어로 번역했다. 그러므로 실제로는 전문 번역가의 번역물이 아니라 학생들의 어휘력과 문법 숙련도 등 '코드 전환자'로서의 능력을 시험하는 것이었다. 비록 전문 번역가들이 바로 이의를 제기했지만 이 연구를 통해 새로운 연구 분야(번역학의 TAPs) 발전의 시금석이 마련되었다.

피험자 유형 외에 실험에 사용된 텍스트의 종류에 대해서도 이의가 제기되었다. 해당 텍스트는 학교 수업에서 흔히 사용하는 관습적인 것이지만, 회니히와 쿠스마울이 1982년에 이미 지적했다시피 전문 번역가의 실무에서는 거의 사용되지 않았다. 실험에서 사용된 텍스트는 주로 시사적인 주제 혹은 지역적 이슈에 관한 특집 기사였으며 미묘한 문체적 장치로 가득했다.

> 이러한 텍스트는 상당수의 언어적 장치, 특히 문체에 의해 특징지어진다. 양 텍스트 모두 은유적 표현, 말장난 등을 포함한다. 텍스트에 드러난 언어적 특징이 다양하다는 것은 번역에 있어서 그만큼 많은 문제를 안고 있음을 의미하며 프로세스 분석의 중요성을 강조한다. (Krings, 1986: 53)

크링스는 그러한 비판에 대응하기 위해 자신의 방법론을 전문 번역가에게 적용해 1987년 4월 힐데스하임Hildesheim에서 개최된 국제회의통역사협회AIIC 번역 심포지엄에서 「블랙박스 안을 들여다보기: 전문 번역가들을 대상으로 한 번역 프로세스에 관한 사례 연구Looking inside the 'black box': A case study on the translation process with professional translators」(Krings, 1988)라는 제하의 논문을 발표했다. 이 사례에는 두 가지 작은 문제점이 있다. 첫 번째 문제는 이 연구가 단 한 명의 번역가의 결과물만을 대상으로 했다는 점인데, 저자는 이에 대해 데이터 취합과 분석 관련 작업량이 엄청나게 많았기 때문이라고 설명했다(Krings, 1988: 395). 두 번째 문제는 텍스트의 유사성이다. 이 사례에서 사용된 프랑스의 풍자 주간지 『르 카나르 앙쉐네Le Canard Enchaîné』의 1983년 4월호는 이전 연구에서 사용된 텍스트와 유사하다. 저자는 이 텍스트가 '전문 번역가 실무에서 잘 사용되지 않는 유형의' 텍스트라는 점을 인지하고 있었다. 실제로 이 연구에서 사용된 텍스트가 대학생들을 대상으로 했던 이전 연구의 코퍼스의 일부이기도 하다. 그러나 저자는 텍스트가 유사하기 때문에 오히려 비교하기가 좋다고 주장했다. 당시에 그 연구를 통해 분석된 내용을 보면 매우 철저하고 상세했으며 방법론적 관점에서 보았을 때 후대의 전문 번역가 연구를 위한 뛰어난 밑거름을 제공해주었다.

크링스는 이 비교 연구를 통해서 전문가들은 총체적 전략을 사용해 텍스트를 종합적인 시각에서 바라보는 반면, 비전문가들은 선형 전략에 따라 단어나 구조 등의 작은 번역 단위로 작업을 한다는 점을 보여주었다. 이러한 연구 결과는 후에 핀란드에서 실시한 TAPs에서도 다시금 확인되었다(Jääskeläinen, 1989: Tirkkonen-Condit, 1989). 핀란드에서의 연구 결과에 따르면 전문가들은 자신의 일반 지식과 경험을 활성화시키면서 텍스트 의미에 초점을 두는 반면, 학생들은 단어나 형태적 요소에 집중한다. 전문가들은 의식적 전략과 이론적 기준을 적용해 보다 효율적으로 작업하며 자신감과 호기심 및 책임감도 더 큰 것으로 나타났다.

1990년대 유럽에서는 정신 과정mental process 문제에 관한 열띤 논쟁이 촉발됐다. 회니히는 1990년 제임스 홈즈 심포지엄에서 홈즈의 '매핑 이론Mapping Theory'[2]을 언급하며 이 문제를 제기했다(Hönig, 1991). 그리고 쿠스마울은 광범위한 연구를 실시해(Kussmaul, 1995의 제1장에서 상세하게 설명), 번역 교육, 오류 분석 혹은 창의성 연구에 대한 귀중한 통찰력을 제공했다(Kussmaul, 2000). 한편 일반적으로 사용되는 연구 방법인 TAPs에 대

2 1978년 5월 몬트리올 FIT 총회(1.4 참조)에서의 설명은 다음과 같다. "필자는 실제로 번역 과정이 다층위적인 과정이라고 주장했다. 문장을 번역할 때 우리는 머릿속에 원문 텍스트의 지도를 갖고 있으며 동시에 목표 언어로 생산하기를 원하는 텍스트의 지도도 갖고 있다. 순차적으로 번역을 한다고 해도 이러한 구조적 개념을 바탕으로 번역에서의 각 문장이 원문의 문장뿐만 아니라 우리가 번역할 때 가지고 다니는 원문 텍스트와 번역 텍스트의 두 지도에 의해서 결정되도록 한다."

한 비판의 소리가 제기되었다. TAPs는 보통 독백의 형식으로 피험자들은 번역을 하면서 소리 내어 말하는데 이는 분명히 인위적인 상황이다. 그래서 다른 연구자들은 피험자를 한 명 이상 사용하고 피험자들끼리 서로 대화를 하도록 하거나 심지어는 그룹 프로토콜을 사용해 일반적인 TAPs의 문제점을 해결하고자 했다(Schmid, 1994).

1990년대 번역학에서 시작된 또 하나의 실증 연구는 코퍼스 언어학이다. 이는 대규모로 전산화된 코퍼스를 사용하는 방법으로 1970년대와 1980년대 영국의 주요 언어 프로젝트에서 성공적으로 사용되었다. 코퍼스의 예로는 브라운 코퍼스Brown Corpus와 LOB 코퍼스Lancaster-Oslo-Bergen Corpus 혹은 BNC 코퍼스British National Corpus가 있다. 단일어 사전학monolingual lexicography 분야에서도 성공적인 프로젝트가 있는데 그중 하나가 존 싱클레어John Sinclair가 이끈 코빌드COBUILD[3] 프로젝트(Sinclair, 1987에 기술)이며, 그 결과로 『콜린스 영어사전*Collins Dictionary of the English Language*』(Hanks 외, 1979)과 『코빌드 영어학습자를 위한 사전*COBUILD Learner's Dictionary*』(1986) 등의 주요 출판물이 나왔다. 사전학 프로젝트가 어휘 항목을 중심으로 하는 반면에(코빌드 코퍼스는 특수 언어 텍스트로부터 2천만, 그리고 일반 언어에서 2천만, 총 4천만 단어를 포함한다. Sinclair, 1987: vii; Snell-Hornby, 1988a: 84) 코퍼스는 어떤 유형의 언어 자료로도 구성될 수 있다. 번역학에서는 모나 베이커Mona Baker(1993)가 존 싱클레어를 위한 기념논문집에 낸 기고문을 통해 코퍼스 언어학 적용의 가능성을 기술했다. 아울러 베이커는 1995년 코퍼스 기반 번역 연구의 잠재성에 관해 상세하게 기술하고 세 가지 유형의 텍스트 코퍼스로 병렬 코퍼스parallel

3 이것은 버밍엄 대학교와 콜린스 출판사Collins Publishers가 수행한 공동 사전 프로젝트였다. COBUILD는 '**CO**llins **B**irmingham **U**niversity **I**nternational **L**anguage **D**atabase'의 약자다. COBUILD 코퍼스는 후에 Bank of English(BoE)로 발전했다.

corpus, 다국어 코퍼스multilingual corpus, 그리고 비교 코퍼스comparable corpus를 제시했다. 병렬 텍스트를 번역 보조 도구로 사용하는 것에 대해서는 이론의 여지가 없다(4.2.1과 Göpferich, 1998 참조). 다국어 코퍼스는 (영국에서 여전히 만연한 언어학적 접근법 내에서의) 연구방법론에 변화를 가져왔다.

> 번역학 이론 연구의 초점이 바뀌어야 한다. ST 대 TT의 비교 혹은 A 언어 대 B 언어의 비교에서 벗어나 텍스트 생산 그 자체 대 번역을 비교하는 방향으로 가야한다. 즉 일관성 있고 완전한 A 언어 텍스트가 B 언어로 재암호화되는 상황을 정상적 번역 상황이라 할 때, 개별 스크립트를 바탕으로 상대적으로 자유롭게 생산된 텍스트가 정상적인 번역 상황하에서 생산된 텍스트와 어떻게 다른지를 분석해야 한다.(Baker, 1995: 233)

이러한(1980년대이 해석학, 기능주의, 그리고 문화 기반 접근법이 반대해온) 번역관은 1.3에서 기술된 언어학적 접근법을 반영하며 이는 5.1에서 더 자세하게 소개된다.

베이커는 비교 코퍼스를 이용해 자신이 말한 초점의 전환을 촉진시킬 수 있다고 제안한다(1995: 234). 여기에서 베이커는 비교 코퍼스를 '병렬 코퍼스와 다국어 코퍼스의 혼합'으로 이해한다. 비교 코퍼스는 분명히 위의 글을 쓸 당시에는 없었지만 베이커는 그러한 코퍼스를 구축할 것을 주장했다. 후에 도로시 케니Dorothy Kenny는 비교 코퍼스란 "단 하나의 언어로 쓰여진 텍스트의 집합, 예를 들면 영어로 쓰여진 텍스트 집합과 (하나 이상의 언어들로부터) 영어로 번역된 텍스트들의 집합을 나란히 비교하는 것"이라고 기술했다(1998: 52). 이러한 비교 코퍼스의 목표는 "원천 언어나 목표 언어가 무엇인지와는 무관하게 번역 텍스트에 특화되어 나타나는 패턴을 파악하는 것"이다(Baker, 1995: 234).

비교 코퍼스는 병렬 텍스트를 통해 번역사에게 제공한 정보와는 별도로 기계 번역, 컴퓨터 보조 번역 혹은 번역 현상 연구 등 번역학의 기술적 연구를 위해 광범위한 데이터를 제공하는 것을 목표로 한다. 코퍼스 범위 안에 포함되는 내용은 특정 항목의 빈도, 어휘 다양도type-token ratio, 어휘 밀도lexical density에서 번역 보편소translation universals에 이르기까지 다양하다(5.2 참조). 그러나 케니가 다음과 같이 결론짓고 있듯이 문제점이 있다.

> 아마도 코퍼스를 기반으로 한 번역 연구의 가장 큰 문제는 코퍼스 언어학이 항상 데이터 위주라는 사실에 있다. 코퍼스 언어학은 상향식으로 진행되고, 구체적인 사실을 바탕으로 특정 언어에 관한 일반화를 하기 때문이다. 그러나 최근의 번역학은 대체로 하향식을 추구한다. 이론가들은 추상적 가설을 지지할 만한 증거를 찾는 데 관심이 있기 때문에 번역학은 코퍼스에 대해 세밀한 요구를 한다. 코퍼스가 번역을 바라보는 새로운 방법을 이끌어왔듯이 번역학도 지속적인 연구를 통해 코퍼스를 바라보는 새로운 방법을 창출할 수 있을 것이다.(1998: 53)

실제로 1980년대 코퍼스를 기반으로 한 언어학과 번역학이 긴밀한 접촉을 한 바 있다. 당시 번역학자들과 코빌드 사전 편찬자들은 번역가를 위한 이중 언어 참고서적을 만들기 위해 데이터 활용 방안을 논의했다(Snell-Hornby & Pöhl, 1989 참조). 언어를 공부하는 학생이나 관광객은 텍스트의 한 '슬롯slot'에 대응되는 '등가어'가 실린 이중 언어 사전을 쓴다. 사전 편찬자들은 번역가들 역시 그런 사전이 필요할 것이라고 생각했다. 이러한 사전 편찬자들의 가정과 전문 번역가들의 현실적 니즈 사이에서 발생하는 개념적 문제들은 위의 이중 언어 참고서적으로 해결되었을지도 모르는 일이다. 그러나 (무엇보다 문학) 번역가들과 번역학자들이 기대한 것은 의미장

semantic fields에 기반한 이중 언어 유의어 사전이었다(Birkenhauer & Birkenhauer, 1989; Snell-Hornby, 1996b). 언어학자인 사전 편찬자들은 호의적인 반응을 보이며 이러한 사전이 가지고 있는 이론적 잠재력이 클 것으로 전망했다. 그러나 상업적 시각을 지닌 출판사들은 회의적이었다. '규모가 작은 시장'에서 그만한 프로젝트 비용을 회수할 수 없다고 생각했기 때문이다. 그런 이유로 이 프로젝트는 실현되지 못했고 홈즈는 1984년 빈 논문의 끝부분에서 "우리의 이중 언어 사전과 문법은 여전히 불명예스럽고 절망스럽다"라고 탄식하며 암울한 현실을 드러냈다(Holmes, 1988: 110과 5.1 참조).

법률 번역도 1990년대 번역의 실증 연구가 활발히 일어났던 분야로, 여기서는 4.1.1에서 살펴보았던 법정 통역에 이어 추가로 소개하고자 한다. 유럽 대륙에서 법률 번역은 유구한 역사를 지니고 있다. 18세기 빈의 마리아 테레지아Maria Theresia 여제의 법정에는 'Hoftranslatoren'[4](궁정 번역사Court Translator)로 알려진 뛰어난 관리가 국정과 행정의 제반 사항을 다루었다(상세한 설명은 Petioky, 1997 참조).[5]

오늘날 여러 중앙 유럽 국가들에서 여전히 두드러진 오스트리아-헝가리 제국의 유산은 법률 및 행정 시스템으로 중앙 유럽 국가들의 제도 사이에는 공통 요소도 많다. 1998년 아가 플루타Aga Pluta는 빈 대학교에 제출

---

4 20세기 말 이론가들과 실무자들 사이에 그토록 많은 논란을 낳았던 독일어 용어 'Translator'가 200년 전에 이미 널리 통용되고 있었다는 점이 의미심장하다.

5 미카엘라 볼프Michaela Wolf는 후기 합스부르크 왕가 시대의 번역과 통역에 관해 폭넓은 설명을 제시했다(Wolf, 2005). 『라우트리지 번역학 백과사전*Routledge Encyclopedia of Translation Studies*』(Baker, 1998)에 나오는 '독일 전통'에 관한 내용에서 비문학 번역에서의 오랜 관행에 대한 설명이 없다. '역사와 전통'(Part II)에서 오스트리아의 비문학 번역에 대한 기여분에 관해 유일하게 언급된 내용이 '헝가리 전통' 부분에 나와 오해의 소지가 있다.

한 다학제적 석사 논문을 통해 오스트리아에서 'Baubescheid'로 알려진 단어의 독일어, 영어, 폴란드어 대응어를 비교했다. 오스트리아에서 'Bescheid'는 행정 혹은 법률 기관에서 작성한 공식 문서로서 최종 결정에 관한 정보를 담고 있다(주로 신청 결과). 이 문서는 정해진 기본 구조가 있어서 '결정Spruch', '결정의 이유Begründung', 그리고 '항소권에 관한 정보Rechtsmittelbelehrung'의 세 부분으로 구성되며 법적 구속력을 지닌다. 이러한 기본 특성을 고려하건대 이는 앵글로색슨계 국가에는 없는 텍스트 장르다(Snell-Hornby, 2002a: 146-149 참조). 그러나 앵글로색슨계 국가들에도 비슷한 법률 상황에서 생산된 병렬 텍스트가 있기 때문에 '등가'까지는 아니어도 그에 상응하는 텍스트가 있다. 가령 'Baubescheid'는 건축 허가 신청에 대한 결과를 통지하기 위해 발행되는 'Bescheid'인데 건축 허가 신청과 결과 통지는 영국에서도 오스트리아만큼이나 흔한 일이다. 영국에서는 이에 상응하는 것이 '의사결정 통지문decision notice'으로, 차이점이라면 이는 서한 형식이며 앵글로색슨 법률 체계에 속하기 때문에 오스트리아에서 'Baubescheid'가 지닌 법정 영향력을 똑같이 발휘하지 못한다. 공산주의 치하의 폴란드에서는 건축 허가의 법률 관계 그 자체가 자본주의 국가와는 매우 달랐다. 게다가 폴란드어가 너무 어렵기 때문에 위에 상응하는 허가 문서는 어차피 따로 분류해야 한다고 생각할 수도 있다. 그러나 플루타가 자신의 3개국어 코퍼스를 바탕으로 분석한 바에 따르면 실제로 폴란드와 오스트리아 문서들은 구조 및 언어 면에서 놀라울 정도로 흡사하다는 것을 설득력 있게 보여준다. 특히 1989년 정치적 전환 이후 법률적 영향력 면에서도 유사성을 보이고 있다. 반면 영국의 '의사결정 통지문'은 특유의 다양한 표현법이 담긴 '이국적' 텍스트 유형이라고 할 수 있을 정도로 달랐다. 이 예가 보여주고 있듯이 번역의 맥락에서 법률 문서를 비교하는 것은 사실상 법률 시스템을 비교하는 것을 의미한다

(Arntz, 1986: 291-292; Stolze, 1999).

1990년에는 법률 번역에 관한 흥미로운 연구들이 있었다. 수잔 자르체비치Susan Šarčević는 다학제적 관점(1994)과 비주류 언어(1990) 관점에서 법률 번역을 연구했다. 피터 산드리니Peter Sandrini(1999)가 편집한 에세이 모음집은 1990년대에 걸쳐 수행된 법률 번역에 관한 연구 개괄을 제시하고 있다(다학제적 접근법은 Reiner Arntz의 논문 참조). 특히 정치적 상황에 의해 이중 언어 지역이 된 남부 티롤 지방의 독일어-이탈리아어 법률 텍스트 코퍼스에 주목할 필요가 있다. 볼차노 유럽학회European Academy in Bolzano에서 라이네 아른츠Reiner Arntz가 지휘하는 '언어와 법률' 특별 프로젝트는 볼차노 지역의 법률 번역을 주제로 했다(Arntz, 1996 참조). 또한 2002년 안드레아 베르나르디니Andrea Bernardini는 이탈리어로 작성된 남부 티롤 지방 민법의 독일어 번역본에 관한 비평 연구를 했다.

한편 나데스다 삼호페로바Nadezda Salmhoferova는 체코 공화국의 법률 번역가를 대상으로 실증 연구를 실시했다(2002). 삼호페로바는 홀츠-맨태리의 번역행위 이론을 기초로 하여, 급격한 사회 변화가 진행 중인 체코에서 활동하는 174명의 법률 번역가를 대상으로 배경과 지위, 자기 정의, 전략을 조사했다. 그러나 조사 결과를 보면 법률 번역가의 현실은 새로운 후기 공산주의 사회에서 요구하는 이상적인 직무 프로파일과 매우 동떨어진 것으로 드러났다. 삼호페로바의 조사는 새로운 책임 영역의 정의, 현재 활동하는 번역가들의 추가 교육을 위한 프로그램 발족, 그리고 미래의 법률 번역가의 기본 교육에 있어서 중요한 것으로 나타났다.

4.2 글로벌화로의 전환

> 현상의 지평을 넘으면 두 가지의 정치적 미래가 펼쳐질 가능성이 있다. 그 어느 것 하나 민주적이지 않고 암울하기까지 한 두 미래는 다음과 같이 펼쳐질 것이다. 첫째, 전쟁과 유혈 사태로 인해 수많은 인구가 재부족화retribalization될 가능성이 있다. 민족 국가가 레바논화Lebanonization(헤즈볼라가 레바논의 이슬람화를 포기하고 다문화적 · 다종교적 속성을 받아들이기로 한 것 – 옮긴이)의 위협을 받아 문화 간, 인종 간, 부족 간 대치 상태에 놓이게 되며 모든 유형의 상호 의존, 인위적 사회 협력과 시민 상호 관계에 대항하는 수백 개의 군소 종교의 이름으로 지하드가 결성될 수 있다. 둘째, 기술, 생태, 커뮤니케이션과 상업에 의해 전 세계가 하나의 맥월드McWorld로 묶일 것이다. 맥월드는 통합과 획일화를 요구하고, MTV, 매킨토시, 맥도날드로 대변되는 빠른 음악, 컴퓨터, 그리고 패스트푸드로 세상을 매혹시키는 경제 및 생태적 세력을 급격히 강화시켜서 민족 국가가 하나의 상업적으로 획일화된 글로벌 네트워크로 통합되도록 촉진한다. 지구는 급격히 분열되는 동시에 마지못해 뭉치고 있다. (Barber, 1992: 53)

이것은 콜럼버스가 아메리카 대륙을 발견한 지 500주년이 되던 해인 1992년에 벤자민 바버Benjamin Barber가 『월간 아틀란틱*The Atlantic Monthly*』에 기고한 글의 서두다(3.2 참조). '지하드 대 맥월드'라는 제목을 통해 그는 부족주의와 글로벌리즘에 각각 이름을 부여했으며 이 둘이 '우리 시대 원칙의 양대 축'이라고 기술했다. 오늘날의 관점에서 그의 말은 예언가적 차원으로 평가할 수 있다. 1990년대 부족주의는 비극적인 분쟁 지역을 낳았고(전 유고슬라비아와 르완다가 극명한 예다), 글로벌리즘 혹은 글로벌화[6]는 1990년대의 전개 상황을 기술하는 핵심어가 되었다. 이는 기술과 상업 모두에 직접 적용될 뿐만 아니라 커뮤니케이션과 언어, 국제 담화, 그리고 번역에까지도 적용된다. 그러나 기술이나 상업과는 달리 (또한 '편협한 증오'와 '보편화되는 시장'에 의해 주도되는 미래라는 바버의 암울한 비전을 상쇄하며) 개별 문화 공동체의 표현 수단으로서의 언어 현상은 세 번째의 보다 건설적인 개념인 문화 정체성으로 귀결된다. 문화 정체성이란 한 문화가 자체적으로 지닌, 타 문화와 뚜렷하게 구분되는 특징들을 바탕으로 자기 인식을 하는 것을 의미하는 동시에, 전 세계의 이웃하는 타 문화 정체성과 조화롭게 공존하고 상호 커뮤니케이션을 하는 것을 가리킨다.[7]

'문화 정체성'이라는 용어는 니카라과의 시인이자 정치행동주의자인 지오콘다 벨리Gioconda Belli가 주창한 것으로, 마나과 대학교와 그라츠 대학교가 1992년 3월 공동으로 개최한 '500년 라틴아메리카 저항의 역사 심포지엄'에 기고한 감동적인 논문에서 사용되었다(König 외, 1994). 이 협력 프로젝트는 오랫동안 유럽의 세계관에서 크리스토퍼 콜럼버스가 '미대륙을 발견'했다고 알려진 것에 대한 대응이었다. 「아메리카를 기억하며America in Memory」라는 제목의 벨리의 논문은 후에 남미로 편입된 지역 문화의 파괴와 토착민의 말살을 애도한다.

> 수세기에 걸쳐 식민 통치와 봉건주의가 절반씩 혼합된 체제로 인해 라틴아메리카는 특권을 향유하는 엘리트와 빈곤한 다수로 양극화되었다. 이러한 체제와 스페인의 자리를 대체한 북미 제국주의 지배에 대한 저항 속

6 프램슨Framson(2005: 47-48)은 이러한 용어가 부정확하게 사용되었다고 논한다. '글로벌리즘globalism'은 글로벌 마케팅의 이데올로기를 가리키고 '글로벌화globalization'는 글로벌 네트워킹의 과정과 그에 따른 분쟁을 가리킨다.

7 문화 정체성의 개념은 베누티가 사용한 용어와 동일한 의미가 아니다(1994: 202와 1998). 베누티의 용어는 고정관념 혹은 번역에 의해 구축된 '외국 문화의 표상'을 가리킨다(3.2.1에 기술).

> 에서 라틴아메리카의 문화 정체성의 기본 특질이 형성되었다.(1994: 16)[8]

벨리가 보기에는 식민화에 대한 끈질긴 저항 덕분에 라틴아메리카의 문화 정체성이 완전히 말살되지 않았다(1994: 15). 그러나 『월간 아틀란틱』에 실린 바버의 글을 참조하며 벨리는 라틴아메리카의 문화 정체성이 (그리고 전 세계 '제3세계' 국가들의 미래가) 글로벌화와 위에서 언급한 '맥월드'에 의해 멸종의 위기에 봉착했다고 보고 있다.

> 서구적이고 선진화된, 유일하게 문명화가 가능한 존재 형태라고 스스로 내세우는 '맥월드' 문화로 인해 우리 모두가 위험에 처해 있다. 우리는 평범함 속에 우리 자신을 상실하고 우매함의 문화에 식민화되어 압도될 위험에 처한 것이다.
>
> 나는 이것이 민족주의에 불을 지필 것이라고 생각한다. 사람들은 자신들의 정체성, 인종적 뿌리, 공동체로 도피할 것이며, 그 과정에서 세계는 분리주의, 동족상잔의 전쟁, 그리고 위험한 외국인 혐오증이 가득한 곳으로 전락할 것이다.(1994: 18)

1992년과 2000년 이후의 전개 상황을 고려해 위의 글을 오늘날의 관점에서 보면 마치 예언을 적어놓은 것 같다. 벨리가 제시한 바는 언어와 번역의 세계에서도 쉽게 그 유사점을 찾을 수 있다. 여기서는 번역과 소위 '언어 산업'이 민족주의 현상, 문화 정체성, 그리고 특히 글로벌화와 어떻게 불가분의 관계에 놓이게 되었는지를 알아보고자 한다.

8 벨리Belli가 읽은 (그리고 출판을 위해 독일어로 번역된) 스페인 텍스트는 안타깝게도 더 이상 남아 있지 않다.

4.2.1 기술과 번역가

> 제 소개를 하겠습니다. 제 이름은 잭입니다. 저는 미국에서 일하는 번역가입니다. 물론 저는 전 세계 다른 번역가들과 공통되는 특징과 성격이 있습니다. 저와 같은 번역가는 국제 조직이나 다국적 기업, 정부 기관, 개인 회사에 속해 있거나 혹은 독자적으로 일을 합니다. 우리는 매우 기술적인 (때로는 알아보기 힘든) 문서를 읽고 다른 언어로 번역합니다. 하루는 환경 규정을 번역하다가도 다음 날에는 탈염 기계 사양을 번역합니다. (Violante-Cassetta, 1996: 199)

이 말을 시작으로 파트리샤 비오란테 카세타Patricia Violante-Cassetta는 1994년 9월 미사노 아드리아티코Misano Adriatico에서 개최된 '통역과 번역 교육의 문제점과 동향'에 관한 국제회의에서 자신이 발표한 논문을 소개했다. 「2000년도의 잭」이라는 제하의 그 논문에서는 1990년대 중반의 시점에서 새천년의 전환기를 맞이하는 번역가의 일상을(그리고 번역학도들이 어떤 교육을 받아야 하는지를) 상상했다. 그 회의가 개최되었을 당시 카세타가 표현한, 첨단 '하이테크'(컴퓨터, 전문 용어 데이터 뱅크, 이메일, 인터넷과 MT 시스템) 기기에 둘러싸인 '잭'에 관한 묘사는 마치 암울한 공상과학 소설에 나오는 장면 같았다. 그러나 그로부터 10년이 지난 후 카세타의 논문을 읽어보니 그가 묘사한 '잭'의 일상이 이미 한물간 과거의 모습까지는 아니어도 적어도 오늘날 번역가의 일상적인 모습이 되었다고 말할 수 있다(Schmitt, 1998: 193; Stoll, 2000 참조). 기술 분야의 현상現狀은 번역 전문직에서 반복적으로 제기되는 주제이지만(시사잡지 『랭귀지 인터내셔널』에서 여러 호에 걸쳐 실린 바 있다)[9] 어떤 하나의 기술이란 그 수명이 짧기 때문에 필자는 카세타의 논문이 작성되었던 당시의 기술과 번역의 관련성에 대해 기술하지 않겠다. 다만 1990년대에 발생한 (그리고 지금도 계속되는) 정보 기술의 급격한 발전은 여러 출판물을 통해 기록되었다시피 번역가와 통역사의 일상을 급격하게 변화시켰다는 점만을 사실로 주장할 수 있을 뿐이다(4.1.1 참조).

오히려 여기서는 그러한 기술 발전이 어떻게 인식되고 번역 연구에 어떤 영향을 미치는지가 더 흥미로운 관심사다. 한 가지 중요한 것은 언어 그 자체에 대한 인식이다. 1990년대 말의 '최신 변화'는 독일의 시사잡지 『슈피겔*Der Spiegel*』의 1998년 12월 14일자 기사에 기술되어 있다. 잡지 표지에는 굵은 글씨체로 '총체적 커뮤니케이션Kommunikation total'이라고 쓰여져 있다. 해당 기사의 제목은 '제7대륙Der siebte Kontinent'이나 그 내용은 지리나 환경과는 무관한 멀티미디어, 인터넷, 파워북과 스와치톡swatch-talk 등의 사용이 일상화된 20세기 말의 전자 세계에 관한 것이다. 당시의 시대적 원형은 소프트웨어 매니저가 헬스클럽에서 자전거를 타면서 핸들에 부착된 모니터를 통해 인터넷을 하는 모습이다. 자전거로 10킬로미터를 달리면서 그는 온라인으로 세 가지 신문을 보고, 최신 주가를 연구하며 12통 정도의 이메일을 확인한다. 무한대의 즉각적인 정보가 다양한 채널을 통해 동시다발적으로 제공되는 모습이 당시 지구촌에서의 커뮤니케이션의 단상으로 간주되었고 오늘날까지도 그 모습이 이어지고 있다. 방대한 양의 자료와 그것이 처리되는 속도, 커뮤니케이션 행위 참여자의 원격 및 가상적 상황, 이 모든 것이 우리가 언어를 생산하고 인식하는 방식 그리고 우리 주변의 세계와 상호 작용하는 방식을 바꿔놓았다.

이것이 언어와 커뮤니케이션에 적용된 바버의 '맥월드'다. 1990년대에 중대한 변화를 거친 세 개의 영역, 즉 소비자가 처리해야 하는 자료의 성

---

9 예: 9/1, 9/3 그리고 9.6(1997), 10/4(1998), 12/6(2000) 등.

격, 그 자료가 제공되는 언어, 그리고 텍스트의 개념 중 첫 두 영역에서 바버의 은유인 '맥월드'를 계속 적용할 수 있다. 언어적 맥월드는 '패스트푸드'적인 지식을 제공한다. 예를 들어 인터넷을 통해 그런 지식을 제공한다면 번역가에게는 사실상 무제한적인 분량의 병렬 텍스트가 번역의 잠재적 보조 도구로서 제공되고(4.1.2 참조) 첨단 웹사이트를 통해 정보를 얻을 수 있음을 의미한다. 그러나 그와 동시에 20년 전에는 불완전하다고 무시되었던 수많은 말들도 같이 제공된다. 이 '맥언어McLanguage'는 상당 부분이 미국식 영어로서, 축약형, 아이콘, 두문자어acronym 및 그래픽 디자인의 도움을 받아 문체와 주제 범위가 축소되고 빠른 소비를 위해 맞춤화된 것이다(4.2.3 참조). 그러나 멀티미디어가 텍스트 개념과 텍스트 유형 개념에 끼친 변화 역시 그만큼 급격하다. 한때는 장거리 커뮤니케이션 행위의 산물을 구어와 문어로 구분하거나, (개별 문화에 따라 엄격히 준수되는 관습을 따르는) 상업 통신, 전보, 음성 통화, 메모, 리포트 등으로 명확하게 분류할 수 있었다. 단어와 이미지, 음성이 혼합된 멀티미디어와 통신의 무궁무진한 가능성은 '소통적 인간homo communicator'을 탄생시켰다. 소통적 인간은 이메일, SMS, 팩스 주고받기, 발화, 청취, 읽기 및 보기(이 모든 활동들이 보통은 동시에 진행된다)에 익숙하지만, 끊임없이 공급되는 토막 정보와 이미지의 홍수를 흡수하거나 일관성 있는 메시지로 정리하지는 않는다.

그러나 우리의 현재 생활이 담대한 새로운 맥월드Brave New McWorld로만 구성된 것은 아니다. 1990년대 중앙 유럽과 동부 유럽 등지에서는 '언어적 재부족화'가 등장했다. 공산주의가 몰락한 이후 새로운 민족 정체성이 등장함에 따라 각 인종 단체는 자신들의 문화 유산과 모국어의 중요성을 재발견했으며 이는 다른 인종 집단과 분쟁 중일 경우에 더욱 두드러졌다. 그 극렬한 예가 보스니아어, 세르비아어, 크로아티아어가 각각 별개의 언어로 등장한 것이다(과거에는 인위적으로 만든 세르보크로아티아어Serbo-Croat가 있었다). 그러나 사실 이 세 언어 간에 차이는 거의 없으며, 설사 있다고 해도 그것은 인위적으로 만들어낸 차이인 경우가 많다. 이 경우에 ('언어 변종'에 대비되는) '언어'란 객관적인 언어적 기준에 따라 정의되는 것도 아니고 상호의사소통성을 기초로 정의되는 것도 아니다. 이러한 관점에서 보면 언어란(투리의 '번역'에 대한 정의와 유사하다. 2.1 참조) 정치적, 인종적, 혹은 종교적 동기 그 어떤 것에 의해서든 간에 단순히 수용되는 그대로의(그리고 공식적으로 인정되는) 것을 말한다. '확산이 덜 되고' 고유한 문화적 정체성을 지닌 언어라면 완전히 다른 번역 문제와 잠재력이 생기지만, 그런 언어들조차도 글로벌화의 '맥언어' 세계의 일부분으로 존재한다(Grosman 외, 2000 참조).

일반적으로 1990년대의 새로운 기술 발전으로 번역가가 작업하는 '언어 자료language material'(이전에는 글로벌하게 '텍스트'로 이해되었던)에 급격한 변화가 생겼다. 이러한 변화는 다음과 같이 요약된다.

1. 통신에 의해 전송되는 어마어마한 양의 자료, 그것에 의해 처리되는 발화, 구어 형태 사용의 증가, 기존에는 언어 실수나 입력 오류로 간주하던 실수에 대한 관용으로 인해 일부 커뮤니케이션은 단순히 기본적 상호의사소통성에만 의존하며, 어느 정도까지는 번역이 불필요하다(대부분의 커뮤니케이션이 공통어인 영어로 진행된다. 4.2.3 참조). 공식적인 상업통신은 부분적으로 비공식적인 이메일 통신으로 대체되었으며 상당량이 팩스나 휴대전화 통화로 처리된다.
2. 빠른 처리를 요구하고 완벽하지 않은 언어 형태를 사용해도 용인되며 문화 특이적인 차이가 기술적 '세계 공용어' 안에서는 줄어들기 때문에 기계 번역의 잠재적 역할이 더욱 커진다(예: '요지 뽑기gisting', 혹은

회사에서 내부적으로 사용하기 위한 내부자 정보의 간략한 버전 만들기).

3. 멀티미디어 커뮤니케이션은 새로운 텍스트 유형을 창출한다(박물관의 오디오 가이드가 그 한 예). 그중 일부는 다기호적이며, 언어 기호가 아이콘, 레이아웃, 이미지 및 소리와 상호 작용한다(광고 기법에서 점차 많이 등장하는 추세다. 4.2.2 참조).
4. 이문화 간 커뮤니케이션에서는 언어 중재뿐 아니라 보다 높은 문화 전문성이 요구되기 때문에 (인간) 번역가(그리고 통역사)는 점차 중요한 역할을 차지하며, '최종 산출물'에 대해 전적으로 책임진다. (3.1.1 참조)

특히 네 번째 항목은 다음 절에서 상세하게 다룰 것이다. 한편 기술이 우리 생활을 지배하기 때문에 기술 텍스트가 전문 번역가가 작업하는 텍스트의 75%를 차지하게 되었고, 기술 관련 글쓰기와 컨텐츠 관리, 다언어 문서, 소프트웨어 로칼리세이션software localization 등의 새로운 분야가 창출되었다(Gebhardt, 1998; Schmitt, 1999; Göpferich, 2002 참조). 번역가의 기본 직무 프로파일도 급격하게 변화했다. 이에 관해서는 카를하인츠 슈톨Karlheinz Stoll이 생생하게 기술하고 있다. 그는 과거에 '막후에서 걸어다니는 사전의 기능을 하던 회색 쥐'와 오늘날의 성공한 번역사를 대비시킨다(오늘날의 번역가는 가용한 모든 컴퓨터 도구를 이용해 어마어마한 양의 텍스트를 처리하고 소프트웨어 로칼리제이션을 하며 전자상거래를 관리한다)(2000: 258). 그와 동시에 용어, (번역메모리시스템translation memory systems 등의) 언어 기술, 그리고 기계 번역 분야들은 계속해서 독립적으로 빠른 발전을 했다. 그러나 이러한 발전은 인접 학문인 언어학과 컴퓨터과학을 통해, 그리고 번역학 내부에서라기보다는 번역학과 더불어 발전했다. 그러나 슈톨은 이렇게 계속 바뀌는 여러 변수들 중에서 번역 능력만큼은 변함없이 계속 유지되어왔다고 인정한다. 그 능력은 다시 말하면 해당 언어(들) 능숙도, 번역학의 이론적 접근법에 관한 기초 지식, 주제 분야에 대한 전문성, 그리고 문화 역량이다(Snell-Hornby, 1992 참조).

4.2.2 번역과 광고

1990년 9월 필자는 민주주의 체제로 전환한 국가들에 사는 동료들과 연락을 취하기 위해 폴란드의 대학교 탐방에 나섰다. 당시 크라쿠브Kraków의 음침한 소련식 호텔에 묵었는데, 그곳에서 영어와 독일어로 쓰여진 현지 관광업체의 작은 홍보책자를 발견했다. 표지에는 로고와 함께 "오르비스ORBIS 크라쿠브가 여러분을 초대합니다"라고 적힌 정보가 담겨 있었다. 안쪽에 적혀 있는 텍스트 중 영어 버전은 아래와 같다.

"ORBIS" Kraków

1.05.-15.10.90

offers specially prepared programme of regular local excursions:

- everyday sightseeings —including visits to: Wawel-former residence of Polish kings: Kings' Çhambers, Cathedral, Old City, former Jewish district —Kazimierz.
- excursions to Wieliczka —one of the oldest Salt Mines in Europe on Tue, Wed, Fri, Sun.
- excursions to Martyrdom Museum in Oswiecim-former concentration camp Auschwitz-Birkenau on Mon, Thu, Sat. (sic!)

"오르비스" 크라쿠브

1990년 5월 1일-10월 15일

특별 정규 현지 여행 프로그램

• 매일 관광 — 역대 폴란드 국왕들의 주거지인 바벨 및 왕의 침실, 성당, 구 도심, 카지미어즈 등 과거의 유태인 구역

• 비엘리츠카 여행 — 유럽에서 가장 오래된 암염 광산 중 하나. 매주 화·수·금·일요일 출발

• 오시비에침 순교 박물관 여행 — 과거의 아우슈비츠-비르케나우 강제수용소. 매주 월·목·토요일 출발

오르비스가 '초대'하는 현지 여행 안내 책자 속에는 풍부한 문화와 역사를 지닌 역사적 건축물로의 '일일 관광 여행' 정보가 담겨 있었다. 그 책자을 읽는 사람은 잔뜩 기대에 부풀다가 'Martyrdom Museum순교 박물관'에서 시선이 멈춰버린다. 이 영문 문구만 보면 'Martyrdom Museum'이 무엇인지 이해가 잘 되지 않고 'm'자 두운은 마치 'London Dungeon런던 감옥(중세 감옥을 재현한 것으로 런던에 있다 — 옮긴이)'이나 놀이공원의 공포의 방을 지칭하는 재미있는 장치처럼 느껴지기도 한다. 계속 읽어내려가다 보면 경악스럽게도 'Martyrdom Museum'이 아우슈비츠의 과거 포로수용소를 가리킨다는 것을 알게 된다. 이렇게 처참한 오해가 생기는 이유는 단순히 문체적 장치 때문만은 아니고 초보적인 번역 오류 때문이다. 폴란드 이름 'Muzeum Męczeństwa i Martyrologii Oświęcim-Brenzinka'에서 'Muzeum …… Martyrologii'라는 단어를 아무 생각 없이 영어로 코드 전환한 것이다. 그러나 폴란드어에서는 그 단어들이 (문화 대상물을 전시하는 건물인) 박물관을 뜻하는 것이 아니고 그렇다고 '순교'와 관련된 것도 아니다. 폴란드어로는 수세기 동안 폴란드에 새겨진 고통과 자기희생의 역사를 의미하는 것이다. 아우슈비츠에 남아 있는 (그리고 일반에 공개된) 포로수용소를 영어로는 보통 'memorial추모지'이라고 부른다. 그 안내 책자의 영어 텍스트가 줄 수 있는 부정적 영향을 지

적하자 책자는 바로 회수되었다.

1997년에 필자는 템푸스TEMPUS 프로그램에 참석하고자 크라쿠브로 돌아왔다. 이번에는 서구식의 새 호텔에 묵었다. 오르비스는 여전히 광고를 하고 있었는데 이번에는 포스터도 걸고 그림이 잔뜩 그려진 밝은 색상의 브로슈어를 사용했다. 그중 하나는 '국립 순교 박물관'이 있는 오시비에침 마을을 포함한 '크라쿠브 주변 지역' 관광을 홍보하는 브로슈어였다. 그 '박물관'이 실제로 가리키는 아우슈비츠 포로수용소에 관련된 추가 정보가 있었지만 사실상 무용지물이었다. 매혹적인 광고 기법과 오해의 소지가 있는 번역으로 인해 그 추모지가 간직한 암울한 현실과는 너무나 상반된 효과를 만들어냈기 때문이다. 템푸스 세미나에 참석했던 번역 교육가들은 질겁하며 외국인을 위한 아우슈비츠 홍보 (독일어) 텍스트를 과제 삼아 스스로 만들었다. 간단한 일이었다. 장난스러운 광고가 아닌 정보적인 텍스트를 만들면 되는 일이었다. 기본적인 사실 정보를 담는 것만으로도 충분한 방문 동기를 유발했다.[10]

광고는 현대 생활 도처에 편재하는 특징이 되었다. 특히 제2차 세계대전 이후 부유한 자본주의 국가에서 그 특징이 두드러졌다. 글로벌화, 국제시장, 다국적 기업, 그리고 대중 관광과 함께 광고는 중요한 번역 문제로 대두되었다. 하지만 관련 기업들은 여전히 이 문제에 충분한 관심을 기울이지 않고 있다(Framson, 2005 참조). 가장 첨예한 사안은 바버가 이미 언급한 이해의 상충이다. 한편에서는 '맥월드'의 글로벌한 순응성이 전 세계 소비자에게 손을 뻗치고 다른 한편에서는 문화 특수적 관심사, 종교와 윤리 및 법률의 차이, 그리고 언어와 문화 정체성 문제가 모두 커뮤니케이션을 보다 복잡하게 만든다.

---

10 이 텍스트는 Snell-Hornby(2003b: 92)에 실려 있다.

1990년대에는 광고가 지닌 문제점과, 광고가 번역학과 새로운 직무 프로파일 개발에 있어 지닌 잠재력에 대한 인식이 제고되었다. 1994년 칸다스 세귀노Candace Séguinot는 광고 번역과 관련된 여러 가지 문제들과 다양한 영역에서 번역가에게 요구되는 역량을 지적했다.

> 광고 번역을 할 때 번역가는 광고의 최종 형태에 대한 책임을 지게 된다. 번역 사업의 글로벌화는 때로는 번역과 통역 외에도 완전한 마케팅 서비스를 제공하는 것을 의미한다. 그러므로 문화 경계를 넘어 재화와 서비스를 마케팅할 때에는 언어와 디자인을 넘어선 문화와 기호학에 대한 이해가 있어야 한다. 번역가들은 마케팅의 기본을 알아야 한다. 시장의 법적 관할령, 문화적 차이가 마케팅에 미치는 영향, 원천 언어 텍스트의 형태와 기능에 따른 제약, 그리고 광고에서 매우 중요한 시각적 요소를 해석하는 법을 알아야 한다. 글로벌한 시장에서 성공적으로 일하기 위해서는 최종 산출물 관리, 문화와 마케팅에 관한 조사, 번역물의 법적 제약 준수 여부를 확실히 해두어야 한다. 이 모든 것은 번역가 직무에 필요한 지식과 기술의 범위가 변화하고 있음을 보여준다. (Séguinot, 1994: 249)

스미스Smith와 클라인-브레일리Klein-Braley(1997)는 광고 텍스트 번역과 관련된 이론적·실무적인 문제의 범위를 강조한다. 이는 연구와 번역가 교육 모두에 좋은 자료다.

> 번역학에 있어 광고 번역은 번역을 하면서 부딪히는 모든 운율적, 화용론적, 통사적, 텍스트적, 기호학적, 심지어는 언어유희적 어려움의 축소판이다. 그러한 짧고 복잡하며 구조적으로 완전한 텍스트를 분석하면서 관련 현상에 대처 가능한 전략과 방법에 관해 가치 있는 통찰력을 얻

> 게 되면, 결과적으로 그것을 보다 분량이 많은 문학 혹은 비문학 텍스트에 적용할 수 있다.(1997: 173)

번역된 지면 광고 코퍼스를 기반으로 두 학자는 번역의 다섯 가지 주요 전략을 제시한다.

1. 변경 없음: 그래픽과 텍스트를 모두 그대로 유지한다.
2. 수출 광고: 원문의 로고와 슬로건을 그대로 유지하고, 원천 문화의 긍정적 고정관념을 살리며 필요하다면 목표 언어로 카피를 추가한다.
3. 직역
4. 번안: 시각 자료는 유지하고, 텍스트는 조금 혹은 많이 바꾼다.
5. 수정: 시각 자료는 유지하고, 텍스트는 새로 쓴다.(1997: 182-183)

이 중에서 선택하는 전략은 대상 집단, 브랜드명, 해당 상품 등 다양한 변수에 따라 달라진다. 1번과 2번 전략은 인지도가 높은 브랜드명을 가지고 있는 향수와 소프트 드링크에 적용되고 주요 대상 집단은 젊은 층과 직장인이다. 3번의 직역 전략은 국제 마케팅 수준에서는 신규 시장의 문화적 요구에 맞추지 못하기 때문에 가장 선호되지 않는 전략이다. 반면 4번의 번안 전략은 국제 광고 전문가들이 가장 많이 사용하는 전략으로 기술되었다. 5번의 수정 전략은 '문제가 있다'고 분석되었다(1997: 183).

그러나 3번의 직역 전략이 호텔 브로슈어나 관광 정보와 같은 낮은 층위의 텍스트에서 발견된다는 점이 의미심장하다. 이러한 유형의 텍스트는 주로 비전문가가 번역하고 앞서 소개한 폴란드 브로슈어의 경우처럼 언어적으로 부적합한 표현을 쓰기도 한다. 메뉴나 호텔 브로슈어를 직역할 경우 종종 우스워 보일 수 있기 때문에(Snell-Hornby, 1999의 스페인과 브라질 사례 참조) 그러한 조잡한 번역이 전문직으로서의 번역가를 폄하시키는 결과로 이어진다. 이러한 문제를 간단히 해결하자면 양질의 번역가 교육을 제공하고 번역료를 높이는 방법이 있다. 그밖에 번역학에서도 이 문제에 대해 더 많은 관심을 기울여야 할 것이다. 초기 연구에서(1992a 참조) 필자는 독일어와 영어로 쓰여진 광고 텍스트 코퍼스를 분석해 언어적·문화적 차이를 파악하고자 했다. 양쪽의 언어 모두 명확하고, 간결하며, 운율적 산문이 우세하고, 완전한 문장이든 블럭 언어block language(슬로건, 헤드라인 등 메시지 전달에 꼭 필요한 단어로만 구성된 언어 구조 — 옮긴이)의 형식이든 간에 통사적으로 단순하다(Quirk & Greenbaum, 1973: 205 참조). 그러나 그 목표를 달성하기 위해 실제로 사용된 장치들은 달랐다. 독일어 블럭 언어에서는 명사형이 지배적이었던 반면 영어는 동사구를 선호했다. 그러나 두 언어 모두 유표성 없는 동사 형태를 선호했다. 영어는 명령법('Save time and money시간과 돈을 절약하세요')을, 독일어는 동사원형('Jetzt unverbindlich anfordern……지금 바로 부담없이 주문해주세요')[11]을 선호했다. 즉 영어 광고에서는 독일어에 비해 독자나 사용자를 훨씬 함축적으로 부르고 있는 것이다. 양 언어권에서는 모두 언어 유희, 은유, 고정된 관용어구 중심의 표현을 흔히 사용하지만, 그러한 표현을 구체적으로 구현하는 단계에서는 그러한 장치들이 언어 특이적으로 구현되기 때문에 '직역'은 배제되었다. 마지막으로 양 언어권 모두에서 지역 및 문화적 연계가 빈번하게 일어났다. 그러나 지역 및 문화적 연계를 구체적으로 실현하는 부분에서 문화 특수성이 개입되기 때문에 번역가에게 문제가 된다. 그 외 광고 관습의 차이는 유머, 아이러니 혹은 감성, 사회적 고정관념 묘사, '공격적' 기법의 사용 등인데 이 모두가 문화 특수적이며 시간과 장소에 따라 달라진다.

11 그러나 그 이후로는 명령법이 독일의 작용적 텍스트operative text에서 점점 더 보편화되었지만 여전히 (영국) 영어에 비해서는 드물다.

공산주의 국가는 TV광고나 옥외 광고판 등 광고가 적은 것이 두드러진 특징이었다. 그러나 앞서 언급한 폴란드 관광회사의 예가 보여주듯 1989년 이후 변화가 일어났다. 1990년대에 한때 동유럽으로 불리던 국가들에서는 번역의 신규 시장이 등장했고 완전히 새로운 텍스트 장르가 발전했다. 언어적 혁신뿐만 아니라 4.2에서 기술한 '맥월드 문화'인 서구의 가치와 모델이 과거의 진공 상태를 채웠다. 주자나 제트마로바Zuzana Jettmarova, 마리아 피오트로브스카Maria Piotrowska, 그리고 이바 자우베르가Ieva Zauberga(1997)는 1990년대 초 체코어, 폴란드어, 그리고 라트비아어를 원천 언어 및 목표 언어로 삼아 번역한 지면 광고와 TV 광고의 코퍼스 데이터를 조사·비교했다. 그들은 효율적인 번역을 가로막는 요인으로 언어 문제뿐만 아니라 일차적으로는 '이문화에 대한 인식 부족'을 꼽았다(1997: 185). 여기에는 (폴란드의 사례처럼) 직역이 한몫을 했다. 그들은 1990년대의 상황을 다음과 같이 요약한다.

> 동유럽 시장에서 광고 산업이 급격하게 팽창하던 시기인 1990년대는 외국(예: 서구 유럽과 미국)의 영향이 확연히 드러난다. 광고는 텍스트와 문화 간의 상관 관계가 높은 장르이고, 소비자 중심적이며 판매 상품뿐만 아니라 사고방식까지 권유하는 뚜렷하게 설득적인 텍스트이기 때문에 문화적 고정관념을 낳기도 하지만, 역으로 광고 자체가 문화적 고정관념의 결과물이기도 하다. 번역된 광고는 사회적 가치, 자각되지 않는 신념, 언어적 패턴을 들여온다. 새로운 텍스트 유형 관습은 외국 텍스트의 특징들을 채택하면서 탄생한다. 직역이 부분적으로는 이를 중재하는데 종종 언어와 문화적 규범 간에 충돌을 야기하기도 한다. (1997: 186)

그러나 오랫동안 소비자 중심 사회였던 서구에서도 문화적 고정관념 형성은 두드러진 특징이다. 이는 광고 자료에서 특히 눈에 띄지만 일반적으로 타 문화 공동체에 대한 태도에서도 드러난다. 레나트 레쉬Renate Resch(2000)는 1990년대 글로벌화된 세계에서의 광고 발달을 연구하며 수신자의 관점을 조명한다. 수신자는 광고의 홍수를 성가시게 여기기 때문에 독특하거나 매우 잘 만들어진 광고에만 반응을 한다. 레쉬는 이 문제가 상호 텍스트적이고 다기호적이라고 논하며 오늘날의 광고 자료(지면 광고든 멀티미디어든 간에)를 인지하고 수용하는 데 있어 '도상적 전회iconic turn'와 '단편적 텍스트 수용fragmentary text reception'(4.2.1에 기술)을 중요한 요소로 꼽는다.

광고 수용은 문화 특수적일 뿐만 아니라 본질적으로 총체적이다.

> 텍스트가 전체적으로 인식되고 나서야 개별 구성 요소들(이미지, 언어, 소리 등)이 의미 있는 광고 메시지로 어우러진다. 그러므로 사용자가 다기호적 구성 요소를 얼마만큼이나 전체로 통합시킬 수 있느냐에 따라 이해의 정도가 크게 달라진다. (2000: 183)

유르겐 숍Jürgen Schopp(1994/1998/2005)은 레이아웃 및 활판술typography의 문화 특수적 인지 등 시각 요소와 언어 텍스트의 상호 작용에 대해 기술했는데 이는 특히 광고에서 중요하다. 더 나아가 사진 등의 시각 자료와 슬로건의 상호 작용은 광고에서 더욱 결정적인 역할을 한다. 레쉬(2000: 188-189)는 고급 홍보 브로슈어에 실린 유명 통신 기업의 광고를 예로 들면서 제작자가 기본적인 언어적·문화적 역량이 부족하면 아무리 비싼 자료라도 실패할 수 있다는 사실을 극적으로 보여준다고 평한다. 젊은 남자(알프스 지방의 전통 의상을 입고 있는 전형적인 오스트리아인)가 런던탑 아래에서 휴대폰으로 통화하고 있고 "내 집은 내 <u>휴대폰/손</u>이 있는 곳이다My home is where my handy is"라는 슬로건이 적혀 있다(뒤에 나오는 설명에 맞추기 위해 'handy'의 두 가지 의미 모두 병기했다 – 옮긴이). 여기에 병치된 다양한 문화적 고정관념이 흥미롭다(예: 오스트리아인들이 영어와 관련해 자주 쓰는 표현인 "내 집은 나의 성My home is my castle"을 암시). 그러나 그 슬로건은 정작 여기서 사용된 보디랭귀지에 비하면 그다지 시선을 끄는 요소가 되지 못한다. 그 젊은 남자는 휴대폰을 들고 있지 않은 다른 손을 자기 몸의 은밀한 부위 근처에 있는 바지 호주머니에 넣고 있는데, 이 사진을 보면서 광고 문구를 읽으면 바로 그 은밀한 부위에 자신의 집이 있다는 의미로 해석될 수 있다. 이 자료를 제작한 사람들은 독일어를 모국어로 사용하는 사람들이었을 것이다. 독일에서는 'handy'가 '휴대폰'을 뜻하는데 영어로는 휴대폰을 의미하지 않는다는 사실을 모르는 것이 분명하다. 폴란드 여행사의 실패 사례에서부터 첨단 다국적 통신사의 의도하지 않은 코믹 효과까지 문제는 한 바퀴를 돌아 다시 원점으로 돌아왔다.[12]

4.2.3 영어 제국

찰스 틸리Charles Tilly는 제국이란 '간접적 통치에 의해 중앙 권력으로 연결된 거대한 합성 정치 조직체'라고 정의한다(1997: 3). 대표적인 예가 로마·합스부르크·중국 제국과 이미 언급한 바 있는 대영 제국이다. 그러나 이뿐 아니라 라틴아메리카, 마그레브와 인도차이나 등과 같이 한때 식민 치하에 있었던 세계 각지의 나라들도 제국의 예에 해당한다. 틸리는 중앙 권력에 의해 행사된 군사와 재정의 통제를 강조한다. 그러나 상기 사례에 공통된 또 하나의 요소가 있다. 그것은 바로 언어 유산이 새겨진 문화

12 레쉬Resch의 지적을 받은 후 해당 통신 업체는 레쉬의 논문에 자사의 광고를 싣거나 회사 이름을 밝히는 것을 허락하지 않았다고 레쉬의 논문을 실은 출판사들로부터 전해 들었다.

적 요소다. 이것은 제국이 사라진 후에도 오래도록 남아 있는 식민 통치의 가장 뿌리 깊은 요소다. 이 맥락 안에서 필자는 외국의 세계관과 문화와 함께 식민지 국민들에게 강요되는 '지배적 언어dominant language'(3.2.1 참조)와, 상호 이해를 위한 커뮤니케이션 시스템으로 어느 정도 자유롭게 수용되는 '세계 공용어lingua franca'를 구분했다(Snell-Hornby, 1997c). 독립 후 생긴 신생국의 경우 과거의 지배적 언어는 보통 공용어나 공식 언어로 확립되었다. 그러나 그와 동시에 새로운 공동체들은 토착어를 통해 개별 문화의 정체성을 표현했다. 이는 외국이 어떤 형태로 지배하든 간에 무시할 수 없는 자연스러운 반응으로서 번역학에서 중요한 요소다. 이에 대한 사례로는 인도를 들 수 있으며, 최근에는 남아프리카공화국도 해당된다. 이 나라들은 지역 방언이 공식 언어인 영어와 공존한다.

1990년대 글로벌 담화의 맥락 속에서 좋든 싫든 영어가 핵심적인 위치를 차지하게 되었다는 것은 뻔한 이야기가 되었다. 이 현상에 대해서는 특히 영국 학자들이 자주 기술했다(예: Crystal, 1997). '맥월드'의 결과로 도처에 편재하게 된 영어는 지나치게 많이 확산됨에 따라, 전에는 자유롭게 수용되는 세계 공용어의 역할을 했지만 이제는 다시 지배적인 언어로 되돌아갔다고 말할 수 있게 되었다(벨리가 '맥월드 문화'라고 탄식한 것과 유사하다). 영어는 이제 경제적 혹은 정치적 생존(또는 이익)을 이유로 좋든 싫든 세계 각지의 사람들과 기구들이 사용하고 있다. 이것이 바로 영어 제국의 '간접 통치'이며 이는 번역에 있어 고질적인 문제를 안겨준다.

프랑스어나 스페인어 등 다른 과거 식민 제국의 언어들과 마찬가지로 영어가 세계 언어로서 기능하게 된 것은 대영 제국의 지배 언어 역할을 하면서부터다. 그러나 표준 영국 영어는 다른 과거 식민 제국의 언어에 비해 보다 많은 지역 및 현지 변종어 혹은 '신생 영어new Englishes'로 다각화되었다(3.2.1 참조). 그러나 영어가 국제 언어로서 주도적인 역할을 하게 된 것은, 한편으로는 북미의 기술과 문화가 전 세계적으로 확산됨(4.2 참조)에 따른 것이고 다른 한편으로는 기본 문법과 핵심 어휘가 상대적으로 일상생활에서 쉽게 습득이 가능해서 다른 언어 구사자들도 간단한 의사소통은 영어로 쉽게 할 수 있기 때문이다. 후자에 해당하는 요인이 영어의 구조적 유연성 및 언어순수주의를 추구하지 않는 영어권 문화 제도의 열린 정책과 결합되어 수많은 지역적 변종어들도 생겼으며 전 세계적으로 영어가 아닌 타 언어를 모국어로 사용하는 사람들이 영어를 완벽하게 구사하지는 못해도(이해는 가능하지만 지역적 간섭으로 가득 차곤 한다) 영어를 하나의 공통분모로, 즉 위에서 논한 '맥언어'로 사용할 수 있는 길을 열어주었다(4.2.1 참조). 그에 대비되는 예가 프랑스어다. 프랑스 정부가 프랑스어를 강력하게 지지하는 정책을 폈지만 프랑스 기관과 학계의 순수하고 규범적인 언어 정책 덕분에 프랑스어의 정확성은 유지할 수 있었다(마지못해 수용한 영어식 어구도 종종 있지만, 문화 언어로서의 정체성을 유지했다). 그러나 세계 언어로서의 역할은 이미 1990년대에도 축소되고 있었다. 1998년 2월 9일자 「파이낸셜 타임스」에서 파리에 위치한 프랑스 국제관계연구소Institut Français des Relations Internationales의 부원장인 도미니크 므와지Dominique Moisi는 다음과 같이 인정했다.

> 프랑스인들은 셰익스피어 언어보다는 세련되지 못한 '미국 영어'와의 언어 전쟁에서 패배했음을 인정해야 한다. (언어까지는 아니더라도) 내용과 (매체까지는 아니더라도) 메시지를 유지하려면 프랑스인들은 미국으로부터 개방성과 유연성이라는 중요한 특성을 배워야 한다.(『랭귀지 인터내셔널』 10: 2 이 달의 인용으로 선정. 1998: 8)

1997년 '세계에서 가장 중요한 언어는 무엇인가?'라는 제하의 글에서 페르난도 나바로Fernando Navarro가 인용한 중요한 통계에 의하면 영어는 52개국의 공식 언어로, 총 사용 인구가 17억 이상이다. 중국어를 모국어로 사용하는 인구가 위 수치의 2배나 되기 때문에(Stoll, 2000: 235 참조) 모국어로 사용하는 인구가 결정적인 요소는 아니다. 무엇보다 얼마나 많은 인구가 영어를 제1외국어로 혹은 작업 언어working language로 사용하는지가 중요하다.

오늘날의 글로벌화된 세계에서 언어가 가진 역할을 결정하는 중요한 요소는 경제력이다(한 국가에서 해당 언어 사용자 수를 1인당 GNP로 곱해서 계산한 후 해당 언어가 사용된 나라들의 결과를 총합해 계산한다). 나바로는 다음과 같이 말한다.

> …… 경제의 측면에서 볼 때 세계에서 가장 강력한 언어는 세계 3대 경제 대국인 미국, 일본, 독일의 언어다. 세계 경제 생산의 60% 이상을 영어, 일본어, 독일어 사용자들이 담당한다. 여기에 스페인어와 프랑스어를 추가하면 이 수치가 75%까지 올라간다. 세계에서 경제적으로 가장 중요한 6개 언어 중에서 5개가 유럽 언어라는 점이 눈에 띈다. (1997: 6)

영어의 경우 전 세계에서 영어를 모국어로 사용하는 인구의 절반(경제력으로 따지면 3/4)이 미국이라는 한 국가에 집중되어 있다. 통계 수치는 조금 바뀌었을지 몰라도 비율은 기본적으로 비슷하게 유지되는데, 이를 은유적으로 '영어 제국'이라고 표현할 수 있다(Stoll, 2000: 236-239도 참조).

그러나 유럽의 상황은 조금 다르다. 유럽은 본질적으로 다언어권이며 개별 언어들, 특히 '확산이 덜 된' 언어(Grosman 외, 2000 참조)는 문화 정체성의 자랑스러운 상징이다. 유럽에서 모국어로 사용하는 인구가 가장 많은 언어는 독일어다.[13] 나바로의 글에서는 독일어가 유럽에서 가장 경제력이 강한 나라의 언어이기도 하다. 그러나 유럽에서 언어 문제는 경제력이나 사용 인구의 범위를 뛰어넘어 지정학적 문제이며 역사적으로 복잡한 문제들과 얽혀 있다. 영어와 프랑스어는 역사적으로 경쟁 관계에 있었고, 스페인어는 스페인 사람들의 강한 자부심과 야망을 담고 있었으며, 독일어는 (중앙 유럽에서 역사적으로 주요 공용어 역할을 했음에도 불구하고) 어떤 유형으로든 지배 언어로서는 기피 대상이었다. 그와 동시에 유럽은 EU의 모습으로 세계의 주요 경제 체제로 부상하여 세계 최대의 번역 시장이 되었고 민주적 다언어주의를 표방하고 있다(이와 관련된 실무적 영향은 Dollerup, 1996 참조). 그러나 국제적 차원에서 프랑스어(역사적 이유), 영어(실무적 이유. Dollerup, 2000 참조), 그리고 (기피 대상임에도 불구하고) 독일어는 커뮤니케이션의 주요 수단으로, 또한 작업 언어로 이미 사용되고 있다.

그럼에도 불구하고 유럽에서는 EU 기관 내에서건 업무상의 거래나 대중 관광, 문화 교류 등을 통해서건 언어와 문화가 끊임없이 접촉한다. 이러한 집중적인 이문화 간 커뮤니케이션은 섀프너Schäffner와 아답Adab(1997)이 정의한 하이브리드 텍스트를 낳게 되었다. 이는 (비록 공통적 특징이 있긴 하지만) 3.2.1에서 논의한 후기식민주의 하이브리드 텍스트와는 다르다. 섀프너와 아답의 정의에 따르면 하이브리드 텍스트는 번역 과정의 (의도적) 결과로 생기며 "수신 문화 입장에서는 왠지 '어울리지 않고'/'이상하고'/'흔치 않은' 특징들을 드러낸다"(1997: 325). 하이브리드 텍스트

13 이 글을 쓸 당시에도 여전히 독일어가 가장 많이 사용되었다. 오스트리아 일간지 「Der Standard」의 2004년 11월 22일자 신문에 실린 도표에는 다음의 EU 통계가 실려 있다(모국어 사용자, 백만 단위): 독일어 88.1, 영어 58.0, 프랑스어 55.2, 이태리어 63.0, 폴란드어 37.3, 스페인어 28.6, 네덜란드어 19.5(그리스어, 포르투갈어, 헝가리어, 체코어, 스웨덴어 외 기타 언어 총합 52.6). 제1 외국어는 기존 15개국 체제의 EU와는 두드러진 차이를 보였다. 영어 14%, 프랑스어 19%, 독일어 10%, 스페인어 7%. 2004년 5월 이후 확대된 EU에서는 러시아어 23%, 영어 21%, 독일어 17%, 프랑스어 3%였다.

는 그 특징(어휘, 통사, 문체 등)이 목표 언어 관습과 충돌하며 "목표 언어와 목표 문화의 규범에 반하는" 모습을 보인다(1997: 327). EU 텍스트도 여기에 포함되지만 반드시 (의도된) 번역을 포함하는 것은 아니다.

> 정치적 통일을 확립하는 과정에서 언어적 표현은 (낮은) 공통분모로 하향 평준화된다. 유로텍스트는 유로용어Eurojargon를 반영한다. 유로용어의 예로는 감소된 어휘 수, 보편화되는 의미, 축소된 문법 형태 목록(……) 이 있다.
>
> 텍스트의 소통적 기능이 제한적이기 때문에 수용이 가능하다. 예를 들어 EU 텍스트는 유럽공동체 안에서 기능하며 그 안에서 생산된다(직원이 사용, 관련 기관 미팅용). 즉 사용자 니즈가 명확하게 정의된다. 다국적 EU 기관이 목표 문화가 되는 하이브리드 텍스트는 (진정한) 초국적 문화를 창출하는 형성 요소다.(1997: 327-328)[14]

'유로용어'를 통한 초국적 '문화'를 창출하는 것은 세 작업 언어 모두에 영향을 주지만 특히 영어로 작성된 텍스트에 영향을 준다. '유로용어'는 문체와 어휘 범위가 축소되고 모든 유형의 간섭 요소에 노출되어 있기 때문에 앞서 기술한 글로벌하며 뿌리가 없는 '맥언어'를 연상시킨다. 후기식민주의 하이브리드 텍스트와 마찬가지로 '유로텍스트'는 서로 다른 언어의 특징들을 혼합하지만 후기식민주의 (문학) 텍스트와는 달리 언어 잠재력을 착취하기보다는 축소시킨다(1.2의 Coseriu에 관한 논의 참조).

동일한 현상을 UN 등의 다른 국제기관에서 관찰할 수 있다. 빈에 소재

14 후에 코스키넨Koskinen이 제안하고 6장에서 논의하게 될 '담화 체계discourse system' 개념과 비교할 것.

한 UN번역센터의 아랍어 부서장인 모하메드 디다우이Mohammed Didaoui는 UN 안에서의 번역가의 역할과 커뮤니케이션 간섭 현상을 연구했다(Didaoui, 1996). UN 원천 언어 텍스트들은 보통 모국어 사용자가 아닌, 엄밀히 말하면 언어적 결함이 있는 저자들이 공동으로 편집한다는 것이 주된 문제점이다. 그 대표적인 예가 다음과 같다.

Note on Morocco's Power Programme

Organisation structures for implementation of nuclear programme

1. *The National Electricity Board (ONE)*

The National Electricity Board, being a public industrial and trade authority, has the monopoly of electricity generation and transmission in Morocco. In this connection it is designated as the owner and future operator of any nuclear power-stations to be set up. This is the framework within which ONE, within the assistance of IAEA, has prepared the first planning studies, which will be examined and taken further under the agreement with France, and has also started to collect information and data on site choices. A special study has also been made of present population distribution in the area where a nuclear power-station may be built.

모로코 전력 프로그램에 관한 문서

원자력 프로그램 이행을 위한 조직 구조

1. 국립전력이사회

국립전력이사회는 공공 산업 및 무역 기관으로서 모로코 내 전력 생산과 전송의 독점권을 지닌다. 이러한 관계하에 국립전력이사회는 모로코에서 설립되는 모든 원자력 발전소의 소유자이자 운영자로 지정된다. 이러한 기본 합의하에서 국립전력이사회는 국제원자력기구의 도움을 받아 제1차 기획 연구를 했으며 이를 프랑스와의 협정에 따라 검토하고 추가적으로 진행할 것이다. 또한 이미 부지 선정 관련 정보와 데이터 취합에 들어갔으며, 원자력 발전소 건설 예정 부지 내의 현재 인구 분포에 관한 특별 조사도 실시했다.

위의 영문 텍스트는 통사적 간섭 현상에서 드러나듯 프랑스어로 작성된 문서를 바탕으로 했다. 이는 섀프너와 아답이 말한 의미의 하이브리드 텍스트이고, 은유적으로 표현하면 '맥언어'로서, '모국어 사용자들의 통제'를 벗어나 '세계 자산'이 되었을 때 영어에 어떤 일이 발생하는지를 보여준다(Widdowson, 1994 참조). 필자가 면담한 영어를 사용하는 일부 번역가들의 의견에 따르면 이런 텍스트는 번역되기에 앞서 우선 사전에 편집이 되어야 한다(해당 버전은 Snell-Hornby, 2000a: 19 참조). 반면 일부 스페인어 번역가들은 번역을 하는 데 있어 언어적으로 아무런 문제에 부딪히지 않았다. 이는 스페인어의 문법 구조가 프랑스어와 매우 유사해서 쉽게 코드 전환이 가능하기 때문으로 보인다. 그럼에도 불구하고 위 텍스트는 여전히 언어적인 것 이상의 문제를 안고 있다. 번역가는 어느 정도 주제 분야에 대한 내부 지식과 역량을 갖추고 있어야 하는데 아마도 그러한 정보는 UN에서 일하는 번역가들과 협조해 얻을 수 있을 것이다(2.3 참조).

이 모든 것과 연관되어 번역 논의에 있어 무시할 수 없는 변화가 1990년대에 있었다. 바로 번역 작업의 양이 엄청나게 증가했다는 사실이다. 번역량은 특히 비문학 분야에서 급증했는데 영어 번역만 늘어난 것은 아니었다(Schmitt, 1999: 15 참조). 슈톨(2000: 247)에 따르면 1994년과 1997년 사이에 유럽의 언어 산업은 산출량이 55% 상승했다. 반면에 번역사 채용은 18% 증가에 그쳤다. 이는 생산성 향상이 전자 보조 도구 사용의 급증에 따른 것임을 보여주는 결과이기도 하다. 조사 기간 동안 전자 보조 도구를 사용하는 동향은 계속되었다.

또 다른 두드러진 동향은 영어만 사용하는 회의와 출판물이 증가한 것이며 이는 번역학 내에서도 관측된다. 국제적으로 통용되는 언어 하나만을 사용함으로써 조직의 업무와 비용을 줄이는 것이 경제적으로는 의미가 있을 수 있다. 그러나 번역학에서의 언어란 의학이나 물리학 등과 같은 분야의 회의에서와는 달리 단순한 의사소통의 중립적 수단이 아니라 논의 대상인 문제의 일부이기도 하다. 영어로만 진행되는 번역 회의는 영어를 모국어나 작업 언어로 사용하는 (영어학과나 번역연구소 소속의) 참가자를 선호한다. 그러한 참가자들은 영어 사례가 있는 영어 자료에 관해서 이야기하거나 외국어를 영어와 대조하는 경향이 있다. 반면 작업 언어쌍에 영어가 포함되지 않는 학자들은 관심 분야가 다르고 아예 논의에 참여하는 것 자체를 꺼리는 모습을 종종 보인다. 이와 유사하게 영문 논문만을 받는 학술지들은 최소한 영어 문제와 관련이 많은 자료들로 구성되는 경향이 있다. 그 결과 '번역학'으로 일반화된 것이 어쩌면 번역학에 속하는 한 분야를 '글로벌'한 영미 관점에서 바라본 것일 뿐인지도 모르며 이것이 바로 '영어 제국'의 또 하나의 단면이라고 하겠다.

최소한 이 문제를 지각하고 영어가 다면적 현상이라는 점을 인식하는 것이 도움이 될 것이다. 지금까지의 결론을 정리하자면 세 개의 광범위한 영역들로 기본적인 구분이 가능하다. 첫째, 국제 영어가 있다. 국제 영어는 독특한 문화 정체성, 관용어구, 숨겨진 함의, 미묘한 문법 사항들을 잃고 부유하는 세계 공용어로서 초국가적 커뮤니케이션을 위해 단순하게 표준화된 언어가 되었다. 이는 글로벌화된 '맥월드'의 '맥언어'일 수도 있고 다언어를 사용하는 유럽 대륙의 '유로스피크Eurospeak'일 수도 있다. 이로 인해 '영어 제국'의 '간접 통치'와 함께 끝없이 팽창하는 언어 관련 산업을 낳게 되었다. 여기에서도 기술 보조 도구가 중심적인 역할을 계속할 것이다(4.2.1). 이러한 언어는 모든 전문 번역가가 오늘날 경쟁적인 국제 시장에서 살아남으려면 최소한 수동적으로나마 알아두어야 할 언어다. 하지만 이것이 세계 공용어에 불과할 뿐이라는 점은 분명히 인식하고 있어야 한다. 둘째, 여전히 위대한 문학적 잠재력(코세리우가 말한 의미에서. 1.3 참조)을 지니고 문화를 표현하는 풍부한 언어가 '표준' 형태와 다양한 지역 변종어로 모두 아직까지 남아 있다. 각 지역의 변종어는 자체의 관용어법, 은유, 그리고 문화적 암시를 담은 특유의 문화적 정체성의 표현이다. '지역 변종어'는 이미 대화 통역 분야에서 언급된 바 있다. 그러나 문화 간 커뮤니케이션을 수반하는 번역이라면 '지역 변종어'는 번역에서도 중요하다. 마지막으로, 후기식민주의 문학에서 이미 논의했던 문학적 하이브리드 형식이 있다(3.2.1). 이것은 두 언어 '사이에 낀' 새로운 언어이나 새로운 환경에 적합하게 변형된 것이다. 이는 보다 최근의 현상으로서 '영어 제국'에 반격을 하며 서서히 자신의 영역을 넓혀나가고 있다.

4.3 베누티의 이국화: 새로운 패러다임인가?

오늘날 영어의 전 세계적 지배라는 주제는 1990년대 문학번역학의 유명한 개념과 연결된다. 그리고 그와 동시에 우리는 다시 출발 지점이었던 슐라이어마허와 독일 낭만주의 시대(1.1 참조)로 돌아오게 되는데, 이에 대해서는 앙드레 르페브르가 영어로 소개한 바 있다(1977). 르페브르의 글에서 슐라이어마허의 '진정한 번역가'에게 열린 두 개의 '길'이 다음과 같이 기술되었다.

> 번역가는 가능한 한 저자를 그대로 두고 독자를 저자에게 다가가게 하거나 아니면 가능한 한 독자를 그대로 두고 저자를 독자에게 다가가게 한다. (Lefevere, 1977: 74)

로렌스 베누티(1991, 특히 1995)는 슐라이어마허의 이분법을 중심 문제로 다루면서 다음과 같이 결론을 맺는다.

> 번역이 결코 외국 텍스트에 대해 완전한 적절성을 지닐 수 없다는 것을('최대한 가능하다면'이라는 수식어가 붙는다) 인정하면서 슐라이어마허는 번역가에게 **자국화** 대 **이국화**의 선택권을 부여한다. **자국화**는 외국 텍스트를 목표 언어의 문화적 가치에 맞게 **자기민족 중심적으로 환원**ethnocentric reduction해 저자를 자국으로 불러들이는 것이고, **이국화**는 목표 언어의 문화적 가치에 **자기민족 일탈적 압력**ethnodeviant pressure을 가해 외국 텍스트의 언어와 문화 차이를 인식하고 독자를 외국으로 보내는 것이다. (1995: 20, 강조 부연)

독일에서는 'Verfremdung'(독자를 저자에게 다가가게 하는 것)과 'Entfremdung'(저자를 독자에게 다가가게 하는 것)을 구분했고, 이를 페르메어는 '낯설게하기verfremdendes'와 '동화angleichendes'의 번역으로 구분해 논한다(Vermeer, 1994a). 베누티는 이러한 이분법을 '이국화'와 '자국화' 방식으로 표현하고 있으며, '이국화'와 '자국화'는 이제 영어권 번역학에서 표준 용어로 자리매김했다. 물론 슐라이어마허가 독자를 저자에게 다가가게 하는 방식을 선호한다고 분명히 밝히긴 했지만 그의 강연 어디에도 그 방식이

'자기민족 중심적 환원'에 대비되는 '자기민족 일탈적 압력'이라는 평가를 내린 적은 없다. 자기민족 중심적 환원은 20세기 말의 영어를 사용하는 지식층의 언어로 인식되고 있다. 베누티는 더욱 강한 어조로 역설한다.

> 이국화가 번역의 자기민족 중심적인 폭력을 억제하려고 하는 한 오늘날 매우 바람직한 번역 방식이라고 제안하고자 한다. 이국화는 영어권 국가의 헤게모니 및 그들이 타국과 행하는 불평등한 문화 교류를 겨냥한 것으로, 현재의 세계정세에 대해 전략적으로 문화적 개입을 하는 것을 가리킨다. 영어에서 이국화 번역은 자기민족 중심주의, 인종차별주의, 문화적 나르시즘, 그리고 제국주의에 대한 저항의 한 형태이며 민주적 · 지정학적 관계를 지향한다.(1995: 20)

'이국화 번역'의 개념은 영미 관점에서 바라본 20세기 말 번역 윤리의 맥락과 틀에 맞아떨어지도록 만들어진 것이다. 슐라이어마허와 베누티의 사상 사이에서 '중재자' 역할을 한 사람으로 르페브르 외에 프랑스 이론가인 앙트완 베르만Antoine Berman이 있다. 더 정확하게는 베르만의 독일 낭만주의에 관한 저서 『낯선 것으로부터 오는 시련: 독일 낭만주의 문화와 번역*The trial of the foreign: Culture and translation in Romantic Germany*』이 중재자 역할을 했다(Berman, 1984; Berman, 2000도 참조). 이러한 중재의 결과를 마릴린 가디스 로즈Marilyn Gaddis Rose는 다음과 같이 적절하게 표현했다. "미국 비평의 선구자가 내세운 규범은 대륙 철학에 의지했는데, 그 중에서 특히 프랑스 후기구조주의를 통해 여과된 독일의 해석학에 의존했다"(1996: 62). 이러한 관점에서 베누티는 '번역의 역사'에 대해 기술했다. 그의 주장에 따르면 '이국화' 번역(예: 뉴만의 호메로스)이 근본적으로 훌륭한 번역이고 '자국화' 번역(가령 매튜 아놀드Matthew Arnold의 호메로스처럼 번역사의 '불가시성'을 추구하는 '유창한' 번역)은 근본적으로 나쁜 번역이다. '자기민족 중심적 폭력', '인종차별주의', '나르시즘', '제국주의' 등의 감정적인 어휘에서 나타나듯 베누티의 표현은 종종 도발적이고 분열적이다. (페르메어의 관점과는 대조적인) 그의 관점에서 본 '자국화'는 원천 문화에 폭력을 가한다.

베누티가 전달하고자 하는 기본 메시지는 분명 타당하다. 그가 사실상 다루고자 하는 주제는 영미권 세계의 (문학) 번역사들이 처한 불리한 위치다(저작권법과 충분하지 않은 번역료 등). 또한 그는 영어 번역이 유창하고 관용어구 중심적이 됨에 따라 ('자국화'된 번역) 번역가들은 '불가시성'을 띠며 원천 텍스트의 이국적 요소를 억압한다고 지적한다.[15] 베누티는 이국화를 통해 번역가를 드러내기를 주장했는데 그 방법으로 원천 텍스트의 '이국성'을 살릴 수 있는 고어나 특이한 어순 사용을 제안한다(실제로 이 방법이 의도하는 효과를 내는지는 또 다른 문제다). 그러나 이 또한 글로벌화된 현대 세계의 영어 헤게모니 맥락에서 이해해야 한다(4.2.3). 그리고 베누티의 주장은 영미 시장에만 적용될 때 상당한 설득력을 지닌다. 그러나 베누티는 정작 자신의 의견을 피력할 때에는 그가 '번역의 역사'에 대해 주장하는 내용과는 대조적으로 기본적이고 일반화된 표현을 사용한다. 앤서니 핌Anthony Pym은 베누티의 시각에서 바라본 '번역의 역사'가 선별적이고 독자적인 색깔을 가졌다고 적절한 지적을 한다.

> 베누티가 안내하는 영어 번역가 및 이론가 개괄에서 가장 좋은 점은 대부분의 인물마다 정치적 유대, 종교 신념, 또는 실패담을 주석으로 달았다는 것이다. 그가 혹평한 이들은 모두 자유인본주의, 제국주의, 성차별

15 이것이 3.3에서 논의되는 헬렌 로우-포터Helen Lowe-Porter에 대한 베누티의 태도를 설명할 수 있다.

주의, 그리고/혹은 개인주의 성향을 지녔다. 호평한 인물은 몇 안 되는데, 이들은 유창한 번역에 반대하듯 위의 나쁜 관념들에 반대한다.(1996: 172)

그럼에도 불구하고 베누티의 저서가 1995년에 출판된 이후 자국화 대 이국화 논쟁은 영어권 번역학 논쟁의 중심을 차지해왔다. 두 개념은 베누티 덕분에 마치 체스터만의 밈처럼 확산이 되면서 슐라이마허 및 독일 낭만주의 세계와의 접점을 잃었다. 그런데 독일 낭만주의 세계는 지금과는 매우 달랐다는 것을 고려해야 한다. 앞에서 보았듯이(1.1), 슐라이어마허 자신도 '저자의 국적과 그가 살았던 시대의 프리즘을 통해' 저자를 이해하는 것이 중요하다고 강조했다(Rübberdt & Salevsky, 1997: 302). 이것은 그가 제시한 두 가지 '번역 방식'에만 적용되는 것이 아니라 '혼혈' 혹은 '민족' 등의 용어들에도 적용된다. 왜냐하면 이 용어들은 19세기 초의 관점에서 사용되었기에 현대 세계의 기준으로 해석할 수 없기 때문이다. 또한 영어가 목표 언어가 아니고 영미 문화가 목표 문화가 아닌 곳의 학자들이 베누티의 주장에 대해 매우 설득력 있는 반박을 한다는 사실도 중요하다. 이는 팔로포스키Paloposki와 오이티넨Oittinen(2000)이 핀란드어를 목표 언어로 한 번역을 통해 보여준 바 있다(Tymoczko, 1999도 참조). 바로 이 점이 핵심이다. 이를테면 베누티는 슐라이어마허의 개념을 자기민족 중심적으로 환원(혹은 캐니벌리즘) 했다. 그래서 자신의 이론에서는 이국화를 주장함에도 불구하고 베누티는 지나치게 가시적인 번역가가 되어 슐라이어마허의 개념을 20세기 말의 영미적 사고에 맞추어 '자국화'했다. 그러므로 이는 새로운 패러다임이 아니라 오히려 예전의 개념으로부터 새로운 관념을 진화시킨 것이다. 베누티는 자신의 개념이 보편적이지는 않더라도 최소한 근본적인 개념임을 자처하는데 실상은 오늘날 '패권을 장악한 영어권 국가들'이 처한 특정한 상황에만 적용되는 것이다. 한편 베누티는 영어의 헤게모니 역할, 번역사의 지위와 작업 조건에 대해 매우 타당한 문제 제기를 한다. 그러나 이 모든 문제가 단순히 '이국화' 번역으로 해결되는 것은 아니다. 슐라이어마허가 고전 번역을 언급하면서 밝힌 번역관은 당시의 학자들에게는 유용했을지 몰라도 오늘날의 이문화 간 커뮤니케이션 시대에는 부적절하다.

앞에서 논의했던 산문 문학, 즉 살만 루시디의 『한밤중의 아이들』(3.2.1)에서 인용한 짧은 구절, 독일어로 번역된 에이미 탠의 『조이럭 클럽』(3.3.1) 발췌문, 그리고 영어로 번역된 로우 포터의 『마의 산』(3.3) 시작 부분을 고려하면 '유창성'과 그에 따른 번역가의 '불가시성'이 실질적인 문제가 아니었음을 알 수 있다. 루시디 자신의 하이브리드 텍스트에서 영어는 이미 다양한 층위에서 '이국화' 되었고, 영어의 '규범'은 코세리우가 말한 의미대로 창의적으로 확대되어 언어 잠재력을 활용했다. 이와 유사하게 탠은 중국어 화법이 반영된 영어 구조를 만들어 동일한 인물이 서툰 영어를 사용하는 것과 대비시킨다. 『조이럭 클럽』의 독일어 번역은 형태적으로는 옳게 되었지만 유창하기보다는 딱딱하고 일차원적이다. 이 때문에 해당 부분의 대화는 두 발화자 각각의 캐릭터와 부합되지 않고, 그러한 불일치로 인해 텍스트가 번역으로서 '가시성'을 지니게 되어 기본적인 문제로 제기된다. 『마의 산』의 시작 부분도 텍스트의 내적 구조를 희생하고 내용에 집중한다. 이러한 구조를 표현하는 전략이 개발됐을 수도 있지만, 여기에서 논의한 구절에서 나타나듯 그것은 단순한 '이국화' 번역을 넘어서는 전략일 것이다.

제5장 21세기의 시작과 번역학

1990년대를 되돌아보면 이 시기가 번역학이 독립적인 학문으로서의 기반을 더욱 견고하게 다지게 된 때라고 볼 수 있다. 이 시기에는 과거에 도외시되었던 분야가 관심을 얻게 되었는데 특히 통역과 번역의 역사에 대한 관심[1]이 커졌을 뿐 아니라 연극 및 희곡 번역(3.1.3), 아동문학 번역(예: Oittinen, 1993; Marx, 1997) 역시 관심을 받게 되었다. 창의성(Kussmaul, 2000)이나 유머(Mateo, 1995), 언어유희(Delabastita, 1993), 암시(Leppihalme, 1994)와 같은 문화적 특성 등 다양한 주제들이 번역학의 새로운 연구 분야가 되었다. 또한 번역학에서 지금까지 다루지 않았던 다른 분야가 주목을 받으면서 오페라 번역(Kaindl, 1995)에서 선구적인 연구도 탄생했으며, 특히 대화 통역(4.1.1)과 관련된 다양한 분야가 부상했다. 시대에 맞는 통·번역사 훈련과 새로운 커리큘럼 개발은 주요 관심 분야가 되었다.[2] 아울러 핸드

---

1 Delisle & Woodsworth, 1995와 Baker, 1998 2부 및 Vermeer의 다양한 저서(예: 1996, 1996a, 1996b, 2000, 2000a).

2 Dollerup & Loddegaard, 1992/1994; Hönig, 1995; Kussmaul, 1995; Dollerup & Appel, 1996; Wilss, 1996; Freihoff 2001.

북, 참고도서 목록과 백과사전이 편찬되기 시작했다.[3] 유럽번역학회 European Society for Translation Studies(EST)와 같은 번역학 관련 협회가 설립되었고, 번역학에 대한 새로운 시리즈(예: *Benjamins Translation Library*)와 학술지가 발간되기 시작했으며(영국의 『번역사*The Translator*』, 덴마크의 『관점*Perspectives*』, 헝가리의 『맞은편*Across*』), '언어 직종'에 종사하는 사람들을 위해 새로운 잡지 『랭귀지 인터내셔널*Language International*』[4]과 『랭귀지 투데이*Language Today*』 등이 창간되었다. 이는 특수 언어와 기술 용어 등에 대한 관심이 증가하는 효과를 낳았고 그 결과 전문 분야별 인명사전인 「번역과 용어의 인터내셔널 후즈 후*International Who's Who in Translation and Terminology*」(Prado 외, 1995)와 같은 출판물이 발간되었다.

20세기 후반 번역학의 발전은 시대의 다양한 흐름을 따르고 있었으며, 연관성 있는 학문에서도 유사한 현상을 볼 수 있다. 이에 대한 좋은 사례는 인지과학이다. 인지과학은 제2차 세계대전 이후 등장한 행동주의에 대한 대응으로 처음 부상했다. 인지과학의 등장에 뒤이어 '마음의 연산-표상적 이해computational-representational understanding of the mind'로 불리는 접근 방법이 나타났는데 이는 촘스키의 변형생성문법과 점검표 이론(3.3.1 참조)과 유사하다. 촘스키의 이론이 언어학에서 지배적인 지위를 차지하게 되었듯이, '마음의 연산-표상적 이해' 접근 방법은 인지과학에서 지배적인 지위를 차지하게 되었다. 이에 대응해 부상한 세 번째 접근은 '병렬분산처리parallel distributed processing' 혹은 연결주의로, 유사한 상황에 의해 이루어진 정신적 자극과의 상관성을 강조하는 입장이다. 이는 로쉬(Rosch, 1973)의 원형의미론prototype theory, 필모어의 장면과 틀 의미론(1.3, 3.3.1)

3 Chan & Pollard, 1995; Forstner, 1995; Baker, 1998; Snell-Hornby et al., 1998.

4 1983년 Geoffrey Kingscott에 의해 창간되었던 『월간 랭귀지*Language Monthly*』를 이어 1989년 창간되어 2002년 12월 종간되었다(5.1참조).

과 관련이 있다. 네 번째 접근은 1980년대 인지과학에서 나타난 '상황 혹은 체화된 인지'로서 같은 시기의 번역학에서 나타난 지향과 비슷하다. 번역학과 인지과학 간의 상호 작용은 1990년대에도 지속되었다(Wilss, 1988; Risku, 1998/2000 참조). 한 세기가 끝나면서 번역학에서뿐만 아니라 다양한 학문 분야에서 엄격한 학문 간 구획화로부터 다학제 간 협력으로 옮겨가는 경향이 나타났고, 엄격한 이데올로기로부터 실생활의 경험으로 변하는 모습이 나타났다(5.3의 문화 이론에 대한 논의 참조). 세기가 바뀌면서 번역학의 역할에 대해 (1990년에 바스넷과 르페브르가 이미 예측했듯이) 많은 사람들이 낙관적으로 보았고 또한 큰 기대를 가졌다. 이 장에서는 21세기에 들어와 첫 5년 동안에 이러한 낙관주의와 기대가 어느 정도 충족되었는지 살펴보도록 하겠다.

5.1 U턴: 다시 원점으로?

다른 많은 신생 학문과 마찬가지로 번역학은 최소한 두 가지의 유아기적 질환을 앓고 있다. 첫째는 항상 불필요하게 처음부터 새로운 것을 만들려고 하는 점이고, 둘째는 첫 번째와 병행해서 일어나는 것으로 다른 학자들의 글을 읽지 않는다는 점이다. 이러한 현상은 (때로는 거만한) 편협함 때문에 일어나기도 하고, 때로는 다른 학자들이 쓴 글이 이 분야에 중요한 기여를 했을 수 있다는 점에 대해서 전혀 생각하지 않기 때문에 일어나기도 한다. 이에 덧붙여 번역학에서 최초로 무엇인가를 다루었다고 주장하는 많은 책들이 심심찮게 정기적으로 출판되고 있다. 이와 같은 현상은 번역학에 만연한 세 번째 유아기적 질환인 번역학 역사의 무시를 통해 더 강화되고 있다. 이러한 통탄할 만한 사실이 30년 전의 지적 풍토에나 적

합할 듯한 책이 오늘날에도 여전히 발간되고 있는 이유를 설명해준다.

> 번역학은 주변적인 것이더라도 이 분야 연구자들이 적절하다고 인정하는 통일된 담화를 통해 많은 것을 얻을 수 있을 것이다. 그러한 담화는 오직 문화를 기반으로 한 담화일 수밖에 없다는 점(어떤 특정한 타입의 번역을 배타적으로 배제하는 것 포함)을 주장하고자 한다. 또한 그러한 담화는 과학적인 텍스트에 접근할 때 가지는 기대를 충족해야 하며, 이미 존재하는 것을 재진술하는 것이 아니라 이 분야의 지식의 발전에 기여하는 것이 되어야 한다. (Lefevere, 1993: 229-230)

앙드레 르페브르는 세 권의 새로운 책을 검토하는 논문을 1993년에 발표했다. 이 세 권의 책 중에서 두 권은 매우 잘 알려졌지만, 그 어느 것도 이 시점에서 우리의 관심사는 아니다. 여기서 주목할 만한 것은 2000년 이후에 등장한 다양한 책들을 보면 똑같은 말이 10년이 지난 후에도 아직 유효하다는 점이다.

미카엘라 볼프Michaela Wolf의 1997년 브라질 에세이 논문집에서 한스 페르메어는 다음과 같은 견해를 피력했다.

> 오늘날 그 어느 때보다도 많은 책이 발간되고 있지만, 진정으로 새로운 책은 나오지 않고 있다. 때때로 근대 번역학 역사의 시간은 그 시계추가 전통으로 다시 돌아가고 있는 듯한 인상을 받게 된다. 어쩌면 많은 실무가와 이론가들은 시장의 모든 발행물을 진지하게 돌아볼 만한 시간이 없을 수도 있다. 또한 의사소통의 수단이 많아진 것이 오늘날 새로운 것에 집중하는 데 오히려 장애 요인이 되기도 한다. 지속적 발전을 가능하게 해주는 1%를 찾기 위해 100권의 책을 읽어야 하는 상황이 된 것이다. (Vermeer, 1997a: 10)

번역학의 흐름이 과거로 돌아가고 있는 현상은 2001년 개최된 제3차 EST 회의 폐회에서 확인할 수 있었다. 폐회에 앞서 가진 비공식 세션에서 회의의 내용과 결과에 대해 각자 의견을 피력하는 시간이 있었는데, 특히 젊은 세대들에게 발언의 기회가 주어졌다. 지난 30년간의 논쟁에 익숙한 사람들에게 가장 놀라운 사실은 회의 프로그램의 주제와 폐회 세션을 통해 나타난 '언어학으로의 회귀' 경향이었다(Snell-Hornby, 2002 참조).

그렇다면 이와 같이 원점으로 회귀하는 순환적 현상이 번역학에서 다시 등장할 것인가? '새로운 도구와 새로운 방법'(Chesterman, 2002)을 제시할 것이라는 약속에도 불구하고, 다시 원점으로 돌아가는 듯 보인다. 이러한 의구심은 등가(Koller, 1995; Halverson, 1997)의 개념에 대한 오래된 논쟁이 부활하거나, 이미 보았듯이(3.3.1) 1980년대 초반부터 번역학에서 심도 있게 논의되었던 원형의미론(Halverson, 1999)이 다시 소개되는 모습을 보면서 더욱 커진다. 심지어 컴퓨터 코퍼스(4.1.2)의 사용은 언어학으로부터 다시 차용한 것으로 볼 수 있다. 이러한 컴퓨터 코퍼스 개념은 변형생성문법의 주요 개념이라고 할 수 있는데, 1970년대에 조지 스타이너(1.2)가 설득력 있게 비판했던 '번역 보편성'(Toury, 2001; Mauranen & Kujamäki, 2004)과 함께 학문 세계에 새롭게 부활했다. 전반적으로 언어학으로부터 독립할 것으로 기대되었던 번역학은 오히려 독립성이 약화되는 단계에 있는 듯 보인다. 앞서 2, 3, 4장에서 소개했던 번역학의 미래에 대한 높은 기대에도 불구하고 '언어학으로의 회귀' 현상이 일어나는 요인은 무엇일까?

이에 대한 답변의 하나는 관련된 개개의 학자들의 학문적 전통 혹은 학파에서 찾을 수 있다. '번역'은 여전히 전통적인 구조를 가진 어문학과에 소속되어 있고 흔히 영어학과(4.2.3 참조)와 연결되어 있기 때문에 번역학이 어학이나 문학 중 어느 하나 또는 양자 모두와 관련이 있는 것으로 자동적으로 인식하게 된다. 다른 한편에서 기능주의 모델(2.2, 2.3, 2.4)은 전통적인 사고 구조를 극복하고 어학과 문학 간의 구분으로 되돌아가지 않기 위해 노력했다. 이러한 종류의 폭넓은 일반화가 가지고 있는 위험성을 인정하면서도, 다음과 같은 두 가지 논쟁 사이의 구분을 명확하게 발견하게 된다. 하나는 (갈수록 지배적인) 영어권에서의 논쟁이고 다른 하나는 독일어 저작들에서 나타나는 것과 같은 비영어권에서의 논쟁이다. 가장 놀라운 사실은 '언어학으로의 회귀'를 주장하는 영어권 논쟁은 대부분 기능주의 모델과 번역학을 독립시킬 수 있는 기능주의 모델의 잠재력을 무시(혹은 오해)하고 있다는 점이다.

때때로 이러한 현상은 명시적이고 의도적이다. 등가의 개념에 대한 논문에서 산드라 할버슨Sandra Halverson은 다음과 같이 이야기한다.

> 목표 체계의 특성, 보다 정확하게는 번역의 목적/목표/의도 혹은 스코포스에 초점을 맞추는 배경에 스코포스 이론이라는, 번역학에 있어 또 다른 주요 이론적 공헌이 있다. 이 이론에 대해 여기서는 다루지 않겠다. 여기에서 중요하게 지적할 점은 이 이론이 등가라는 개념을 종속적인 지위에 잘못 위치시켜서 특정한 종류의 번역에만 제한적으로 적용했다는 것이다(1997: 217).

스코포스 이론을 다루지 않는 이유는, "이 분야[5]에서의 두 개의 주요 영역이라고 통상 이야기되고 있는 '언어학 지향 학파'와 그 반대인 '역사적-기술적 학파' 상호 간의 주요한 경계선"에 대해 언급한 각주를 통해 밝히고 있다(Halverson, 1997: 208). 이 각주를 인용하면 다음과 같다.

> 물론 번역학에는 여러 가지 중요한 접근 방법들이 존재한다. 몇 가지

5 즉 번역학을 말한다.

만 예를 들어보자면 기능주의적인 독일 전통 (……) 과정 지향적인 접근 (……) 그리고 해체주의적 접근 등이다. 여기서 두 개의 중요한 접근 방법으로 범위를 줄이는 것은 그 배경을 이루는 철학적 차이를 예시화하기 위해서다. 필요하면 다른 접근 방법들도 전반적인 논의와 관련해 언급할 것이다. 아울러 두 개의 접근 방법을 선택한 이유는 이들 두 방법의 일반적인 틀 안에서 활동하고 있는 학자들이 등가 개념에 관한 논쟁에 가장 큰 목소리를 내며 참여하고 있기 때문이다(1997: 228).

1980년대 비판자들 사이에서 등가의 개념에 대해 오랫동안 매우 열띤 논쟁이 있었던 사실을 차치하고서라도(Snell-Hornby, 1988 참조), 등가 개념을 비판적으로 다룬 논쟁을 단순히 제거하거나 이를 예시화하지 못한 영역을 제시하는 것만으로는 이 개념을 설득력 있게 정당화할 수 없다(변형생성문법에서 은유를 다룬 방식을 기억해보라). 반대로, 20년 동안 격렬하게 토론되다가 학문공동체 상당 부분에서 마침내 포기한 개념을 다시 도입하는 것을 정당화하기 위해서는 등가 개념에 대한 비판적인 견해들을 언급하고 이를 무력화하는 데 최소한의 노력을 기울여야 할 것이다.

할버슨의 원형prototype 개념에 대한 논의에 대해서도 똑같은 비판이 있어야 한다(Halverson, 2000). 이미 앞서 살펴본 바와 같이(3.3.1) 이 개념은 수년 동안 처음에는 심리학과 언어학에서, 다음에는 번역학에서 유용하고 친숙하게 사용되어온 개념이다. 원형의미론에 대한 소규모 경험적 연구의 결과를 제시하는 할버슨의 글에서 이 논쟁에 많은 기여를 한 결정적인 연구들, 심지어 필모어의 대표적인 업적을 비롯해 그 이후 번역학에서 나온 연구들이 철저하게 무시되고 있다. 이는 1993년에 르페브르가 두 가지의 '유아기적 질환'이라고 분석했던 것, 즉 쓸데없이 시간을 낭비하는 것과 다른 학자들이 쓴 글을 읽지 않는다는 것을 전형적으로 보여준다. 우리는 다음과 같은 페르메어의 견해, 즉 너무 많은 책이 출간되어서 모두 읽을 수는 없다고 하더라도 중요하고, 혁신적이고, 논쟁적이고, 학문적인 토론에 영향을 미친 작품과 관련해서는 최소한 알고 있어야 한다는 입장에 동의할 수밖에 없다.

언어/문학 접근 방법의 한계는 다른 연구에 의해서 나타났다. 그 연구는 원래 1999년에 런던 대학교 박사학위 논문에서 제출된 것으로 유럽 번역학에 심대한 잠재력을 가지고 있는 주제, 즉 '나치정권 시기의 독일어 번역'에 관한 것이다(Sturge, 1999). 독일학 분야에 대해 심도 있게 연구한 가치 있는 자료지만, 이 주제 또한 문학 번역에 관한 것이다. 그리고 영어로 혹은 영어권에서 쓰여진 많은 연구들과 마찬가지로 기술번역학의 입장을 분명하게 취하고 있다. 일반적으로 기능주의적 접근, 특히 스코포스 이론은 검열하에서 생산된(또는 나중에 검열이 이루어진)[6] 번역에 직접적으로 관련된다고 할 수 있으며, 논의의 대상이 된 주제에 매우 생산적일 수 있지만 여기서도 다음과 같이 각주에서 무시되고 만다.

> 카타리나 라이스와 한스 페르메어를 중심으로 한 '스코포스 이론가'(Nord, 1997: 27 이하 참조)는 시대와 문화, 그리고 주어진 맥락에서 번역의 특수성을 놓치지 않으면서 충실성fidelity[7]에 대해서 이야기하고 있다. 번역가들이 번역을 목표 언어에서 달성하고자 하는 결과의 산물로 이해하는 것은 아래 언급하는 목표 문화 지향적인 접근 방법과 유사하다. 그러나 이들은 번역가의 소위 '올바르게 확인된correctly identified' 목적(Delabatista,

6 2.2의 'Translationsskopos'와 'Translatskopos'에 대한 논의 참조

7 이는 페르메어가 등가Äquivalenz에 대비해 '텍스트 외적 합치성intertextual coherence'이라는 의미로 도입한 '충실성Fidelität'를 가리킨다. 그러나 이 단어는 영어권의 번역이론 전통에서 사용되는 'fidelity'와 동일한 개념은 아니다.

1991: 143f)을 달성하는 정도에 궁극적인 관심을 갖고 있는데, 이는 여기에서 나의 관심 사항이 아니다. (Sturge, 1999: 13)

라이스, 페르메어, 그리고 노드의 저작들에 익숙한 사람들에게는 위와 같은 말이 의아하게 느껴지고, 이들 학자들이 제대로 이해받지 못하는 것처럼 생각된다. 저자는 독일에 대한 주제를 연구하고 있을 뿐만 아니라 독일어 학위도 갖고 있기 때문에 그들의 원전을 읽을 수 있음에도 불구하고 라이스와 페르메어는 노드의 영어 번역을 통해 해석되고 있다.[8] 특히 이상한 점은 더크 델라바스티타Dirk Delabatista의 「번역학에서의 잘못된 대립: 이론적 접근 방법 대 역사적 접근 방법A False Opposition in Translation Studies: Theoretical versus/and Historical Approaches」이라는 기고문(1991)을 토대로 언급하고 있는 '올바르게 확인된' 목적이라는 표현이 이 글에서 언급된 페이지에서 찾을 수 없다는 사실이다. 오히려 슈넬-혼비(1988: 47)가 홀츠-맨태리의 문화적 장벽을 뛰어넘는 커뮤니케이션 이론에 대해서 영어로 설명하는 짧은 인용문만이 발견될 뿐이다. 비록 델라바스티타의 결론이 그 자체만으로도 저자를 신비화하고 있는 측면이 있기는 하나, 여기서 다양한 오해나 의사소통의 부재를 지적하고 싶지는 않다. 하지만 더욱 이상한 것은 델라바스티타의 관찰을 토대로 "스코포스 이론가들이 자신에게는 흥미없는 쟁점"을 제시한다고 생각했던 카트린 스투르지Kathryn Sturge의 결론이다. 그가 라이스나 페르메어, 홀츠-맨태리의 저작들을 직접 연구했다면, 번역학의 관점에서 볼 때 한쪽으로 치우친 연구의 한계를

8 이것이 오해가 발생한 이유를 잘 설명해줄 수 있다. 노드의 영어 번역본 제목은 그 자체가 의심을 불러일으키기에 충분하다. 『목적적 행위로서의 번역*Translating as a Purposeful Activity*』은 번역이 다르게 보면 목적이 없는 행위라는 의미를 내포하게 된다. 그러나 스코포스 이론은 '목적에 의해서 좌우되는 (또는 최소한 목적을 지향하는) 행위'와 관련된다.

넘어 완전히 다른 결론에 도달할 수 있었을 것이다. 이는 많은 영어 텍스트 코퍼스가 독일어 번역과 비교되고 있는 사례를 실제적으로 논의해보면 분명해진다. 저자는 미시구조적인 전환에 중심을 둔, 언어학 지향적인 키티 반 루벤 쯔바르트Kitty van Leuven-Zwart (1989/1990)의 모델이 그의 코퍼스에 적절하지 않다고 비판을 하면서도 이를 일부 적용하고 있으며, 언어의 표면적인 단계를 넘어선 논의는 거의 하지 않고 있다. 그 결과 많은 언어학적인 요소들이 비교되고 있으나, 전체로서의 텍스트(즉 소설 혹은 탐정소설)에 대해서는 통찰력이 제시되지 못한다. 이것은 마그렛 암만의 모델(3.3.1)에 유익한 기초가 될 수 있었지만, 위에서 인용한 바와 같이 '스코포스 이론가'는 고려의 대상이 되지 않았다.

이와 더불어 전도유망한 젊은 세대의 학자들을 통해 지난 몇 년간 관찰되는 경향을 확인할 수 있다. 즉 1990년대의 세계화 과정에서 영어가 출판과 학문적 교류의 지배적인 언어로 부상하면서 번역학의 실제적인 내용에 영향을 미치고 있다는 것이다(4.2.3 참조). 영어가 종종 의심의 여지없이 언어 소통 수단이기 때문에 토론은 영어로 소개되는 이론과 출판물들을 중심으로 이루어진다. 이러한 이론 대부분이 (비교) 문학 또는 언어학 분야와 연결되어 있거나, 언어학적인 접근 방법을 기초로 하므로(예: Hatim & Mason, 1990), 본질적으로 문학 혹은 언어학 문제들에 계속 초점을 맞추고 있다. 이에 대한 좋은 예가 등가의 개념이나 코포라copora의 사용이다. 영어로 출간된 다른 이론적 접근(예: Vermeer, 1989; Nord, 1997)이 있다고 해도 이들 이론의 의도와 관련성이 온전히 연구되지 않고 오히려 이미 취한 관점과 모순되지 않는 범위 내에서만 읽히는 경향이 있다(각주를 통해 "여기서는 이 이론에 대해 관심이 없다"고 설명하는 것은 학문적으로 구차하게 변명하는 기능을 갖고 있다). 이는 단일 언어 사회에서의 관점에서건 영어를 세계 공용어로 보는 관점에서건 영어권의 관점, 심지어 행성적 의식planetary consciousness까지도 반영한다. 결국 1980년대의 '문화적 전환cultural turn,' 1990년대의 '역사적 회귀historical curve'와 '인지적 곡해cognitive twist'(Chesterman, 2002 참조) 이후 번역학은 글로벌화되고, 영어권 편향이 높아지는 새로운 세기의 시작을 바라보는 듯하다.

'언어학으로의 회귀' 현상이 일어나게 된 또 다른 이유는 변함없는 이론적 논쟁, 즉 (번역학의) 연구 대상이 무엇인가, 더 나아가 번역이란 무엇인가에 관한 상이한 관점에서 기인한다. '본원적 의미의 번역translation proper'이라는 개념은 슐라이허마허(1.1)를 통해 이미 보았듯이 시대에 따라 변해왔다. 1960년대에 번역 과정은 언어적 작업으로 생각되었고 결과물은 원천 텍스트에 대한 텍스트 등가(1.2와 Catford, 1965 참조)로 정의되었다. 이는 콜러가 1972년 제시한 번역 개념에도 반영되어 있으며(1.3에서 인용), 심지어는 그의 1990년대의 저술에서도 등가의 개념을 재확인하고 번역학의 대상을 여전히 한계 지우려고 한다.

> 언어학적이고 텍스트-이론적인 관점에서 보면, 번역은 출발어 텍스트가 도착어 텍스트로 치환되는 텍스트-프로세싱 활동의 결과로 이해될 수 있다. L2 텍스트(목표 언어 텍스트)와 L1 텍스트(원천 언어 텍스트) 사이에는 번역적 혹은 등가적 관계가 존재한다(Koller, 1995: 196, 강조 부연).

따라서 등가는 번역자의 창조적인 성향과 작품 이해에 대한 '세계'로부터 의뢰인의 번역 지침과 번역의 선언된 목적에 이르기까지 다양한 요소와 조건들에 의해 결정되는 상대적인 개념이 된다(Koller, 1995: 197). 기능적 접근 방법에 대한 관심에도 불구하고 번역은 등가 개념에 의존하게 되며, 결국 여전히 불분명한 것으로 남게 된다(2.2.에서 기술된 페르메어의 번역에 대한 정의와 대조된다).

희곡 번역(3.1.3)에서 볼 수 있는 번역과 번안의 경계선은 아직 논쟁점으로 남아 있다. 바스넷은 1980년대에 이러한 구분을 '주의를 딴 데로 돌리는 것red herring'이라고 하면서 무시했다(1985: 93). 이러한 논쟁은 번역이라고 여겨지는 것이 바로 번역이라는 투리의 정의를 받아들인다면 해결될 수 있을지도 모른다. 이에 대한 대안으로, 번역을 2.2에서 인용되었던 다섯 가지의 기본 유형으로 나뉜다고 보는 카타리나 라이스의 광범위한 관점을 채택할 수 있다. 그 다섯 가지의 기본 유형이란 행 대응 번역, 문법 중심 번역, 기록적 또는 학술적(베누티의 '이국화'와 뉴마크의 '의미 중심 번역') 번역, 소통적(또는 도구적) 번역, 번안(또는 개작) 번역을 말한다. 이중 마지막 유형은 자막, 더빙, 무대 번역, 소프트웨어의 현지화, 광고, 언론 텍스트의 외국어 버전, 일반 대중을 위한 특수 혹은 기술적 문학의 번역을 포함한다. 이는 3.1에서 보았듯이 대부분 언어의 차원을 뛰어넘고 등가도 초월한다.

'번역학: 최근의 이론적 이슈'를 주제로 한 학술지 『로고스와 언어*Logos and Language*』에는 이 절의 내용을 많이 다룬 필자의 논문(Snell-Hornby, 2002)이 실려 있으며, 그 외에도 언어학 연구와 번역학 사이의 관계에 특별히 초점을 맞춘 두 개의 논문이 수록되었다. 제레미 먼디Jeremy Munday는 코퍼스 언어학을 '학제적인 협력의 인터페이스'라고 주장한다. 앞서 살펴본 바와 같이(4.1.2) 이 질문은 역시 1980년에 제기되었는데, 여기서 몇 가지 문제들(예를 들어 번역가를 위한 이중 언어 사전이 상업적으로 손실을 볼 것으로 예상되는 점)은, 인터넷에서 활용 가능한 무제한적인 정보와 번역가에 대한 다른 기술적인 지원 수단 때문에 한편으로는 부분적으로 적실성이 떨어지는 상태였다. 언어 코포라가 사전, 특히 단일 언어 사전을 편찬하는 프로젝트에 필요한 많은 정보를 제공한다는 점은 논란의 여지가 없다. 이들이 번역학에 직접적으로 가치가 있는지의 여부는 다른 여러 문제들과 함께 여전히 검토해야 할 사항이다. 예를 들어 먼디는 컴퓨터 코포라의 사용에 대해서 다음과 같이 언급한 바 있다.

> …… (컴퓨터 코포라의 사용은) 번역된 텍스트의 언어의 전형성들을 확인하는 작업이다. 번역된 언어translated language가 가지고 있는 문체의 특징은 번역되지 않은 언어non-translated language와 비교될 수 있다. 지적된 차이들은 번역의 과정과 현재 사용되고 있는 번역 '규범'들의 요소를 드러낼 수 있다. 베이커(1993: 244-245)가 제안해 '번역 보편소'로 알려진 번역의 특징들로는 명확화explicitation, 전통적인 문법 구조의 사용, 그리고 'say말하다'와 같은 단어의 빈번한 사용 등을 들 수 있다. (Munday, 2002: 14)

여기서 제기되는 주된 질문은 무엇이 정확하게 '번역된 텍스트'인지, 또는 다른 말로 하자면, 오늘날과 같이 복합적이고 세계화한 시대에서 무엇이 '번역되지 않은 언어'인가 하는 점이다. 일정하게 정해진 상황에서는 이에 대한 답변이 분명할 수 있다. 영어를 유일한 언어로 사용하고 있는 원어민에 의해 만들어진 영어 텍스트가 주어지고 이 텍스트를 '프랑스어로 번역'하라는 특정한 지시를 받는다면 그 결과물은 '번역된 텍스트'가 될 것이다(그리고 원천 텍스트는 '번역되지 않은 언어'가 될 것이다). 그러나 프랑스어 문헌에 기반을 두고 있으면서 텍스트가 원천 언어로 기능할 것을 의도하고 있는 후기식민지주의의 하이브리드 텍스트인 『한밤중의 아이들 *Midnight's Children*』(3.2.1), 또는 모로코에 대한 유엔 문서는 어떻게 볼 것인가(4.2.3). 영어이기는 하지만 많은 간섭을 받고 있는 인터넷상의 수많은 영어 텍스트는 어떻게 볼 것인가. 특정한 번역 브리프에 의해 의식적으로 번역하고자 하는 노력과 언어적 간섭이라는 사실 중에 어떤 것이 더 적절한가(그리고 이 경우 언어 규범을 어떻게 정의할 것인가. 1.3 참조). 객관적이고 과학적인 자료를 위해서는 위에서 언급한 투리의 번역에 대한 정의는 충분치 않다.

애스톤 학회에서의 규범에 대한 토론 이후(3.1.1) 투리는 다음과 같이 말했다.

> 이미 내린 전략적인 결론은, 내가 쓰고 있는 언어가 진실로 내 모국어가 아니라는 것(이는 내가 항상 강하게 의식하고 있는 것)이다. 뿐만 아니라, 대다수의 나의 독자들 역시 영어가 외국어라는 사실을 나 자신에게 종종 상기시켜야 한다는 것이다. 이들이 사용하는 언어는 반드시 같은 종류의 영어가 아닐 수도 있으며, 항상 같은 종류의 이국성을 나타내는 것도 아니다.(1999: 129)

여기서 생기는 의문은 과연 투리의 영어 글쓰기와 그가 언급한 다양한 청중들이 생산한 수많은 텍스트들이 그 자체로 '번역되지 않은 언어'인가 하는 점이다.

(기본 맥락, 배경 상황, 그리고 전체 문화 요소를 배제하는 것과 별개로) 다중 언어 코포라를 비교하는 것과 관련된 또 다른 문제는 '단어' 그 자체의 개념이다. 먼디가 영어와 스페인어를 언급하면서(2002: 15) 정확하게 지적한 바와 같이 무엇이 '단어'인가 하는 것은 관련된 언어 시스템의 본래적인 차이에 따라 달라질 수 있기 때문에 특히 단어의 사용 빈도나 텍스트 자료의 길이를 다룰 때 문제가 된다. 나아가 앞에서 언급했듯이 'say'와 같은 영어 단어는 결코 다른 언어로 동일하게 어휘화될 수 없으며, 동일하게 사용되거나, 다른 문화의 텍스트 유형으로 재생될 수 없다. '번역 보편소'와 같은 과감한 표현을 제시할 때에는 이러한 모든 요소들이 고려되어야 한다.

스타이너의 『바벨탑 이후』를 논의함에 있어서(1.3 참조), 먼디는 이 책이 "시대의 한계를 벗어나지 못했다. 스타이너가 언어의 보편적인 관점을 지지하면서 촘스키의 변형생성문법을 광범위하게 인용하고 마치 이것이 번역을 전체적으로 포괄하는 이론인 양 간주하는 것은 이제 시대에 뒤떨어진 듯 보인다"(2001: 167)고 기술했다. 하지만 최근에 언어학에 기반을 둔 번역학 논의에 관한 글들을 읽어보면, 변형생성문법 이론을 지지하는 사람들에 의해서 1960년대에 나타난 태도가 다시 부활하고 있는 경향을 발견하게 된다. 이름과 용어의 일부는 변경되었을 수 있지만, 양자 모두에 있어서 언어학적인 데이터는 문화적인 배경으로부터 분리되고, '규칙'과 '규범'은 핵심적인 개념으로 남아 있다. 논쟁은 또다시 영어로 쓰여진 작품에 기반을 둔 보편성에 대한 연구로 특징지어지고, 변형생성문법의 경우와 같이 어떠한 현상이 다른 언어와 대조되었을 때 그 현상이 영어에 특유한 것으로 입증될 수 있다(Snell-Hornby, 1983 참조).

먼디는 코퍼스 언어학을 '방법론'으로 언급하고 있으나(2002: 12) 학문 분야의 하나로 취급하지 않는다. 『기계 번역, 번역학 그리고 언어학 이론 *Machine Translation, Translation Studies and Linguistic Theories*』에 기고한 글에서 앨런 멜비Alan Melby와 데릴 론스데일Deryle Lonsdale은 이 세 영역이 분명하게 겹치는 공간을 묘사하면서 "기계 번역은 번역학을 구성하는 여러 요소 중 중요한 기술로 그 자리를 계속 유지할 것"이라 말한다(2002: 39). 그들은 ALPAC 보고서(1.3 참고)를 언급하면서 주장을 펼치고 있지만, 그들의 기고문으로 인해 '출발 지점square one'으로 되돌아가는 것은 아니다. 그 반대로 기계 번역이 1950년대의 몽상으로부터 어떻게 변화되어왔으며 어떻게 오늘날 번역 산업에 불가결한 기술로 발전하게 되었는지가 분명해졌다. 이는 첫째로 '완전 자동화 고품질 번역Fully Automatic High Quality Translation'이라는 숭고한 이상을 버리고 보다 현실적인 목적을 추구하는 것으로 대체했기 때문이고, 둘째로 번역자들의 다양한 필요를 충족시키기 위해 차별화된 도구들이 개발되었기 때문이다. 위에서 언급한 바와 같이(4.2.1), 이러한 도구들은 1990년대 다양한 글의 주제가 되었으며, 『랭귀지 인터내셔널』과 같은 저널의 출간을 통해 실무가들에게 제공될 수 있었다. 이 시기에 『랭귀지 인터내셔널』에서 다루었던 이슈와 자료들이 번역학의 한계를 뛰어넘었음을 분명하게 알 수 있다. 이러한 변화는 멜비와 론스데일이 『로고스와 언어』에 기고한 다학제적인 글과 2002년 12월 『랭귀지 인터내셔널』이 종간되면서 편집장이 제시한 이유에서도 확인되었다.[9]

지난 수년간 그와 같은 기고문들을 읽으면서 강하게 받았던 인상은 이러한 기술에 관한 학문 세계가 점차 남성 지배적인 우주로 회귀하고 있다는 것이다(이는 다시 출발 지점으로 되돌아가게 하는 것인가? 3.2.2 참조). 이러한 인상은 『랭귀지 인터내셔널』 마지막 호의 기고자 중 하나인 앤서니 핌Anthony Pym의 글에서 정확하게 확인된다.

> 『랭귀지 인터내셔널』과 그 자매지들은 나와 같은 학자에게 기술 및 돈의 세계와 접촉하게 해주었다. 이는 내가 가지고 있던 투박한 번역 모델보다 훨씬 우월한 지역화localization가 가진 많은 장점을 가르쳐주었다. 그러나 이 세계는 내가 학문적인 휴머니즘이라는 이름하에 조금은 휘저어놓을 수도 있는 세계이기도 했다. 따라서 한 가지만 언급하면서 이 글을 맺으려고 한다.
>
> 나는 이 세계를 좋아한다. 왜냐하면 이 세계 속의 관계가 남성적인 특

9 "언어와 번역의 변화, 번역 학문의 다양한 입장들을 전부 다루는 것이 점점 더 어려워졌다. 그리고 이제는 인터넷으로 인해 원하는 모든 최신 정보를 언제나 쉽게 얻을 수 있다" (Esselink, 2002: 4).

징을 갖기 때문이다. 베르트 에셀링크Bert Esselink와 밥 클라크Bob Clark는 이 잡지의 전임 편집장으로 남자다. 이는 몇 가지 장점이 있다. 예를 들어 내가 학회에서 그들로부터 담배를 얻을 때에는 돈을 지급해야 한다는 의무감을 느끼지 않는다(여성들이라면 그러한 의무를 느낄 것이다). 남성성이라는 것은 분명 기술과 장난하고 서로에 대해 잡담을 하는, 장난감을 갖고 노는 아이들과 같다. 이는 미래를 예견하는 것과 관련된다. 우리가 함께 바라보고 팀으로 일하면서 도달하게 되는 미래 말이다. 사실은 이 글의 많은 부분은 대학교의 유행에 대한 계보학적 비판(당신은 어디로 가는가가 아닌 어디에서 왔는가에 의해 평가된다)이 아니라 축구 코치에 의해서 주어지는 격려의 말을 연상시킨다. 이곳은 훈련이 배우는 목적을 달성하기 위한 것일뿐 아니라 그 자체가 동기 부여의 수단이 되는 남성의 세계다. 나는 이 모든 것이 분명하게 남성적이라고 생각하고, 여성화된 학문세계에 내한 빈작용이라고 본다. (2002: 43)

5.2 새로운 패러다임 혹은 관점의 전환?

현시점에서 쿤(1970)과 페르메어(1994)의 의견에 비추어 지난 30년간 이루어진 번역학 연구의 패러다임적 변화 혹은 기념비적 사건이 무엇인지, 그리고 나아가 르페브르(1993)가 말한 것처럼 무엇이 이 분야의 지식 발전에 기여했는지 잠정적인 평가를 시도할 수 있을 것이다. 여기서의 결론은 최종 평결을 위한 것이 아니고, 생각할 수 있는 소재와 향후 논쟁을 위한 자료를 제시한다는 의미가 있다.

주관적인 혹은 조작적인 평가의 위험을 피하기 위해 지금까지 상세하게 기술한 내용을 넘어서는 매트릭스를 토대로 결론을 도출하고자 한다. 그

일환으로 베르너 콜러와 제러미 먼디, 에리히 프룬치가 각각 저술한 세 가지 '번역학 개론'의 기본 내용을 비교해보자.

콜러(1979)의 책은 번역학을 소개하는 첫 개론서로서 선구자적 노력의 산물로 인정해야 한다. 서론에서 저자는 자신의 연구 분야가 통역이 아니라 (문어) 번역이라고 분명하게 명시하고 있으며(1979: 11-12), 또한 소개introduction라는 표현을 사용하기에는 아직 형식적으로 성숙되지 못한 분야를 소개한다는 비난을 받을 수 있다는 두려움을 표현했다(1979: 10). 그의 책은 총 8장으로 구성되어 있다.

먼디(2001)도 '구어 통역'을 배제했으나,[10] 번역학 분야를 잘 정립해 소개하고 있다. 먼디의 책은 모두 11장으로 구성되었고, 각 장은 특정 주제 혹은 접근법을 다루며 관련 학자를 소개한다.

프룬치(2001)는 통역 연구를 번역학Translationswissenschaft에 포함시키지만 일반적인 이론적 관점으로만 살펴본다. 책은 모두 9장으로 구성되어 있으며, 사실이나 학파 혹은 학자가 아닌 이슈별로 접근하고 있다.

이 세 권의 책에서 각각 다루고 있는 내용을 정리하면 다음과 같다.

장	콜러 (1979)	먼디 (2001)	프룬치 (2001)
1	기본적인 측면 (번역의 역사, 통계 언어 정책 등)	'주요 이슈'(Jakobson의 삼자체제, James Holmes의 도해)	학문의 명칭, 번역 행위(Kade의 용어)
2	번역사 훈련	번역의 역사(Cicero, Luther, Dolet, Tytler, Schleiermarcher 등)	'언어학적 지배 및 등가 논쟁'(Jakobson, Vinay와 Darbelnet, Koller, Reiss의 텍스트 유형론)'
3	'번역의 문제'	등가(예: Nida, Newmark, Koller)	문화적 전환으로서의 번역(Nida)

10 2001: 4 참조. 동일한 출판사가 『통역학 입문*Introducing Interpreting Studies*』(Pöchhacker, 2004)을 출판했다(2009년 이화여자대학교출판부가 이 책의 한국어 번역서를 출판했다—옮긴이).

장	콜러 (1979)	먼디 (2001)	프룬치 (2001)
4	번역의 개념과 연구 측면(텍스트 언어학, 번역 교육 및 번역 크리틱 등)	번역 전환	번역의 최종주의 원칙
5	번역 프로세스 정의 및 모델	기능주의 번역 이론 (Reiss, Holz-Mänttäri, Vermeer, Nord)	번역적 행위(Sapir와 Whorf, 스코포스 이론, Holz-Mänttäri, Nord)
6	번역 가능성과 번역 절차	담화 및 어역 분석 (Halliday, House, Baker, Hatim과 Mason)	대조적·기술적 번역학(러시아 형식주의, Levý의 규범, James Holme와 조작학파, Toury, Bassnett와 Lefevere의 문화적 전환, 여성주의 번역, 탈식민주의)
7	등가의 문제	시스템 이론 (예: Toury, Chesterman, Lambert, Van Gorp)	해체주의(Derrida, Benjamin)
8	번역 비평(Reiss의 모델 소개 및 대안적 모델 제시)	'문화학의 다양성' (예: Bassnett, Lefevere, Niranjana, Vieira)	문학 번역(Göttingen의 연구)
9		번역의 가시성 (Berman, Venuti)	'통합'
10		철학적 이론(예: Steiner, Benjamin, Derrida)	
11		번역의 다학제성 (Snell-Hornby, Havey)	

이 세 권의 책을 개괄해보면 다양한 사실을 알 수 있다. 특히 먼디와 프룬치가 확보할 수 있었던 방대한 자료가 가장 인상적이며, 1970년 후반 콜러가 언어학과 언어, 훈련과 비평에 주로 집중한 개론서를 저술했던 당시부터 번역학이 성장했다는 것을 볼 수 있다. 이 책들 모두에 일관되게 등장하는 주제가 있다. 비록 프룬치가 이를 비판적으로 논하고 있으며 언어학 중심 단계의 역사적인 개념으로 보지만, 이 책들의 공통된 주제는 등가다. 먼디는 영어권 지역에서 볼 수 있듯이 언어학적 혹은 관념적인 접근

(번역 변이, 어역 분석, 시스템, 철학적 이론)에 편향된 입장을 취하고 있는 반면 프룬치는 기능적 행위 이론과 기술적 접근 방법의 균형을 유지하고 있으며, 그의 자료는 슬라브 국가도 포함하는 등 넓은 범위를 아우르고 있다. 앞서 투리 1995에서 인용했듯이(2.5), 일반적으로 사람들은 '기술주의 DTS'와 '기능주의'(행위 이론)의 차이를 알고(프룬치와 먼디 모두 별도로 다룬 주제이기도 하다), 상이한 지위를 점하고 있는 언어학적·문화적 측면의 번역 관련성에 대해서도 알고 있다. 하지만 프룬치와 먼디는 통합 혹은 향후 공동 연구의 중요성을 강조하며 건설적인 결론을 맺는다.

이러한 광범위한 흐름은 여기에서도 확인이 되었다. 그러나 이 연구는 개괄적 혹은 이론 소개서로서의 기능을 의도하지 않고, 구체적인 사례에서 제시되었거나 경험적 연구에서 나타난 바와 같이 이론적 개념 또는 모델이 어떻게 적용되고 사용되는가 하는 점을 강조하고자 했다. 이와 관련해 아래 결론에 도달할 수 있다.

제임스 홈즈가 적절한 용어와 구조를 설계함으로써 근대 번역학을 독립적인 학문으로 만든 첫 번째 선구자였다는 사실에 더 이상 이견이 없어 보인다(주요 약점은 통역학에 대한 무관심과 문학에 대한 편향이다). 그의 연구가 국제 사회에 알려지면서(Holmes, 1988) 사후에 세계적으로 인정을 받았지만, 콜러 1979에는 홈즈에 대한 언급이 없다는 사실이 주목할 만하다. 한편, 통역학의 발전에 중요한 영향을 끼쳤으나 독일어권 밖에서는 잘 알려지지 않은 학자로는 오토 카데(1968)가 있다. 그는 적절한 기본 개념을 만들고 (회의) 통역과 비문학 텍스트뿐 아니라 커뮤니케이션 이론의 중요한 차원을 포함한 학문적 개념을 제시해 시대의 언어적 제약을 초월했다.

그 이후 1980년대에는 서로 독립적이지만 많은 것을 공유하면서, 1970년대 후반에 만들어진 초기의 연구와 중요한 개념으로 되돌아가는 새로운 학파들이 등장했다. 이 시기가 바로 패러다임 전환의 시대, 혹은 페르메어

(1994)의 말을 빌리자면 새로운 관점을 향해 (외견상으로는) 뚜렷하게 도약한 시대다. 오늘날 영어권에서 '조작학파'로 알려져 있는 이들은 기술번역학(이와 함께 여전히 영향력이 있는 투리의 번역 규범의 개념)을 만들어낸 폴리시스템 이론(Hermans, 1985)에 기반을 둔 문학 번역의 새로운 패러다임을 소개했다. 같은 시기에 두 개의 혁신적인 기능적 접근법이 독일에서 개발되었는데, 바로 번역과 통역의 일반 이론으로 당초 제시된 스코포스 이론(Reiss & Vermeer, 1984)과 번역행위 이론(Holz-Mänttäri, 1984)이다. 이들 세 가지 접근법들은 원천 텍스트와의 등가 대신 모두 목표 문화에서의 번역 기능에 집중했지만('기능'과 '규범'의 이해 등) 기본 개념과 기조에서는 차이를 보였다. '기술론자'들은 그 어떠한 형태의 평가도 거부한 반면, '기능론자'들은 평가를 선호했다. 당초 번역행위 이론은 산업적 맥락에서 (대부분 문어) 번역을 위해 만들어졌고, 이들 두 개의 기능적 이론은 문학 번역에 있어서 관련성 혹은 적합성에 대한 비판을 받았다. 그 이후에 개발된 새로운 개념(특히 노드의 '충성도loyalty' 및 '장면과 틀')과 모델(암만의 번역비평 모델)은, 해체주의적인 접근을 선호하는 문학 번역학자들의 협력이 그러했듯이, 스코포스 이론의 문학 텍스트 적용에 대한 새로운 관점을 가능하게 했다. 나아가 당시 (언어학이 아닌) 지배적인 문화적 경향은 '기술적' 학자들이 차지했고 이러한 경향은 문학 번역의 '문화적 전환'을 이루게 되었으며(Bassnett & Lefevere, 1990), 나중에 문학번역학의 전환점으로 알려지게 되었다. 따라서 번역학의 '기술주의적' 학파와 '기능주의적' 학파가 상반된다고 단순하게 생각하면 안 되고, 상이한 개념과 서로 다른 지향점에도 불구하고 상호 보완적인 것으로 봐야 한다.

1990년대의 경험적 연구와 발전으로 인해 1980년대의 새로운 패러다임이 검증을 거치게 되었다. 당시 가장 놀랄 만한 학문적 발전은 독자적인 다학제적 학문(신경생리학, 심리학, 사회학 등과의 협력)으로서 고유의 연구 분야(예: 미디어 혹은 커뮤니티 통역)와 경험적·과학적 방법을 가진 통역학의 부상이다. 새로운 학문공동체가 등장하게 되면서 르페브르의 분류를 한 단계 더 발전시켰고 번역학의 '후학'이라고 할 수 있는 미리엄 슐레징어 Miriam Shlesinger와 프란츠 푀히하커 등이 선구자가 되었다. 그동안 이 분야에서 홈즈가 제시한 비전은 더 이상 열매를 맺지 못했으며, 기술번역학이든지 해체주의든지 간에, 문학 번역에 초점을 맞춘 접근법은 거의 도움을 줄 수 없었다. 하지만 번역학에서 회의 통역(Pöchhacker, 1994)과 법정 통역(Kadrić, 2001) 등 통역 연구에 많은 도움이 된 이론적 접근이 하나 있었는데 바로 홀츠-맨태리의 번역행위 모델이다. '언어의 범위를 넘어서는' (문어) 번역(예: Kaindl, 1995의 오페라 번역)과 주제에 관한 전문 지식이 필요한 (종종 산업) 환경 연구에도 도움이 되었다(법률 번역에 관해서는 Salmhoferova, 2002 참조. 국제 마케팅에 관해서는 Framson, 2005 참조) 홀츠-맨태리의 모델은 (통역을 포함한) 번역학의 다양한 부문에서 가장 융통성이 있고 생산적 접근이라는 것이 증명되었고, 학계에서 지금까지 받아온 것보다 더 많은 관심을 받을 만하다. 이 이론에 대한 관심을 저해한 원인에 대해서는 앞에서 논의한 바 있다(2.3). 홀츠-맨태리의 이론적 작업은 독일어로 출판되었는데, 원어민에게도 문제를 일으킬 소지가 있는 문체로 작성되었다. 독일에서 시작되었지만 홀츠-맨태리의 방법보다 훨씬 제한된 연구 분야에만 적용되는 사고발화법TAPs의 성공 이유는 영어로 출판되어 영어권에서 논의되었기 때문이다.

1990년대에 번역학의 다른 분야에서도 중요한 발전이 있었다. 대표적인 것이 바로 바스넷과 르페브르가 '문화적 전환'이라고 소개하면서 유행시킨 개념이다. 문화적 전환은 탈식민주의와 여성주의 번역과 같은 분야의 연구를 촉진시켰고 그동안 등한시되었던 권력에 초점을 두게 만들었다. 이와 유사하게 투리의 '규범'이라는 개념에 '밈'이라는 보다 생산적인 개념이 결합하면서, 윤리라는 (결코 사라질 수 없는) 중요한 질문이 제기되었다. 비언어적 커뮤니케이션의 요소는, 특히 무대나 스크린 등 언어의 범위를 넘은 번역의 형태에서 지금까지 번역학에서 전제했던(혹은 연구되었던) 것보다 더 많은 잠재력을 가지고 있다고 생각한다. 반면에 해석학 등 전통적인 분야는 장면과 틀 등의 개념과 텍스트와 저자 및 독자의 역할에 대한 참신한 접근을 통해 새로운 활력과 즉시성을 얻게 되었다. 이 모두는 르페브르가 요구했듯이 번역학의 진보에 기여했다. 따라서 '새로운 패러다임'과 '관점의 전환' 사이의 스펙트럼에서 어떤 위치를 차지하고 있는지 혹은 페르메어의 지그재그형과 나선형 중 어떤 모양의 진보를 보이고 있는지에 대한 판단은 독자와 번역학자 개개의 관심과 확신에 따라 다양하게 나타날 것이다.

5.3 "전쟁이 아니라 대화를": '번역 전환'을 향하여

2003년 브라질에서 열렸던 독일학 회의의 폐회 세션에서 참석자들은 국가 간, 문화 간 대화를 필요로 하는 글로벌화된 세계에서 독일학이 과거 독일어가 학문의 중심이 되는 언어였을 때 누렸던 독단적이고 독점적인 지위에서 벗어나, 이제는 다수 언어와 문화 가운데 상대적이지만 생산적인 지위를 점하게 되었다는 점에 합의했다. 사실 서론에서 이미 언급했듯이, 이 회의에서 통찰력 있는 내용이 거론되었다고는 하지만 번역학에서 이미 수년 전에 인식되었던 내용이다. 따라서 이제 카인들의 다학제성 논의(3.1)로 되돌아가 학제 간 협력의 질에 대한 3단계 발전 단계, 즉 '제국주의적', '차용적', '상호보완적' 단계에 대해 살펴보는 것이 적절하겠다. 1990년대 이후 대부분의 다학제적 연구는 두 번째 단계를 보이고 있지만,

새로운 세기에 들어온 시점에서 번역학이 다른 학문에 줄 수 있거나 혹은 '수출'하여 마지막 단계의 '상호 보완적 다학제성'을 이룰 수 있는 방법을 생각해볼 만하다.

바스넷과 르페브르의 글이 실려 있는 단행본 『문화 건설*Constructing Cultures*』에 수록된 「문화학에서 번역의 전환」(Bassnett, 1998)이라는 제목의 글에서 바스넷은 이와 관련한 제안을 하고 있다. 바스넷이 문화학이라고 부른 학문은 영국적 성격을 띠고 시작되었는데 1950년대와 1960년대의 레이몬드 윌리암스Raymond Williams와 E.P 톰슨Thompson, 그리고 1964년 버밍엄 대학교에 현대문화연구소Centre for Contemporary Cultural Studies를 설립한 리처드 호가트Richard Hoggart의 연구로 거슬러 올라간다. 바스넷이 지적하듯이, 이 주제는 번역학 외에도 앞에서 언급된(5장) 언어학과 인지학에 비길 만한 과정을 거쳤고, 바스넷은 지난 수십 년간의 문화학과 번역학의 발전 양상을 이 두 학문의 관계를 중심으로 살펴보고 있다. 바스넷은 "문화학에서의 번역 전환은 이미 많이 진행되었다"(1998: 136)고 말하면서 이에 대한 주요 사례로 텍스트와 같이 관련 연구 대상에 대한 질문 유형을 든다.

예를 들어 전통적인 문학 연구에서 텍스트는 "세월이 지나도 계속 남아 있는, 자신만의 고유한 보편적 가치를 갖고 있는 것"으로 여겨졌고(1988: 133), 호메로스와 셰익스피어는 학자와 제자들의 숭배를 받는 독보적인 세계 저자로 인식되었다. 앞서 2.1에서 보았듯이, 전통적인 문학 연구의 관심에서 벗어났지만 오늘날 번역학의 기준이 된 질문을 새롭게 제기한 것은 폴리시스템 이론(또한 이를 선전한 번역학자들)이었다. 셰익스피어를 예로 들자면 다음과 같다.

> …… 우리는 먼저 연극이 제작되는 복합적인 방식(극본이 배우가 리허설

을 하기 전에 쓰여졌는지, 리허설 도중에 누군가에 의해 쓰여졌는지, 아니면 코미디에서의 시나리오와 같이 간단히 쓰여져서 각 배우들이 이를 스스로 고치는 역할을 맡았는지 등)을 고려해야 한다. 또한 연극을 제작하는 과정에서 사용되는 자료들, 연극을 에디팅하는 보다 복잡한 역사, 18세기 이전의 부, 초기 낭만주의의 셰익스피어 붐, 그리고 그 이후에 나타난 지속적인 경전화의 과정 역시 고려해야 한다. 우리는 다른 문화 속에 등장하는 서로 다른 셰익스피어 — 예를 들면 중부 유럽과 동유럽의 급진적이고 정치적인 성향의 저자들, 또는 인도와 식민지에 수출된 대영 제국의 고위 성직자들 등 — 를 볼 수 있어야 한다. 그리고 어떻게 이러한 다른 셰익스피어들이 창조되었는지를 고려함에 있어서, 번역에 의해서 연기된 역할로 다시 돌아가게 된다. (Bassnett, 1998: 134-135)

유사한 질문들이 3.1.3 희곡 번역에도 제기되었고, 오늘날 번역학에서 당연하게 여겨지는 것을 보여주지만 전통적 문학 이론에서는 자명하지 않다. 즉 셰익스피어이건 호메로스이건 스토파드이건 타고르이건 담화는 단순히 '그 자체로' 존재하는 것이 아니라 언제나 당면한 시공간과 상대적으로 존재한다. 바스넷이 결론을 내린 바와 같고 시인 타고르(3.2.1)의 사례에서 명확하게 나타나듯이 동일한 텍스트의 번역을 비교하는 것은 "보편적 위대함의 오류를 노출시키는 것이다"(1998: 135).

비문학 번역과 통역에 대한 논쟁을 확대하면 번역학이 다른 학문 혹은 전 세계를 유익하게 만드는 새로운 관점을 제공한다는 사실을 강조할 수 있다. 번역학은 언어, 대상, 문화 그 자체가 아니라 문화 간의 소통에 관심을 갖고 있으며, 이러한 문화 간의 소통은 단순히 관련 요인들의 합에 불과한 것이 아니다. 번역(학)의 소통 도모 가능성에 대해서 아직도 충분히 인정을 받고 있지 않는데 이러한 인식 부족은 치명적인 결과를 가져올 수 있다. 이 절의 제목인 '전쟁이 아니라 대화를Make dialogue, not war'은 2003년 11월 '문화연구의 번역 전환에 관해'라는 주제로 열린 워릭 회의에서 필자가 발표한 강연의 제목으로, '전쟁이 아니라 사랑을Make love, not war'이라는 히피족의 모토가 아니라, 2003년 2월 이라크 전쟁을 앞두고 런던에서 일어난 거리 시위의 플랫카드에 쓰여진 문구에서 영감을 얻은 것이다. 시위대의 플랫카드에는 '전쟁이 아니라 차를Make tea, not war' 이라는 문구와 함께 헬맷 대신 찻잔을 머리에 얹은 영국 총리의 캐리커처가 그려져 있었다. 번역의 주요 목표는 파괴적인 전쟁을 하는 것이 아니라 건설적인 성격을 가진 '대화'를 하는 것이다. 원천 텍스트를 이해하고 뜻이 통하도록 만들기 위해서 번역사는 상대방 쪽에 맞춰 목표 텍스트를 만드는데, 이때 목표 청중을 위해 목표 문화와 일치된 메시지를 만들어야 한다. 커뮤니케이션으로서의 번역 행위가 실패할 경우 커뮤니케이션이 얼마나 잘못될 수 있는지 이라크에 대한 군사 정복에서 사례를 많이 찾아볼 수 있다. 전쟁에서 승전한 후 군인들이 혹시나 있을지 모르는 무기와 적군을 찾고자 집집마다 수색하면서 다닐 때 비슷한 일이 생겼다. 집 안을 샅샅이 뒤지고 문과 가구를 파손한 뒤 원하는 것이 없음을 확인한 군인들이 자신들의 무기를 거두며 'Shukran djashilan'(아랍어로 '매우 감사하다'는 의미)라고 말한 후 가버렸다고 집주인인 고위급 현지 인사가 언론에 말했다.[11] 그는 군인들의 반응을 냉소로 이해하게 되었고, '감사합니다'라는 말 뒤에 느껴지는 모욕감이 가장 견디기 힘들었다고 말했다. 하지만 군인들은 호의를 표하는 말과 행동을 의도하지 않았을 것이다. 군사적 행위 후에 표현하는 영어의 '매우 감사하다Thank you very much'는 감사가 아닌 '자, 됐다Well, that's it'의 소통적 가치를 갖고 있다. 이 사례에서 볼 수 있듯이 만약

11 『Der Spiegel』 27/2003의 「Mächtiger Feind」, p. 128 참조

군인들이 신무기 사용법만큼이나 언어 간, 문화 간 커뮤니케이션에 대해 강도 높은 훈련을 받았더라면 그 지역의 반감을 줄일 수 있었을 것이다. 기능주의 번역 이론 원칙에 따라 여기서 얻을 수 있는 교훈은 단어를 단순히 대응 전환하지 말고 청중이 알아들을 수 있는 적절한 방법으로 필요한 정보를 표현하라는 것이다.

이와 비슷한 이야기는 역사에서 쉽게 찾을 수 있는데 가끔 되돌이킬 수 없는 결과를 낳기도 한다. 문화 간 소통의 대표적인 실패 사례로는 1792년 영국 왕 조지 3세의 무역사절로서 야심 차게 중국을 방문한 마카트니 경Lord Macartney의 경우를 들 수 있다(Snell-Hornby, 1996c에 상세하게 설명되어 있다). 중국을 방문한 목적은 무역을 위한 개방 협상(통역학의 고전적 상황)을 위해서였는데 지구상의 가장 막강한 국가라고 확신하는 영국의 입장에서 마카트니 경은 협상이 당연히 성공하리라고 자신했다(3.2.1 참조). 하지만 이 방문은 목적한 바를 이루지 못하고 완벽한 실패로 돌아갔다. 세계 인구의 3분의 1인 3억 3천 명의 인구를 갖고 있던 중국 제국은 하늘 아래 유일한 문명으로 자부했고, 마카트니 경의 방문을 하찮은 무역사절단의 조공으로 여겼으며, 그의 요청을 전부 거절했다. 당시에는 청국 황제를 알현할 때 고두(叩頭, 경의를 표하기 위해 엎드려 머리를 땅에 조아리는 것을 말한다—옮긴이)의 예를 아홉 번 행했다. 그러나 마카트니 경은 청나라 건륭제에 대한 고두의 예를 거부했다. 그 대신 영국 국왕에게 하듯 무릎 하나만 꿇었고(3.1.2 번역과 비언어적 커뮤니케이션 참조), 이로 인해 모든 외교적 마찰이 빚어졌다. 중국인의 눈에는 영국인이 무례하고 고집 센 야만인처럼 비쳐졌고 이들은 중국에서 매몰차게 쫓겨났다.

마카트니 경의 중국 방문에 대한 이야기는 1989년 불어로 출판된 알랭 페르피트Alain Peyrefitte의 저서(*L'Empire Immobile ou Le Choe des Mondes*)에 자세히 나와 있는데—영어판은 존 로스칠드Jon Rothschild가 번역해 『두 문명의 충돌*The Collision of Two Civilizations*』이라는 제목의 책으로 나왔다 — 이 책을 통해 페르피트는 새뮤얼 헌팅턴Samuel Huntington의 것으로 여겨져 왔던 '문화의 충돌clash of cultures' 개념을 그보다 먼저 제시했다고 볼 수 있다. 책의 내용은 문화 간 충돌에 대한 구체적인 논증으로, 어떻게 소통이 잘못될 수 있는지 또한 잘못되었을 경우 어떤 결과가 나타나는지 보여주고 있다. 고두는 권력에 대한 문제 외에도 말이 아닌 행동으로 나타나는 문화 간 오해의 전형적인 사례다. 각 측은 절대적인 의미를 갖고 있는 자신만의 기호학적 의미, 즉 한쪽에서는 중국식 절을, 다른 한쪽에서는 무릎을 꿇는 행위를 주장했다. 그 어느 쪽도 상대방을 이해하거나 해석하거나 적절한 메시지를 제공하려는 시도를 하지 않았다. 구어 커뮤니케이션도 마찬가지로 대실패였다. 황제와 사절단 사이의 직접 대화를 금하는 관습에 따라 황제의 질문은 행사청장에게 전해졌고, 이는 다시 (영어는 모르지만 라틴어에 상당히 능통한 중국인 신부) 통역사에게 전달되어 통역이 되었다. 사절단의 대답은 다시 그 반대의 과정을 통해 전달되었다. 총 700명으로 이루어진 영국 사절단 구성원 중에서 중국어를 배운 사람은 마카트니 경의 12세된 아들(나중에 중국 연구가가 된) 토마스 스턴튼Thomas Staunton이 유일했다. 스턴튼은 사실상 마카트니 경의 사환의 역할을 수행(4.1.1 참조)했지만, 그가 황제에게 중국어로 몇 마디 말한 것이 사절단의 방문 기간 중 있었던 문화 간 구어 커뮤니케이션의 전부였다.

중국 황제에게 가져간 여러 근사한 선물들을 설명하려고 한 영국 사람들의 시도 역시 문제가 있었다. 영국 측 선물에는 파커Parker 렌즈, 망원경, 그리고 영국 왕실 군함 '로열 소버린Royal Sovereign' 모형이 포함되어 있었다. 어떤 면에서는 서구의 기술을 중국에 '판매'하려는 첫 번째 시도였다(4.2.2 참조). 이들 선물에 대해 공식적으로 소개하는 자리에서 통역사는 라틴어를 사용하는 신부로, 그는 전문 시계공이었지 항해 전문가는 아니었다. 지식이 없는 상태에서 선박 관련 라틴어를 중국어로 통역하고, 나아가 선박에 대해 무지한 청중에게 이를 설명하는 일은 매우 어려운 작업이었을 것이다(2.3 참조). 선물에 대한 황제의 관심은 바로 식었으며, 서구의 자질구레한 장신구들을 무시하게 된다. 50여 년이 흐른 뒤, 황제의 궁이 약탈당했을 때 이 선물들은 한 번도 사용하지 않은 상태로 발견되었다.

오늘날의 관점에서 번역학은 이 모든 것에 대해 어떤 해답을 줄 수 있을까? 먼저, 관련 분야에 대한 전문성을 가지고(2.2 참조) 다양한 청중과 그들의 문화적 기대에 '맞출 수 있는' 전문적으로 훈련된 이중 언어자, 이중 문화에 능통한 통역사가 필요하다. 둘째로 양측, 즉 영국과 중국이 자신들의 생산품과 세계관(혹은 행성적 의식. 3.2 참조)의 상대성을 인정하고 상대방의 문화적 차이를 기꺼이 존중하는 마음이 필요하다. 이는 현대 마케팅과 국제 홍보의 이치이기도 하다. 이러한 통찰력은 다른 품질의 담화와 행동 모드를 가능하게 했을 것이고, 이로 인해 큰 영향을 미칠 결과가 나왔을 것이다. 만약 마카트니 경이 다르게 행동했더라면, 선물을 다른 방식으로 전달했더라면, 그리고 중국 황제가 그것을 다르게 받았더라면, 역사는 다른 방향으로 발전했을지도 모른다. 영국 사절단의 중국 방문 실패는 불길한 연쇄 반응을 일으켰다. 페르피트는 영국이 19세기 동남아시아를 지배하면서 중국의 몰락을 가져왔으며 그 이후 중국의 부활은 20세기 '세계 간의 충돌'로 이어졌다는 설득력 있는 결론을 내린다.

다행히 그 반대의 경우 역시 가능하다는 사례도 있다. 마카트니 경이 극동을 항해한 지 정확히 200년 후에 홍콩의 마지막 총독 크리스 패튼Chris Patten은 중국에 민주주의를 '판매'하려는 야심찬 과제를 시작했다. 그의 주변에는 많은 정치 자문관과 전문적으로 훈련을 받은 통역사, 그리고 영어와 중국어의 이중 언어에 능통한, '중국 어학 전문 직원'으로 알려진 고소득 공무원이 있었다. 현대에 살고 있는, 최소한 서방의 자존심 있는 시민들에게 민주주의란 너무 자명한 가치였기 때문에 홍콩 총독은 정치 개혁이 문제없을 것이라고 자신했다. 그러나 이 협상은 많은 난항을 겪게 되었다. 이 모든 외교적 마찰의 원인을 은유적 표현으로 설명하자면 총독이 중국 정부에 대한 고두의 예를 거절하고 자신의 기본 원칙을 고수했기 때문이었다. 또다시 세계 간의 충돌이 일어날 것인가? 경험이 많은 통역 전문가들은 문제의 성격과 문화적 차이를 인식하고 있었기 때문에 일부 거친 발언에도 불구하고 '계속 대화하게 만드는 것'을 자신들의 최대 목표로 삼았다.[12] 나중에 필자가 인터뷰한 이들 전문가는 그 당시 기대할 수 있는 최대한의 협상 결과가 나왔다는 데 동의한다. 즉 전쟁이 아닌 대화를 만들었고, 문화 간 커뮤니케이션으로서의 번역의 성공 사례를 보여주었다.

반면에 벤자민 바버의 '지하드 대 맥월드'의 이분법은 21세기의 정치적 단계에 새로운 적실성을 갖게 되었다. 이러한 특정한 '세계 간의 충돌'이 갖는 기본적인 문제들에 대해서 수잔 바스넷은 다음과 같이 간단하게 언급하고 있다.

> 문화 이론과 번역학이 서로 만난 것은 가장 시의적절한 시기에 이루어졌다. 왜냐하면 1990년대의 주요 논쟁거리는 한편으로는 상업적·정치적·커뮤니케이션적으로 상호 연관성이 증가하는 세계 시스템과 세계화 간의 관계이고, 다른 한편으로는 민족주의의 부상이었기 때문이다. 글로벌화는 분명히 과정이다. 그러나 글로벌화에 대한 엄청난 저항 또한 존재한다.(1998: 132-133)

12 1992년 12월 21일 홍콩에서 실시한 인터뷰를 통해 개인적으로 얻은 정보다.

따라서 전 세계적으로 문화 간 중재자로서의 전문 번역사에 대한 수요는 상당할 것으로 보인다. 번역은 언어를 소통의 도구로 사용하며, 청중과 목표 텍스트에 초점을 둔다. 만약 바스넷과 르페브르가 1990년에 예측했듯이 번역학이 '21세기에 계속 발전할 운명을 갖고 있다'면, 번역학의 구체적인 영향력은 학계와 전 세계에서 더욱 명확하게 전달되어야 하며, 이는 번역학자의 손에 달려 있다. 그 이후 번역학의 중대한 자산은 강화되어야 한다. 즉 국제 간, 문화 간 대화가 그 어느 때보다 필요한 오늘날의 세계에서 번역학은 다수 언어와 문화 간의 다학제로서 유일무이한 생산적 지위를 점해야 한다.

제6장 번역학의 미래

진정으로 보편적인 관용을 베풀기 위해서는 개개인과 개별 국가의 특성을 존중해야 하며, 정말 우수한 것은 인류 전체에게 귀속되는 것이기 때문에 돋보일 수밖에 없다는 믿음을 가져야 한다. 독일인들은 아주 오랜 기간 이러한 조정과 공동의 인식을 키우는 데 일조해왔다.

독일어를 이해하고 공부하는 이는 여러 국가가 자신의 무형 상품을 내놓은 시장 한가운데 서 있는 것이며, 그는 이 시장에서 해석자 역할을 수행하면서 자신의 가치도 높이게 된다.

이렇듯 모든 번역가는 거대한 지적 교역을 중재하며 교류를 증진시키기 위해 노력하는 사람으로 보아야 한다. 따라서 번역에서 불충분한 점을 논하는 행위는 세상에서 늘 가장 중요하며 관심 있게 지켜볼 일이다.

위의 글은 1827년 7월 20일 노년의 괴테가 스코틀랜드의 지식인 토마스 칼릴Thomas Carlyle에게 보낸 유명한 편지의 일부로 그 마지막 문장은 『번

역학: 통합적 접근*Translation Studies: An Integrated Approach*』(Snell-Hornby, 1988)의 결론 부분에 인용되었다. 역사적 관점에서 폭넓게 보면 번역가가 세상에서 하는 역할이나, 다양한 텍스트의 번역과 번역학이 발전한 독일의 학자와 번역가들이 기여한 바에 대한 이러한 괴테의 신념은 아직까지도 유효하다고 볼 수 있다.

물론 세상은 급격하게 변했다. 글로벌화가 진행된 오늘날 국가는 19세기 초반 독일 낭만주의 시대에서 이상화된 '국가'의 개념과 같다고 볼 수 없다. 그러나 지적 교류를 위한 '정보 교환'에 대한 예견은 현실이 되었다. 특히 최근 20년 사이에 폭발적으로 증가한 통·번역되는 텍스트의 절대적인 종류와 양, 그리고 번역학이라는 새로운 학문의 넓어진 폭을 고려할 때 더욱 그러하다.

본 연구는 1980년대의 '문화적 전환'에 이은 번역학에서의 '전환'의 자취를 살펴보고자 했다. '전환'이라는 개념은 번역학자들 사이에서 상당히 인기를 끄는 개념이 되었다. 매튜 윙-퀑 룽Matthew Wing-Kwong Leung(미출간)은 번역학에서의 이데올로기적 전환을 밝혔는데, 그의 연구는 이 책 3.2 '제국주의의 눈'에서 논의한 내용과 직접적인 연관이 있다. 이 책을 집필할 당시 유행한 주제는 번역의 사회학이었는데(Chesterman & Gambier 참조, 두 권 모두 미출간), 특히 삐에르 브르디외Pierre Bourdieu의 문화사회학에 관한 연구가 활발했다(Gouanvic, 1997; Kaindl, 2004 참조). 그러나 번역사회학이라는 개념 또한 홈즈의 도해(1.4)에 포함되어 있으며, 볼프가 1999년에 지적한 바와 같이 홀츠-맨태리의 이론적 모델에도(2.3, 4.1 참조) 들어 있다. 최근의 연구에서(2005) 볼프는 번역학에서 '사회학적 전환'이 진행되고 있음을 감지했다. 번역학에서 번역의 사회학적 측면을 다룬 것은 아주 오래된 일이기 때문에 번역학 내에 새로운 패러다임이 구축되고 있는지의 여부에 대해서는 논란의 여지가 있다. 여하튼 번역사회학은 순수하게 언어적인 접근에 대한 대안으로 환영받고 있으며 앞으로의 연구에 풍부한 소재를 제공할 중요한 주제다. 또한 번역사회학은 번역가의 책임뿐 아니라 번역가의 사회적 지위와 역할의 측면에서 3.1.1에서 다룬 윤리 문제와도 관련이 있다. 번역가가 처음부터 책임을 부여받고, '진짜' 전문가나 예술가의 작업을 위해 원료를 제공하는 '힘없는' 코드 전환자로 취급되지 않을 때 비로소 최종 번역물에 대한 책임을 질 수 있다(3.1.3 참조). 지난 수십 년 동안 회의 통역사들의 지위는 상승한 반면(4.1.1 참조), 시장과 사회에서의 번역가들의 지위와 이미지는 학자들의 활발한 저술 활동과 표준, 규범 및 작업 환경을 성문화하려는 번역가협회의 노력에도 불구하고 (Chesterman, 1997: 187-189에서 논의한 바 있는, 1984년 FIT가 출간한 번역사 헌장 참조) 그다지 개선되지 않았다. 소보트카Sobotka(2000), 리스쿠Risku(2004), 프램슨Framson(2005) 등에 의한 경험적 연구는 오늘날의 번역가가 일상적으로 수행하는 업무와 더불어 의뢰인의 니즈 및 요구를 함께 살펴봄으로써 번역가의 낮은 대외적 이미지와 이들이 실제 수행하는, 또는 수행할 필요가 있는 업무 수준과의 괴리를 보여주었다. 글로벌 시장에서 앞으로 번역가가 정당하게 인정받으면서 일하는 환경을 조성하려면 (의뢰인, 고객, 출판사, 후원자 등에게) 다량의 정보 제공과 집중적인 홍보 작업이 필요할 것으로 예상된다.

현재 국제 시장에서 통용되는 공용어는 약 200년 전 괴테가 예견한 독일어가 아닌 영어이며, 앞서 살펴본 바와 같이(4.2.3) 일반적으로 사용하기 편한 세계 공용어로 변형되어 국제화된 형태의 언어로서 사용되고 있다. 앞으로 전개될 상황을 예측하기 위해서는 한걸음 더 나아가 새로운 시각이 필요하다. 유럽연합EU 등의 국제기구와 같이 인위적인 환경에서는 언어와 문화의 역할에 변화가 일어났다. 통합과 정치적 단결을 위해서는 조절, 조화, 표준화 작업이 필요하며 그 결과물은 회원 국가의 언어와 문화의 단순한 총계와는 일치하지 않는다. 카이사 코스키넨Kaisa Koskinen (2004)은 유럽집행위원회에서 번역가로 일했던 경험을 바탕으로 문화에 대해 논하면서 자신이 1990년대 접한 '문화 충돌culture bumps' 또는 '대립clashes'에 대해 언급했다(Koskinen, 2000). 당시 그는 다음과 같이 주장했다.

> ……유럽집행위원회와 EU 소속 기관은 전반적으로 고유의 문화를 만들어내고 있는데, 해당 기관의 초국가적 문화는 고유의 역사를 가지며 지식, 규범, 가치를 공유할 뿐 아니라 (11개의 방언으로 구성된) 고유의 언어도 있다. EU 내의 번역 작업에는 다언어적인 기관의 문화 밖으로 손을 뻗을 필요도 없이 언어적 코드만 바꿔도 되는 작업도 있고(문화 내 번역), EU 문화와 친숙하거나 그렇지 않을 수 있는 EU 문화 밖에 있는 독자를 대상으로 하는 번역도 있다(문화 간 번역). (2004: 145)

나아가 코스키넨은 위에서 논한 내용이 EU 기관의 문화보다는 '담화 체계discourse system'라는 개념으로 설명하기 더 적합하다는 결론을 내렸다(2004: 151). 이 용어는 특히 오늘날의 (UN과 같은) 국제기구(4.2.3 참조)라는 테두리 안에 적용하는 데 매우 적합하다고 볼 수 있다. 왜냐하면 '체계'라는 단어는 집합적 실체를 구성하는, 서로 연관되어 있고 상호 작용을 하는 요소의 조합을 뜻하기 때문이다(2.1 참조). 따라서 '담화 체계'라는 개념은 정체성이나 소속감이라는 모든 감정의 범위를 넘어선 추상적인 개념으로 볼 수 있다. 내부에서 사용되는 언어적 코드로 세 개의 작업 언어(4.2.3에서 논의)를 채택하는 것과 통역을 위한 릴레이 언어와 같은 구조가 EU 담화 체계 내에서 자체적으로 개발되었다. 이러한 방법을 통해 모든 회원 국가를 위한 민주적인 다언어주의 원칙을 지키면서 동시에 적당한 효율성 또한 유지할 수 있게 되었다. 이러한 담화 체계 안에서는 언어가 코드처럼 중립적으로 기능을 유지할 수 있다.

그러나 정체성identity을 다루는 경우나 서로 다른 문화적 전통을 가진 여러 집단이 영어를 공용어로 사용하는 경우에는 또 다른 성격의 문제가 발생하게 된다. 이때는 지오콘다 벨리Gioconda Belli(4.2)가 라틴아메리카의 예를 통해 설명했던 친영파Anglophile의 지배에 대한 저항과 같은 문제가 발생할 수 있다. 다양한 언어와 문화를 다루는 학계의 일원으로서 번역학자는 전문 통·번역가에게 요구되는 수준의 이중 언어 및 이중 문화 능력을 갖춰야 한다(2.2). 나아가 번역학자들은 모국어와 자신이 활발하게 사용하는 언어가 아닌 언어로도 책을 읽을 수 있는 수준의 수동적 지식 습득이 필요하다. 핀켄슈테트Finkenstaedt와 슈뢰더Schröder(1992)가 이미 정의했듯이, '수동적 다언어능력passive multilingualism'이 사실상 유럽 내의 국가 간, 문화 간 소통뿐 아니라 전 세계의 번역학계에서 더욱 다양하고 정확한 논의가 이루어지기 위한 열쇠일 것이다. 이러한 주장은 국제회의 및 출판과 더욱 관련이 깊다. 현재와 같이 앞으로도 영어의 지배가 계속되어(4.2.3 참조) 영어가 학술회의 발표 자료와 학술저널의 유일한 공식 언어가 될 경우, 언어학과 비교문학에서 힘겹게 독립한 번역학이 글로벌화된 영어학과의 하위 분야로 전락할 위험이 있다.

다른 학문에서의 학술적 담화와 마찬가지로 번역학에 있어서 더욱 심각한 문제는 바로 메타 언어다. 앞에서 살펴본 바와 같이(3.1.1) 용어의 기본적인 개념이 다르게 사용되거나 오해되거나(2.3) 혹은 전혀 이해되지 않아서 큰 혼란이 빚어지곤 한다. 물론 용어가 명확하게 정의된다는 것을 전제한다면 개별 학파가 (오토 카데의 예처럼) 자체적으로 용어를 만들 수 있다(1.2 참조). 이때 중요한 것은 바로 용어에 있어서의 이러한 문제를 인지하고 기존의 담화 관례에 부합하는 정확하고 모호하지 않은 정의를 만들어내는 것이다. 오랜 전통에서 독립한 새로운 개념의 경우 이러한 노력이 특히 더 필요하다.

이 책에서는 『번역학: 통합적 접근』이 처음 출판된 1988년과 개정판이 나온 1995년 이후 번역학에 일어난 발전 성과를 기술했다. 교과 과정 개편, 1999년 볼로냐 선언, 기술 발전, 새로운 프로그램의 구축 중 어느 것에서 기인했는지 모르겠으나 번역학의 테두리 안에서 제공하는 번역가 교육의 품질이나 학위의 종류는 전반적으로 개선되었다. 하지만 앞서 강조했듯이 번역가의 사회적 지위나 번역학의 대외적 위치는 달라지지 않았으며 번역학자는 이러한 문제를 해소하기 위해 앞으로 수년간 노력을 쏟을 필요가 있다. 상황을 개선하기 위해서는 논문과 학술회의의 질보다는 학술적 연구가 얼마나 혁신적이며 사회와 밀접한 관련을 갖는지가 관건이다. 미디어와 홍보가 넘치는 오늘날까지 일반 대중은 물론 번역을 후원하거나 활성화시켜야 할 책임을 진 사람조차 번역의 중요성이나 번역에 내재된 복잡성을 모른다는 것은 개탄스러운 일이다.

번역학 내의 소통에 관해서는 5.1에서 언급한 르페브르의 주장(1993)을 다시 살펴봐야 한다. 그중에서도 특히 번역학 연구가 자신의 역사를 무시하는 경향이 있다는 지적을 곱씹어봐야 한다. 이러한 지적은 개별 국가의 역사적 전통뿐 아니라 지난 반세기 동안 번역학이 발전해온 발자취와도 관련이 있다. 앞으로 번역학자가 될 이에게는 '번역학의 역사'가 필수과목이 되어야 한다. 르페브르는 또한 번역학 내에서 '더욱 일원화된 담화'를 촉구했다. '의견의 다원화'와 다양한 접근이 번역학의 긍정적인 특성임을 감안할 때, 일원화는 아니라도 '호환 가능한compatible 담화'가 필요하고 이러한 노력은 의견이 나뉘어 대립하는 이론 간에도 이루어져야 한다(이때에도 앞서 촉구한 바와 같이 명확하게 정의된 용어를 사용해야 한다). 그리고 번역학에서 이루어지는 담화의 결론은 에드나 윌Edna Weale이 '세상에 대한 다른 인식'라고 적절하게 표현한 것처럼 문화를 바탕으로 해야 한다는 르페브르의 의견에 전적으로 동의한다(3.1.2). 이러한 담화와 더불어 언어, 접근, 문화의 다양성이 확보된다면 번역학은 21세기에도 지속적인 성공을 누릴 것이다.

그러나 번역학의 성공담을 완성하기 위해서는 추가적인 조건이 있다. 바로 번역학의 메시지를 어떤 언어로든 이해하기 쉽고 평이한 말jargon-free로 학계 밖 세상으로 전파하는 것이다. 최근 40년간 번역학 분야에서 발표된 여러 연구는 내용이 뛰어남에도 불구하고 추상적이고 명료하지 않게 쓰여진 연유로 무시되거나 불필요한 오해를 받았다. 그 결과 번역학 논문을 독자들이 (괴테의 표현으로 되돌아가자면) '즐기면서 평가하기'가 사실상 불가능했다. 괴테가 살았던 시대에 유럽은 번역가를 문학을 하는 사람으로 추앙하는 번역의 전성기를 맞이했고, 이 시기는 '번역의 즐거움'이라는 표현으로 요약할 수 있다. 그리고 또 다시 번역의 전성시대를 맞이하기 위해서 번역학자들은 독자들이 '즐기면서 평가'할 수 있도록 번역학에 마땅한 순수한 즐거움을 만들어내야 한다.

참고 문헌

Aaltonen, Sirkku. 1997. "Translating plays or baking apple pies: A functional approach to the study of drama translation." In *Translation as Intercultural Communication,* M. Snell-Hornby et al. (eds.), 89–97.

ALPAC. 1966. *Machines and Translation.* Washington, DC. NAS/NRC.

Álvarez, Román and Vidal, M. Carmen-África (eds.). 1996. *Translation, Power, Subversion.* (Topics in Translation 8). Clevedon: Multilingual Matters.

Ammann, Margret. 1990. "Anmerkungen zu einer Theorie der Übersetzungskritik und ihrer praktischen Anwendung." *TextConText* 5: 209–250.

Arntz, Reiner. 1986. "Terminologievergleich und internationale Terminologieangleichung." In *Übersetzungswissenschaft – Eine Neuorientierung,* M. Snell-Hornby (ed.), 283–310.

——. 1996. "Der Forschungsbereich 'Sprache und Recht' an der Europäischen Akademie Bozen." *Lebende Sprachen* 1: 5–8.

——. 1999. "Rechtsvergleichung und Kontrastive Terminologiearbeit: Möglichkeiten und Grenzen interdisziplinären Arbeitens." In *Übersetzen von Rechtstexten,* P. Sandrini (ed.), 185–201.

Arrojo, Rosemary. 1986. *Oficina de tradução. A teoria na prática.* São Paolo: Editora Ática.

——. 1992. "As questões teóricas da tradução e a desconstrução do logocentrismo: algumas reflexões." In *O Signo Desconstruído. Implicações para a tradução, a leitura e o ensino,* R. Arrojo (ed.) 71–79, Campinas: Pontes.

——. 1997. "Pierre Menard und eine neue Definition des 'Originals.'" In *Übersetzungswissenschaft in Brasilien,* M. Wolf (ed.), 25–34.

——. 1997a. "The 'death' of the author and the limits of the translator's visibility." In *Translation as Intercultural Communication,* M. Snell-Hornby et al. (eds.), 21–32.

Austin, John L. 1962. *How to Do Things with Words.* Oxford: Clarendon.

Baker, Mona. 1993. "Corpus Lingustics and Translation Studies – Implications and Applications." In *Text and Technology. In Honour of John Sinclair,* M. Baker, G. Francis and E. Tognini-Bonelli (eds.), 233–250. Amsterdam/Philadelphia: John Benjamins.

——. 1995. "Corpora in Translation Studies: An Overview and Some Suggestions for Future Research." *Target* 7 (2): 223–243.

——. (ed.) 1998. *Routledge Encyclopedia of Translation Studies.* London/New York: Routledge.

Barber, Benjamin. 1992. "Jihad vs. McWorld." *The Atlantic Monthly* 3: 53–63.

Bar-Hillel, Y. 1960. "The Present State of Automatic Translation of Languages." *Advances in Computers,* Vol. 1, New York: Academic Press.

Barsky, Robert F. 1996. "The Interpreter as Intercultural Agent in Convention Refugee Hearings." *The Translator. Studies in Intercultural Communication.* 2 (1): 45–63.

Barthes, Roland. 1977. *Image, Music, Text.* transl. Stephen Heath. New York: Hill and Wang.

Bassnett(-McGuire), Susan. 1978. "Translating Spatial Poetry: An examination of theatre texts in performance." In *Literature and Translation,* J. S. Holmes et al. (eds.), 161–176.

——. 1980, 2002[3]. *Translation Studies.* London/New York: Routledge.

——. 1985. "Ways through the Labyrinth. Strategies and Methods for Translating Theatre Texts." In *The Manipulation of Literature,* T. Hermans (ed.), 87–102.

———. 1998. "The Translation Turn in Cultural Studies." In *Constructing Cultures.* S. Bassnett and A. Lefevere (eds.), 123–140.

———. 2000. "Authenticity, travel and translation." In *Translationswissenschaft*, M. Kadrić et al. (eds.), 105–114.

Bassnett, Susan and Lefevere, André (eds.). 1990. *Translation, History and Culture.* London: Pinter.

Bassnett, Susan and Lefevere, André. 1998. *Constructing Cultures. Essays on Literary Translation.* (Topics in Translation 11). Clevedon: Multilingual Matters.

Bassnett, Susan and Trivedi, Harish. 1999. "Introduction. Of colonies, cannibals and vernaculars." In *Post-colonial Translation,* S. Bassnett and H. Trivedi (eds.), 1–18.

Bassnett, Susan and Trivedi, Harish (eds.). 1999a. *Post-colonial Translation. Theory and Practice.* London/New York: Routledge.

Beaugrande, Robert de and Dressler, Wolfgang. 1981. *Einführung in die Textlinguistik.* Tübingen: Niemeyer.

Belli, Gioconda. 1994. "Amerika im Gedächtnis". In *Amerika im Gedächtnis,* O. König et al. (eds.), 11–21.

Benard, Cheryl and Schlaffer, Edit. 1978. *Die ganz gewöhnliche Gewalt in der Ehe. Texte zu einer Soziologie von Macht und Liebe.* Hamburg: Rowohlt.

Berman, Antoine.1984. *L'Épreuve de l'étranger. Culture et traduction dans l'Allemagne romantique.* Paris: Gallimard.

———. 1984/1992. *The Experience of the Foreign. Culture and Translation in Romantic Germany,* transl. S. Heyvaert, New York: SUNY.

———. 2000. "Translation and the trials of the foreign." In *The Translation Studies Reader,* L. Venuti (ed.), 284–297.

Bernardini, Andrea. 2001. *Die Brauchbarkeit zweisprachiger Gesetzesausgaben für den Gerichtsdolmetscher. Dargestellt am Beispiel des italienischen Codice Civile in der deutschen Übersetzung der autonomen Provinz Südtirol.* Vienna: unpubl. doctoral thesis.

Beuren, Daniela. 2005. *Das Konstrukt Frau in der Translation: Elisabeth Schnack übersetzt Carson McCullers.* Graz: Leykam.

Bhabha, Homi K. 1994. *The Location of Culture.* London/New York: Routledge.

Birkenhauer, Klaus and Birkenhauer, Renate. 1989. "Shaping Tools for the Literary Translator's Trade." In *Translation and Lexicography,* M. Snell-Hornby and E. Pöhl (eds.), 89–98.

Bowen, Margareta. 1998. "Community Interpreting." In *Handbuch Translation,* M. Snell-Hornby et al. (eds.), 319–321.

Buck, Timothy. 1995. "Neither the letter nor the spirit. Why most English translations of Thomas Mann are so inadequate." *The Times Literary Supplement* 13.10.1995: 17.

Bühler, Hildegund. 1986. "Linguistic (semantic) and extra-linguistic (pragmatic) criteria for the evaluation of conference interpretation and interpreters." *Multilingua* 5 (4): 231–235.

Carbonell, Ovidio. 1996. "The Exotic Space of Cultural Translation." In *Translation, Power, Subversion,* R.Álvarez and Vidal, M.C-A. (eds.), 79–98.

———. 1997. *Traducir al Otro. Traducción, exotismo, poscolonalismo.* Cuenca: Cuenca Univ. Press

Catford, John C. 1965. *A Linguistic Theory of Translation.* London: Oxford Univ. Press.

Chamberlain, Lori. 1992. "Gender and the Metaphorics of Translation." In *Rethinking Translation,* L. Venuti (ed.), 57–74.

Chan, Sin-wai and Pollard, David (eds.). 1995. *An Encyclopaedia of Translation. Chinese-English. English-Chinese.* Hong Kong: Chinese Univ. Press.

Chen, Tzu-Ann. 2004. *Sprache als identitätsstiftendes Mittel in Amy Tans* The Joy Luck Club. *Eine Übersetzungskritik nach dem Modell von Margret Ammann.* Vienna: unpubl. master's thesis.

Chesterman, Andrew. 1993. "From 'Is' to 'Ought': Laws, Norms and Strategies in Translation Studies." *Target* 5(1): 1–20.

——. 1997. *Memes of Translation. The Spread of Ideas in Translation Theory.* (Benjamins Translation Library 22), Amsterdam/Philadelphia: John Benjamins.

——. 2002. "On the Interdisciplinarity of Translation Studies." *Logos and Language* 3 (1): 1–9.

——. Forthcoming. "Questions in the Sociology of Translation", in *Translation Studies,* J. F. Duarte et al. (eds.)

Chesterman, Andrew, Gallardo San Salvador, Natividad, Gambier, Yves (eds.). 2000. *Translation in Context. Selected Contributions from the EST Congress, Granada 1998* (Benjamins Translation Library 39). Amsterdam/Philadelphia: John Benjamins.

Chomsky, Noam. 1957. *Syntactic Structures.* The Hague: Mouton.

——. 1965. *Aspects of the Theory of Syntax.* Cambridge: MIT Press.

Clyne, Michael. 1991. "Zu kulturellen Unterschieden in der Produktion und Wahrnehmung englischer und deutscher wissenschaftlicher Texte." *Info DaF* 18 (4): 376–383.

"Code for the use of new technologies in conference interpretation." 1997. *AIIC Bulletin* XXVI (2): 23–25.

Coseriu, Eugenio. 1970. "System, Norm und Rede." In *Sprache, Strukturen und Funktionen.* E. Coseriu, 193–212. Tübingen: Narr.

——. 1971. "Thesen zum Thema 'Sprache und Dichtung'." In *Beiträge zur Textlinguistik,* W.-D. Stempel (ed.), 183–188. München: Fink.

Cronin, Michael. 1998. "Game theory and translation." In *Routledge Encyclopedia of Translation Studies,* M. Baker (ed.), 91–93.

——. 2000. *Across the Lines: Travel, Language, Translation.* Cork: Cork Univ. Press.

——. 2002. "The Empire talks back: Orality, Heteronomy and the Cultural Turn in Interpreting Studies." In *The Interpreting Studies Reader,* F. Pöchhacker and M. Shlesinger (eds.), 387–397.

Cruz Romão, Tito Livio. 2000. "Die Problematik der Übersetzung von Begriffen aus afrobrasilianischen Religionen." In *Translationswissenschaft,* M. Kadrić et al. (eds.), 227–239.

Crystal, David. 1997. *English as a Global Language.* Cambridge: Cambridge Univ. Press.

Dawkins, Richard. 1976. *The Selfish Gene.* Oxford: Oxford Univ. Press.

——. 1982. *The Extended Phenotype: The Gene as the Unit of Selection.* Oxford/San Francisco: Freeman.

Delabastita, Dirk. 1991. "A False Opposition in Translation Studies: Theoretical versus/and Historical Approaches." *Target* 3(2): 137–152.

——. 1993. *There's a Double Tongue. An Investigation into the Translation of Shakespeare's Wordplay.* Amsterdam: Rodopi.

Delisle, Jean. 1998. "Canadian tradition." In *Routledge Encyclopedia of Translation Studies,* M. Baker (ed.), 356–365.

Delisle, Jean and Woodsworth, Judith (eds.). 1995. *Translators through History* (Benjamins Translation Library 13). Amsterdam/Philadelphia: John Benjamins.

Derrida, Jacques. 1978. *Positions,* transl. Alan Bass, Chicago: Chicago Univ. Press.

Didaoui, Mohammed. 1996. *Communication interferences in a multilingual environment. The role of translators.* Vienna: unpubl. doctoral thesis.

Diller, Hans-Jürgen and Kornelius, Joachim. 1978. *Linguistische Probleme der Übersetzung.* Tübingen: Niemeyer.

Dingwaney, Anuradha and Maier, Carol (eds.). 1995. *Between Languages and Cultures. Translation and Cross-Cultural Texts.* Pittsburgh: Pittsburgh Univ. Press.

Dizdar, Dilek. 1997. "Die Norm brechen. Möglichkeiten eines neuen Vokabulars in der Translationswissenschaft." *TextConText* 11 (1): 129–147.

Dollerup, Cay. 1996. "Language Work at the European Union." In *Translation Horizons,* M. Gaddis Rose (ed.), 297–314.

———. 2000. "English: Axes for a target language." In *Translation into Non-Mother* Tongues, M. Grosman et al. (eds.), 61–70.

Dollerup, Cay, and Loddegaard, Anne (eds.). 1992. *Teaching Translation and Interpreting. Training, Talent and Experience. Papers from the First* Language International *Conference Elsinore, Denmark, 31 May - 2 June* 1991. Amsterdam/Philadelphia: John Benjamins.

———. (eds.). 1994. *Teaching Translation and Interpreting 2. Insights, Aims, Visions. Papers from the Second* Language International *Conference Elsinore, Denmark 4–6 June 1993.* (Benjamins Translation Library 5). Amsterdam/Philadelphia: John Benjamins.

Dollerup, Cay and Appel, Vibeke (eds.). 1996. *Teaching Translation and Interpreting 3. New Horizons. Papers from the Third* Language International *Conference Elsinore,Denmark 9–11 June 1995.*(Benjamins Translation Library 16). Amsterdam/Philadelphia: John Benjamins.

Driesen, Christiane. 1998. "Gerichtsdolmetschen." In *Handbuch Translation,* M. Snell-Hornby et al. (eds.), 312–316.

Drosdowski, Günther et al (eds.). 1996[3]. *Duden Deutsches Universalwörterbuch.* Mannheim: Duden.

Dryden, John. 1962. *Of dramatic poesy,* ed. George Watson. London: Dent.

Duarte, João Ferreira, Assis Rosa, Alexandra and Seruya, Teresa (eds.). Forthcoming. *Translation Studies. A Crossroads of Disciplines.* Amsterdam/Philadelphia: John Benjamins.

Eco, Umberto. 1985[3]. *Lector in fabula. La cooperazione interpretativa nei tesi narrativi.* Milan: Bompiani.

El-Akramy, Ursula. 2001. "Caroline Schlegel-Schelling: Salonnière und Shakespeare-Übersetzin." In *Übersetzung aus aller Frauen Länder,* S. Messner and M. Wolf (eds.), 71–76.

Esselink, Bert. 2002. Editorial, *Language International* 14 (6): 4.

Fillmore, Charles J. 1977. "Scenes-and-frames semantics." In *Linguistic Structures Processing,* A. Zampolli (ed.), 55–81. Amsterdam: N. Holland.

Finkenstaedt, Thomas and Schröder, Konrad. 1992. *Sprachen im Europa von morgen.* Berlin/München: Langenscheidt.

Fischer-Lichte, Erika. 1983. *Das System der theatralischen Zeichen.* Tübingen: Narr.

Flotow, Luise von. 1997. *Gender and Translation. Translation in an 'Era of Feminism'.* Ottawa: Ottawa Univ. Press.

———. 1998. "Feministische Aspekte." In *Handbuch Translation,* M. Snell-Hornby et al. (eds.), 130–132.

———. 2001. "Genderkonzepte im Wandel. Übersetzungspolitische Überlegungen." In *Übersetzung aus aller Frauen Länder,* S. Messner and M. Wolf (eds.), 49–59.

Forstner, Martin (ed.). 1995. *C.I.U.T.I. Conférence Internationale Permanente d'Instituts Universitaires de Traducteurs et Interprètes.Translation and Interpreting Studies at C.I.U.T.I. Institutes. Formation des Traducteurs et des Interprètes dans les Instituts de la C.I.U.T.I. Die Studiengänge Übersetzen und Dolmetschen an den C.I.U.T.I-Instituten.* European Community.

Framson, Elke Anna. 2005. *Translation in der internationalen Marketingkommunikation. Funktionen und Aufgaben für Translatoren im globalisierten Handel.* Vienna: unpubl. doctoral thesis.

Freihoff, Roland. 2001. *Kernfragen der Übersetzerausbildung. Curriculumentwicklung – Praxis und Theorie der Translation.* Vaasa: Vaasa Univ. Press.

Frenz, Horst (ed.). 1969. *Nobel Lectures on Literature.* London: Nobel Foundation.

Gadamer, Hans-Georg. 1960. *Wahrheit und Methode. Grundzüge einer philosophischen Hermeneutik.* Tübingen: Mohr.

Gaddis Rose, Marilyn. 1996. "Like the Paths Around Combray, Humanistic Translation Theories Diverge and Converge." In *Translation Horizons*, M. Gaddis Rose (ed.), 59–67.

———. (ed.) 1996a. *Translation Horizons. Beyond the Boundaries of* Translation Spectrum. *Translation Perspectives IX 1996. A Collection of Essays Situating and Proposing New Directions and Major Issues in Translation Studies.* Binghamton: SUNY.

Gamal, Muhammed, "Court interpreting." In *Routledge Encyclopedia of Translation Studies*, M. Baker (ed.), 53–56.

Gambier, Yves. Forthcoming. "Pour une socio-traduction", in *Translation Studies,* J. F.Duarte et al.

Gambier, Yves and Snell-Hornby, Mary (eds.). 1995. *Problemi e Tendenze nella Didattica dell'Interpretazione e della Traduzione / Problems and Trends in the Teaching of Interpreting and Translation.* Misano Adriatico: Koiné.

Gambier, Yves and Gottlieb, Henrik (eds.). 2001. *(Multi) Media Translation. Concepts, Practices, and Research.* (Benjamins Translation Library 34). Amsterdam/Philadelphia: John Benjamins.

Gawlas, Christine. 2004. *Nachrichten – heißer Draht zwischen Lebenswelten. Kulturtransfer im internationalen Pressewesen.* Frankfurt: Lang.

Gentzler, Edwin. 1998. Foreword to *Constructing Cultures,* S. Bassnett and A. Lefevere (eds.), ix-xxii.

Gerhardt, Stefan. 1998. "Software-Lokalisierung." In *Handbuch Translation,* M. Snell-Hornby et al. (eds.), 213–217.

Gibbels, Elisabeth. 2004. *Mary Wollstonecraft zwischen Feminismus und Opportunismus. Die diskursiven Strategien in deutschen Übersetzungen von "A Vindication of the Rights of Woman".* Tübingen: Narr.

Gile, Daniel. 1994. "Opening up in Interpretation Studies." In *Translation Studies. An Interdiscipline,* M. Snell-Hornby et al. (eds.), 149–158.

———. 1998. "Conference and simultaneous interpreting." In *Routledge Encyclopedia of Translation Studies,* M. Baker (ed.), 40–45.

Godard, Barbara. 1990. "Theorizing Feminist Discourse/Translation." In *Translation, History and Culture,* S. Bassnett and A. Lefevere (eds.), 87–96.

Göhring, Heinz. 1977. "Interkulturelle Kommunikation: Die Überwindung der Trennung von Fremdsprachen- und Landeskundeunterricht durch einen integrierten Fremdverhaltensunterricht." In *Kongressberichte der 8. Jahrestagung der Gesellschaft für Angewandte Linguistik* GAL e.V., Vol. IV, 9–13. Mainz.

Goodenough, Ward H. 1964. "Cultural Anthropology and Linguistics." In *Language in Culture and Society. A Reader in Linguistics and Anthropology,* D. Hymes (ed.), 36–40. New York: Harper & Row.

Göpferich, Susanne. 1998. "Paralleltexte." In *Handbuch Translation,* M. Snell-Hornby et al. (eds.), 184–186.

———. 2002. *Textproduktion im Zeitalter der Globalisierung. Entwicklung einer Didaktik des Wissenstransfers.* (Studien zur Translation 15). Tübingen: Stauffenburg.
Gottlieb, Henrik. 1994. "Subtitling: Diagonal Translation." *Perspectives, Studies in Translatology* 2 (1): 101–121.
Gouanvic, Jean-Marie. 1997. "Pour une sociologie de la traduction: le cas de la littérature américaine traduite en France après la Seconde Guerre mondiale (1945–1960)." In *Translation as Intercultural Communication,* M. Snell-Hornby et al. (eds.), 33–44.
Grbić, Nadja. 1998. "Gebärdensprachdolmetschen." In *Handbuch Translation,* M. Snell-Hornby et al. (eds.), 321–324.
Grbić, Nadja and Wolf, Michaela (eds.). 1997. *Text – Kultur – Kommunikation. Translation als Forschungsaufgabe. Festschrift aus Anlass des 50jährigen Bestehens des Instituts für Übersetzer- und Dolmetscherausbildung an der Universität Graz.* (Studien zur Translation 4). Tübingen: Stauffenburg.
Grbić, Nadja and Wolf, Michaela. 1998. "Strategien des geschlechtsneutralen Ausdrucks." In *Handbuch Translation,* M. Snell-Hornby et al. (eds.), 294–296.
Grosman, Meta, Kadrić, Mira, Kovaičič, Irena and Snell-Hornby, Mary (eds.). 2000. *Translation into Non-Mother Tongues. In Professional Practice and Training.* (Studien zur Translation 8). Tübingen: Stauffenburg.
Gutt, Ernst August. 1991. *Translation and Relevance. Cognition and Context.* Oxford: Blackwell.
Haag, Ansgar. 1984. "Übersetzen für das Theater: Am Beispiel William Shakespeare." *Babel* 30: 218–224.
Halliday, Michael A.K. 1976. *System and Function in Language. Selected Papers.* Ed. G. R. Kress, Cambridge: Cambridge Univ. Press.
Halliday, Michael A.K. and Hasan, Ruqaia. 1976. *Cohesion in English.* London: Longman.
Halverson, Sandra. 1997. "The Concept of Equivalence in Translation Studies: Much Ado about Something." *Target* 9 (2): 207–233.
———. 1999. "Conceptual Work and the 'Translation' Concept." *Target* 11 (1): 1–31.
———. 2000. "Prototype effects in the 'translation' category." In *Translation in Context,* A. Chesterman et al. (eds.) 3–16.
Hanks, Patrick Long, Thomas Hill and Urdang, Lawrence (eds.). 1979. *Collins Dictionary of the English Language* (CED). London/Glasgow: Collins.
Hansen, Gyde and Hönig, Hans G.. 2000. "Kabine oder Bibliothek? Überlegungen zur Entwicklung eines interinstitutionell anwendbaren Versuchsdesigns zur Erforschung der mentalen Prozesse beim Übersetzen." In *Translationswissenschaft,* M. Kadrić et al. (eds.), 319–338.
Hasada, Rie. 1997. "Some aspects of Japanese cultural ethos embedded in nonverbal communicative behavior." In *Nonverbal Communication and Translation,* F. Poyatos (ed.), 83–103.
Hatim, Basil. 1998. "Pragmatics and translation." In *Routledge Encyclopedia of Translation Studies,* M. Baker (ed.), 179–183.
Hatim, Basil and Ian Mason. 1990. *Discourse and the Translator.* London: Longman.
Hermans, Theo (ed.) 1985. *The Manipulation of Literature. Studies in Literary Translation.* London: Croom Helm.
———. 1991. "Translational Norms and Correct Translations." In *Translation Studies: The State of the Art,* K. van Leuven-Zwart and T. Naaijkens (eds.), 155–169.
———. 1996. "Norms and the Determination of Translation. A Theoretical Framework." In *Translation, Power, Subversion,* R. Álvarez and M.. C-Á. Vidal (eds.), 25–51.
———. 1998 "Descriptive Translation Studies." In *Handbuch Translation,* M. Snell-Hornby (eds.), 96–100.

Heynold, Christian. 1998. "Satelliten-Konferenzdolmetschen." In *Handbuch Translation*, M. Snell-Hornby et al. (eds.), 324–326.

Hohn, Stefanie. 1998. "Philologisch-historische Tradition." In *Handbuch Translation*, M. Snell-Hornby et al. (eds.), 91–95.

Holmes, James S. 1987. "The name and nature of translation studies." *Indian Journal of Applied Linguistics* 13 (2): 9–24.

——. 1988. *Translated! Papers on Literary Translation and Translation Studies.* Amsterdam: Rodopi.

Holmes, James S., Lambert, José and Van den Broeck, Raymond (eds.). 1978. *Literature and Translation: New Perspectives in Literary Studies.* Leuven: ACCO.

Holz-Mänttäri, Justa. 1984. *Translatorisches Handeln. Theorie und Methode.* Helsinki: Suomalainen Tiedeakatemia.

——. 1984a. "Sichtbarmachung und Beurteilung translatorischer Leistungen bei der Ausbildung von Berufstranslatoren." In *Die Theorie des Übersetzens und ihr Aufschlusswert für die Übersetzungs- und Dolmetschdidaktik*, W. Wilss and G. Thome (eds.), 176–185.

——. 1986. "Translatorisches Handeln – theoretisch fundierte Berufsprofile." In *Übersetzungswissenschaft – Eine Neuorientierung*, M. Snell-Hornby (ed.), 348–374.

——. 1989. "Interferenz als naturbedingtes Rezeptionsdefizit – ein Beitrag aus translatologischer Sicht." In *Interferenz in der Translation*, H. Schmidt (ed.), 129–134.

Holz-Mänttäri, Justa and Nord, Christiane (eds.). 1993. *Traducere Navem. Festschrift für Katharina Reiss zum 70. Geburtstag.* (Studia Translatologica A.3), Tampere: Tampere Univ. Press.

Hönig, Hans G. 1991. "Holmes' 'Mapping Theory' and the Landscape of Mental Translation Processes." In *Translation Studies: The State of the Art*, K. van Leuven-Zwart and T. Naaijkens (eds.), 91–101.

——. 1995. *Konstruktives Übersetzen.* (Studien zur Translation 1). Tübingen: Stauffenburg.

——. 2004. "Einige späte Einsichten und ein Ausblick." In *Übersetzungswissenschaft Dolmetschwissenschaft*, W. Pöckl (ed.), 133–140.

Hönig, Hans G. and Kussmaul, Paul. 1982. *Strategie der Übersetzung. Ein Lehr- und Arbeitsbuch.* Tübingen: Narr.

Hörmanseder, Fabienne. 2002. *Text und Publikum. Kriterien für eine bühnenwirksame Übersetzung im Hinblick auf eine Kooperation zwischen Translatologen und Bühnenexperten.* Vienna: unpubl. doctoral thesis.

House, Juliane. 1977. *A Model for Translation Quality Assessment.* Tübingen: Narr.

Iser, Wolfgang. 1976. *Der Akt des Lesens. Theorie ästhetischer Wirkung.* München: Fink.

Isham, William P. 1998. "Signed language interpreting." In *Routledge Encyclopedia of Translation Studies*, M. Baker (ed.), 231–235.

Ivarsson, Jan. 1992. *Subtitling for the Media.* Stockholm: Transedit.

Jääskeläinen, Riitta. 1989. "Translation Assignment in Professional vs. Non-professional Translation: A Think-Aloud Protocol Study." In *The Translation Process*, C. Séguinot (ed.), 87–98.

Jäger, Gert. 1975. *Translation und Translationslinguistik*, Halle: Bibliographisches Institut.

Jakobson, Roman, 1959. "On Linguistic Aspects of Translation." In *On Translation*, R. Brower (ed.), 232–239. Cambridge, Mass.

Jettmarová, Zuzana, Piotrowska, Maria and Zauberga, Ieva. 1997. "New advertising markets as target areas for translation." In *Translation as Intercultural Communication*, M. Snell-Hornby et al. (eds.), 185–194.

Jumpelt, R.W. 1961. *Die Übersetzung naturwissenschaftlicher und technischer Literatur: Sprachliche Maßstäbe und Methoden zur Bestimmung ihrer Wesenszüge und Probleme.* (Langenscheidt-Bibliothek für Wissenschaft und Praxis 1). Berlin: Langenscheidt.

Kade, Otto. 1965. "Perspektiven der Dolmetscherausbildung an der Karl-Marx-Universität." *Fremdsprachen* 9 (2): 1–5, 24–25.

———. 1968. *Zufall und Gesetzmäßigkeit in der Übersetzung.* Supplement to *Fremdsprachen 1.* Leipzig: Enzyklopädie.

———. 1970. "Zur linguistischen Erforschung des Simultandolmetschens (Ein Beitrag zum Verhältnis von Sprach- und Übersetzungswissenschaft)." In *Actes du Xe Congrès International des Linguistes,* 1069–1078. Bucharest.

———. 1973. "Zum Verhältnis von "idealem Translator" als wissenschaftlicher Hilfskonstruktion und optimalem Sprachmittler als Ausbildungsziel." *Neue Beiträge zu Grundfragen der Übersetzungswissenschaft.* Supplement to *Fremdsprachen* 5 (6): 179–190.

Kadrić, Mira. 2001. *Dolmetschen bei Gericht. Erwartungen, Anforderungen, Kompetenzen.* Vienna: Vienna Univ. Press.

Kadrić, Mira, Kaindl, Klaus and Pöchhacker, Franz (eds.). 2000. *Translationswissenschaft. Festschrift für Mary Snell-Hornby zum 60. Geburtstag.* Tübingen: Stauffenburg.

Kaindl, Klaus. 1995. *Die Oper als Textgestalt. Perspektiven einer interdisziplinären Übersetzungswissenschaft.* (Studien zur Translation 2), Tübingen: Stauffenburg.

———. 1997. "Von Hauptdarstellern und Statisten: Zur Rolle des Textes im translationswissenschaftlichen Handlungsspiel." In *Text - Kultur - Kommunikation*, N. Grbić and M. Wolf (eds.), 53–65.

———. 2004. *Übersetzungswissenschaft im interdisziplinären Dialog. Am Beispiel der Comicübersetzung.* (Studien zur Translation 16), Tübingen: Stauffenburg.

Kaiser-Cooke, Michèle. 2003. *Translation, Evolution und Cyberspace. Eine Synthese von Theorie, Praxis und Lehre.* Frankfurt: Lang.

Kenny, Dorothy. 1998. "Corpora in translation studies." In *Routledge Encyclopedia of Translation Studies,* M. Baker (ed.), 50–53.

———. 1998a. "Equivalence." In *Routledge Encyclopedia of Translation Studies,* M. Baker (ed.), 77–80.

Kittel, Harald and Poltermann, Andreas. 1998. "German tradition." In *Routledge Encyclopedia of Translation Studies*, M. Baker (ed.), 418–428.

Kluge, Friedrich. 1975. *Etymologisches Wörterbuch der deutschen Sprache.* Berlin: de Gruyter.

Koller, Werner. 1972. *Grundprobleme der Übersetzungstheorie. Unter besonderer Berücksichtigung schwedisch-deutscher Übersetzungsfälle.* Bern: Francke.

———. 1979. *Einführung in die Übersetzungswissenschaft.* Heidelberg: Quelle & Meyer.

———. 1995. "The Concept of Equivalence and the Object of Translation Studies." *Target* 7 (2): 191–222.

König, Otto, Renner, Franz and Wolf, Michaela (eds.). 1994. *Amerika im Gedächtnis. "500 Jahre Widerstand in Lateinamerika". Eine Selbstbeschreibung.* Vienna: Böhlau.

Koskinen, Kaisa. 2000. "Institutional illusions: Translating in the EU Commission". *The Translator* 6 (1): 49–65.

———. 2004. "Shared culture? Reflections on recent trends in Translation Studies". *Target* 16 (1): 143–156.

Krings, Hans-P. 1986. *Was in den Köpfen von Übersetzern vorgeht. Eine empirische Untersuchung zur Struktur des Übersetzungsprozesses an fortgeschrittenen Französischlernern.* (TBL 291). Tübingen: Narr.

———. 1988. "Blick in die 'black box' – Eine Fallstudie zum Übersetzungsprozess bei Berufsübersetzern." In *Textlinguistik und Fachsprache. Akten des Internationalen übersetzungswissenschaftlichen AILA-Symposions, Hildesheim 13.-16. April 1987*, R. Arntz (ed.), 303–412. Hildesheim: Olms.

Krishnan, Mini. 1995. Preface to *Pandavapuram*, Sethu, v.

Kufnerová, Zlata and Osers, Ewald. 1998. "Czech tradition." In *Routledge Encyclopedia of Translation Studies*, M. Baker (ed.), 376–383.

Kuhiwczak, Piotr. 1990. "Translation as Appropriation: The Case of Milan Kundera's *The Joke*." In *Translation, History and Culture*, S. Bassnett and A. Lefevere (eds.), 118–130.

Kuhn, Thomas S. 1970². *The structure of scientific revolutions*. Chicago: Chicago Univ. Press.

Kurth, Ernst-Norbert. 1995. *Metaphernübersetzung. Dargestellt an grotesken Metaphern im Frühwerk Charles Dickens in der Wiedergabe deutscher Übersetzungen*. Frankfurt: Lang.

Kurz, Ingrid. 1994. "A look into the 'black box' – EEG probability mapping during mental simultaneous interpreting." In *Translation Studies. An Interdiscipline*, M. Snell-Hornby et al. (eds.) 199–207.

———. 1996. *Simultandolmetschen als Gegenstand der interdisziplinären Forschung*. Vienna: Vienna Univ. Press.

———. 1997. "Getting the message across – Simultaneous interpreting for the media." In *Translation as Intercultural Communication*, M. Snell-Hornby et al.(eds.), 195–205.

———. 2000. "Tagungsort Genf/Nairobi/Wien. Zu einigen Aspekten des Teledolmetschens." In *Translationswissenschaft*, M. Kadrić et al. (eds.), 291–302.

Kurz, Ingrid and Klaus Kaindl (eds.) 2005. *Wortklauber, Sinnverdreher, Brückenbauer? ÜbersetzerInnen und DolmetscherInnen als literarische Geschöpfe*. Münster: LIT-Verlag.

Kussmaul, Paul. 1986. "Übersetzen als Entscheidungsprozess. Die Rolle der Fehleranalyse in der Übersetzungsdidaktik." In *Übersetzungswissenschaft – Eine Neuorientierung*, M. Snell-Hornby (ed.), 206–229.

———. 1989. „Interferenzen im Übersetzungsprozess – Diagnose und Therapie." In *Interferenz in der Translation*, H. Schmidt (ed.), 19–28.

———. 1994. "Möglichkeiten einer empirisch begründeten Übersetzungsdidaktik." In *Translation Studies. An Interdiscipline*, M. Snell-Hornby et al. (eds.), 377–386.

———. 1995. *Training the Translator*. (Benjamins Translation Library 10). Amsterdam/Philadelphia: John Benjamins.

———. 1997. "Comprehension processes and translation. A think-aloud protocol study." In *Translation as Intercultural Communication*, M. Snell-Hornby et al. (eds.), 239–248.

———. 1998. "Philologische Texte." In *Handbuch Translation*, M. Snell-Hornby et al. (eds.), 235–236.

———. 2000. *Kreatives Übersetzen*. (Studien zur Translation 10).Tübingen: Stauffenburg.

———. 2004. "Entwicklung miterlebt." In *Übersetzungswissenschaft Dolmetschwissenschaft*, W. Pöckl (ed.), 221–226.

Language International 8 / 6 1996. "Profile of a linguist. Dr. Eugene Nida. Patriarch of Translation Studies", 8–9.

Lefevere, André. 1977. *Translating Literature. The German Tradition from Luther to Rosenzweig* (Approaches to Translation 4). Assen/Amsterdam: Van Gorcum.

———. 1985. "Why Waste our Time on Rewrites? The Trouble with Interpretation and the Role of Rewriting in an Alternative Paradigm." In *The Manipulation of Literature*, T. Hermans (ed.), 215–243.

———. 1992. *Translation, Rewriting and the Manipulation of Literary Fame.* London/New York: Routledge.

———. 1993. "Discourses on Translation: Recent, Less Recent and to Come." *Target* 5 (2):, 229–241.

Lefevere, André and Bassnett, Susan. 1990. "Introduction: Proust's Grandmother and the Thousand and One Nights: The 'Cultural Turn' in Translation Studies." In *Translation, History and Culture,* S. Bassnett and A. Lefevere (eds.), 1–13.

Leisi, Ernst. 1953/1975. *Der Wortinhalt. Seine Struktur im Deutschen und Englischen.* Heidelberg: Quelle & Meyer.

———. 1973. *Praxis der englischen Semantik.* Heidelberg: Winter.

Leppihalme, Ritva. 1994. *Culture Bumps. On the translation of allusions.* Helsinki: Helsinki Univ. Press.

Levý, Jiří. 1967/2000. "Translation as a Decision Process." In *To Honor Roman Jakobson. Essays on the Occasion of his 70th Birthday,* repr. *The Translation Studies Reader,* L. Venuti (ed.). 148–171.

———. 1969. *Die literarische Übersetzung. Theorie einer Kunstgattung,* transl. W. Schamschula, Frankfurt: Athenäum.

Limbeck, Sonja. 2005. *"Familienkonferenz". Eine funktionale Übersetzungskritik der deutschen Fassung von Thomas Gordons "Parent Effectiveness Training",* Vienna: unpubl. master's thesis.

Lisa, Claudia. 1993. *Die Übersetzung des modernen Musicals. Am Beispiel von* Les Misérables. Vienna: unpubl. master's thesis.

Longley, Patricia. 1984. "What is a Community Interpreter?" *The Incorporated Linguist* 23 (3): 178–181.

Lörscher, Wolfgang. 1991. *Translation Performance, Translation Process, and Translation Strategies. A Psycholinguistic Investigation.* Tübingen: Narr.

Lotbinière-Harwood, Susanne de. (1991) *Re-Belle et Infidèle. La Traduction comme pratique de réécriture au féminin/The Body Bilingual. Translation as a Rewriting in the Feminine.* Toronto: The Women's Press / Montréal: Les éditions du remue-ménage.

Luke, David. 1995. "Translating Thomas Mann." *The Times Literary Supplement,* 8.12.1995: 15.

Luyken, Georg-Michael, Herbst, Thomas, Langham-Brown, Jo, Reid, Helen and Spinhof, Hermann (eds.). *Overcoming Language Barriers in Television. Dubbing and Subtitling for the European Audience.* Manchester: European Institute for the Media.

Manhart, Sibylle. 1996. *Zum übersetzungswissenschaftlichen Aspekt der Filmsynchronisation in Theorie und Praxis: Eine interdisziplinäre Betrachtung.* Vienna: unpubl. doctoral thesis.

Marx, Sonia. 1997. *Klassiker der Jugendliteratur in Übersetzungen.* Struwwelpeter, Max und Moritz, Pinocchio *im deutsch-italienischen Dialog.* Padua: Padua Univ. Press.

Mateo, Marta. 1995. *La traducción del humor. Las comedias inglesas en espanol.* Oviedo: Oviedo Univ. Press.

Mauranen, Anna and Kujamäki, Pekka (eds.). 2004. *Translation Universals. Do they exist?.* (Benjamins Translation Library 48). Amsterdam/Philadelphia: John Benjamins.

Mehrez, Samía. 1992. "Translation and the postcolonial experience: The francophone North African text." In *Rethinking Translation,* L. Venuti (ed.), 120–138.

Melby, Alan K, and Lonsdale, Deryle W. 2002. "Machine Translation, Translation Studies, and Linguistic Theories." *Logos and Language* 3 (1): 39–57.

Messner, Sabine and Wolf, Michaela (eds.). 2001. *Übersetzung aus aller Frauen Länder. Beiträge zu Theorie und Praxis weiblicher Realität in der Translation.* Graz: Leykam.

Morris, Ruth. 1995. "The Moral Dilemmas of Court Interpreting." *The Translator. Studies in Intercultural Communication* 1 (1): 25–46.

Moser-Mercer, Barbara. 1986. "Schnittstelle Mensch/Maschine: Interaktion oder Konfrontation?" In *Übersetzungswissenschaft - Eine Neuorientierung*, M.Snell-Hornby (ed.), 311–330.

Munday, Jeremy. 2001. *Introducing Translation Studies. Theories and applications.* London/New York: Routledge.

———. 2002. "Translation Studies and Corpus Linguistics: An interface for interdisciplinary cooperation." *Logos and Language* 3 (1): 11–20.

Müntefering, Matthias. 2002. "Dubbing in Deutschland. Cultural and Industrial Considerations." *Language International* 14(2): 14–16.

Navarro, Fernando. 1997. "Which is the world's most important language?" *Lebende Sprachen 42*: 5–10.

Neubert, Albrecht. 1977. "Übersetzungswissenschaft in soziolinguistischer Sicht." *Übersetzungswissenschaftliche Beiträge 1*. 52–59. Leipzig: Enzyklopädie.

———. 1986. "Dichtung und Wahrheit des zweisprachigen Wörterbuchs." In *Sitzungsberichte der Sächsischen Akademie der Wissenschaften zu Leipzig*, Vol.126, 4, 1–23.

———. 1989. "Interference between Languages and between Texts." In *Interferenz in der Translation*, H. Schmidt (ed.), 56–64.

———. 1992. "Von der kommunikationswissenschaftlichen Begründung der Translation zur computergestützten Realisierung des Übersetzens: theoretische und empirische Voraussetzungen für ein translatorisches Expertensystem." In *Wissenschaftliche Grundlagen der Sprachmittlung*, H. Salevsky (ed.), 25–37. Frankfurt: Lang.

Newmark, Peter. 1981. *Approaches to Translation*. Oxford: Pergamon.

———. 1985. "The Translation of Metaphor." In *The Ubiquity of Metaphor*, W. Paprotté and R. Dirven (eds.), 295–326. Amsterdam/Philadelphia: John Benjamins.

Nida, Eugene A. 1964. *Toward a Science of Translating. With special reference to principles and procedures involved in Bible translating.* Leiden: Brill.

Nida, Eugene A. and Charles Taber. 1969. *The Theory and Practice of Translation*. Leiden: Brill.

Niranjana, Tejaswini. 1992. *Siting Translation. History, Post-structuralism, and the Colonial Context.* Berkeley: Univ. of California Press.

Nord, Christiana. 1988. *Textanalyse und Übersetzen. Theoretische Grundlagen, Methode und didaktische Anwendung einer übersetzungsrelevanten Textanalyse.* Heidelberg: Groos.

———. 1989. "Loyalität statt Treue. Vorschläge zu einer funktionalen Übersetzungstypologie." *Lebende Sprachen* 3, 100–105.

———. 1991. "Scopos, Loyalty, and Translational Conventions." *Target* 3(1): 91–109.

———. 1997. *Translating as a Purposeful Activity.* Manchester: St. Jerome.

Oittinen, Riitta. 1993. *I am Me - I am Other: On the Dialogics of Translating for Children.* Tampere: Tampere Univ. Press.

Paepcke, Fritz. 1986. *Im Übersetzen leben. Übersetzen und Textvergleich.* Ed. K. Berger and H.-M. Speier, Tübingen: Narr.

Paloposki, Outi and Oittinen, Riitta. 2000. "The domesticated foreign." In *Translation in Context.* A. Chesterman et al. (eds.), 373–390.

Petioky, Viktor. 1997. "Zur nichtliterarischen Übersetzungstätigkeit in der Donaumonarchie." In *Ars transferendi. Sprache, Übersetzung, Interkulturalität. Festschrift für Nikolai Salnikow zum 65. Geburtstag*, D. Huber and E. Worbs (eds.), 351–372. Frankfurt: Lang.

Peyrefitte, Alain. 1989. *L'Empire Immobile ou Le Choc des Mondes. Récit historique*. Paris: Fayard.

———. 1992. *The Collision of Two Civilisations. The British Expedition to China in 1792–4*, transl. J. Rothschild, London: Harvill.

Pisek, Gerhard. 1994. *Die große Illusion: Probleme und Möglichkeiten der Filmsynchronisation*. Trier: WTV.

Plecher, Renate. 1998. *Das frauenkulturelle Weltbild als Basis für Übersetzungen aus fremden Kulturen. Am Beispiel jamaicanischer Literatur*. Vienna: unpubl. doctoral thesis.

Pluta, Aga. 1998. *Textsorte "Baubescheid". Textsortenkonventionen im deutschsprachigen Baubescheid und "Baubescheid*-Counterparts" *in polnischer und englischer Sprache*. Vienna: unpubl. master's thesis.

Pöchhacker, Franz. 1994. *Simultandolmetschen als komplexes Handeln*. Tübingen: Narr.

———. 1997. "'Clinton speaks German': A case study of live broadcast simultaneous interpreting." In *Translation as Intercultural Communication*, M. Snell-Hornby at al. (eds.), 207–216.

———. 1997a. *Kommunikation mit Nichtdeutschsprachigen in Wiener Gesundheits- und Sozialeinrichtungen*. Vienna: MA/Dezernat für Gesundheitsplanung.

———. 1998. "Simultandolmetschen." In *Handbuch Translation*, M. Snell-Hornby et al. (eds.), 301–304.

———. 2000. *Dolmetschen: Konzeptuelle Grundlagen und deskriptive Untersuchungen*. (Studien zur Translation 7). Tübingen: Stauffenburg.

———. 2004. *Introducing Interpreting Studies*. London/New York: Routledge.

———. 2004a. "Fachliche Entwicklung – persönliche Genese." In *Übersetzungswissenschaft Dolmetschwissenschaft*, W. Pöckl (ed.) 259–264.

Pöchhacker, Franz and Kadrić, Mira. 1999. "The Hospital Cleaner as Healthcare Interpreter: A Case Study." In *Dialogue Interpreting*, Special Issue of *The Translator. Studies in Intercultural Communication* 5 (2): 161–178.

Pöchhacker, Franz and Miriam Shlesinger (eds.). 2002. *The Interpreting Studies Reader*. London/New York: Routledge.

Pöckl, Wolfgang (ed.). 2004. *Übersetzungswissenschaft Dolmetschwissenschaft. Wege in eine neue Disziplin*. Wien: Praesens.

Pollard, David. 1995. "Body language in Chinese-English Translation." In *An Encyclopaedia of Translation*, S-W. Chan and D. Pollard (eds.), 70–77.

Poyatos, Fernando. 1993. "Aspects of Nonverbal Communication in Literature." In *Traducere Navem*, J. Holz-Mänttäri and C. Nord (eds.), 137–151.

———. (ed.). 1997. *Nonverbal Communication and Translation. New Perspectives and Challenges in Literature, Interpretation and the Media*. (Benjamins Translation Library 17) Amsterdam/Philadelphia: John Benjamins.

———. 1997a. "Aspects, problems and challenges of nonverbal communication in literary translation." In *Nonverbal Communication and Translation*, F. Poyatos (ed.), 17–47.

———. 1997b. "The reality of multichannel verbal-nonverbal communication in simultaneous and consecutive interpretation." In *Nonverbal Communication and Translation*, F. Poyatos (ed.), 249–282.

Prado, Daniel, Kingscott, Geoffrey, Baddé, Karl and Galinski, Christian (eds.). 1995. *International Who's Who in Translation & Terminology / Traduction et Terminologie Répertoire biographique international*. Paris: Union latine.

Prasad, G.J.V. 1999. "Writing translation: the strange case of the Indian English novel." In *Postcolonial Translation*, S. Bassnett and H. Trivedi (eds.), 41–57.

Pratt, Mary Louise. 1992. *Imperial Eyes. Travel Writing and Transculturation.* London/New York: Routledge.

Prunč, Erich. 2001. *Einführung in die Translationswissenschaft.* Band 1, *Orientierungsrahmen.* Graz: Institut für Translationswissenschaft.

Pusch, Luise F. 1984. *Das Deutsche als Männersprache. Aufsätze und Glossen zur feministischen Linguistik.* Frankfurt: Suhrkamp.

Pym, Anthony. 1996. "Venuti's Visibility." *Target* 8 (1): 165–177.

———. 1997. *Pour une Éthique du Traducteur.* Artois: Artois Univ. Press.

———. (ed.). 2001. *The Return to Ethics.* Special Issue of *The Translator. Studies in Intercultural Communication* 7(2).

———. 2002. "Sayonara *Language International.* A few words of farewell from past and present contributors." *Language International* 14 (6): 43.

Quine, Willard Van Orman. 1960. *Word and Object.* Cambridge: MIT Press.

Quirk, Randolph and Greenbaum, Sydney. 1973. *A University Grammar of English.* London: Longman.

Radnitzky, Gerard. 1968/1970². *Contemporary Schools of Metascience.* Göteborg: Göteborg Univ. Press.

Reiss, Katharina. 1971. *Möglichkeiten und Grenzen der Übersetzungskritik. Kategorien und Kriterien für eine sachgerechte Beurteilung von Übersetzungen* (Hueber Hochschulreihe 12). München: Hueber.

———. 1990. "Brief an den Herausgeber." *Lebende Sprachen* 4: 185.

———. 1995. *Grundfragen der Übersetzungswissenschaft. Wiener Vorlesungen von Katharina Reiss,* ed. M. Snell-Hornby and M. Kadrić. Vienna: Vienna Univ. Press.

———. 2000. *Translation Criticism - The Potentials and Limitations. Categories and Criteria for Translation Quality Assessment,* transl. E. F. Rhodes, Manchester: St. Jerome.

Reiss, Katharina and Hans J. Vermeer. 1984. *Grundlegung einer allgemeinen Translationstheorie.* Tübingen: Niemeyer.

Resch, Renate. 1998. "Oedipus und die Folgen: Die Metaphorik der Translationswissenschaft." *Target* 10(2): 335–351.

———. 2000. "Werbetexte – multisemiotisch, intertextuell und zapper-gerecht: Neue Herausforderungen für ÜbersetzerInnen und Translationswissenschaft." In *Translationswissenschaft,* M. Kadrić et al (eds.), 183–193.

Rintelen, Fritz-Joachim von. 1974. "Wissenschaften, Wirklichkeit und Sinn." In *Internationales Jahrbuch für interdisziplinäre Forschung,* R. Schwarz (ed.), 235–262.

Risku, Hanna. 1998. *Translatorische Kompetenz. Kognitive Grundlagen des Übersetzens als Expertentätigkeit..* (Studien zur Translation 5). Tübingen: Stauffenburg.

———. 2000. "*Situated Translation*" und *Situated Cognition*: ungleiche Schwestern." In *Translationswissenschaft,* M. Kadrić et al.(eds.) 81–91.

———. 2004. *Translationsmanagement. Interkulturelle Fachkommunikation im Informationszeitalter.* (Translationswissenschaft 1). Tübingen: Narr.

Robinson, Douglas. 1991. *The Translator's Turn.* Baltimore: Johns Hopkins Univ. Press.

———. 1998. "Free translation." In *Routledge Encyclopedia of Translation Studies,* M. Baker (ed.), 87–90.

———. 1998a. "Literal translation." In *Routledge Encyclopedia of Translation Studies,* M. Baker (ed.), 125–130.

Rosch, Eleanor. 1973. "Natural categories." *Cognitive Psychology* 4: 328–350.

Rübberdt, Irene and Salevsky, Heidemarie. 1997. "New ideas from historical concepts: Schleiermacher and modern translation theory." In *Translation as Intercultural Communication*, M. Snell-Hornby et al. (eds.), 301–312.

Rushdie, Salman. 1983. *Mitternachtskinder*, transl. K. Graf, München/Zürich: Piper.

———. 1991. *Imaginary Homelands.* New Delhi: Penguin.

Said, Edward. 1978. *Orientalism.* London/New York: Routledge.

Salevsky, Heidemarie (ed.). 1992. *Wissenschaftliche Grundlagen der Sprachmittlung. Berliner Beiträge zur Übersetzungswissenschaft.* Frankfurt: Lang.

———.1994. "Schleiermacher-Kolloquium 1993." *TextConText* 9, 159–162.

Salmhoferova, Nadezda. 2002. *Das Rollenbild der Übersetzenden im Prozess der interkulturellen juristischen Kommunikation.* Vienna: unpubl. doctoral thesis.

Sandrini, Peter (ed.) 1999. *Übersetzen von Rechtstexten. Fachkommunikation im Spannungsfeld zwischen Rechtsordnung und Sprache.* (Forum für Fachsprachen-Forschung 54). Tübingen: Narr.

Šarčević, Susan. 1990. "Strategiebedingtes Übersetzen aus den kleineren Sprachen im Fachbereich Jura." *Babel* 36 (3): 155–166.

———. 1994. "Translation and the law: An interdisciplinary approach." In *Translation Studies. An Interdiscipline*, M. Snell-Hornby et al. (eds.), 301–307.

Schäfer, Jürgen (ed.). 1981. *Commonwealth-Literatur.* Bern: Francke.

Schäffner, Christina. 1998. „Metaphern." In *Handbuch Translation*, M. Snell-Hornby et al. (eds.), 280–285.

———. 1998a. "Action (theory of 'translatorial action')." In *Routledge Encyclopedia of Translation Studies*, M. Baker (ed.), 3–5.

———, 1998b. "Skopos theory." In *Routledge Encyclopedia of Translation Studies*, M. Baker (ed.), 235–238.

———. (ed.). 1999. *Translation and Norms.* Clevedon: Multilingual Matters.

Schäffner, Christina and Adab, Beverly. 1997. "Translation as intercultural communication – Contact as conflict." In *Translation as Intercultural Communication*, M. Snell-Hornby et al. (eds.), 325–337.

Schleiermacher, Friedrich. 1993. *Hermeneutik und Kritik*, ed. M. Frank. Frankfurt: Suhrkamp.

Schmid, Annemarie. 1994. "Gruppenprotokolle – ein Einblick in die black box des Übersetzens." *TextConText* 9: 121–146.

———. 2000. "'Systemische Kulturtheorie' – relevant für die Translation?". In *Translationswissenschaft*, M. Kadrić et al (eds.), 51–65.

Schmidt, Heide (ed.). 1989. *Interferenz in der Translation.* (Übersetzungswissenschaftliche Beiträge 12). Leipzig: Enzyklopädie.

Schmitt, Peter A. 1998. "Technische Arbeitsmittel." In *Handbuch Translation*, M. Snell-Hornby et al (eds.), 186–199.

———. 1999. *Translation und Technik.* (Studien zur Translation 6). Tübingen: Stauffenburg.

———. 2000. (ed.) *Paradigmenwechsel in der Translation. Festschrift für Albrecht Neubert zum 70. Geburtstag.* Tübingen: Stauffenburg.

Schopp, Jürgen. 1994. "Typographie als Translationsproblem." In *Translation Studies. An Interdiscipline*, M. Snell-Hornby et al. (eds.), 349–360.

———. 1998. "Typographie und Layout." In *Handbuch Translation*, M. Snell-Hornby et al. (eds.) 199–204.

———. 2005. *"Gut zum Druck"? Typographie und Layout im Übersetzungsprozess.* Tampere: Tampere Univ. Press.

Schwarz, Richard. 1974. "Interdisziplinarität der Wissenschaften als Problem und Aufgabe heute." In *Internationales Jahrbuch für interdisziplinäre Forschung*, R. Schwarz (ed.), 1–131.
Schwarz, Richard (ed.). 1974. *Internationales Jahrbuch für interdisziplinäre Forschung. Wissenschaft als interdisziplinäres Problem.* Berlin: de Gruyter.
Searle, John R. 1969. *Speech acts. An essay in the philosophy of language.* Cambridge: Cambridge Univ. Press.
Séguinot, Candace (ed.) 1989. *The Translation Process.* Toronto: York University.
———. 1994. "Translation and Advertising: Going Global." *Current Issues in Language and Society* 1(3): 249–265.
Seleskovitch, Danica. 1992. "De la pratique à la théorie /Von der Praxis zur Theorie." In *Wissenschaftliche Grundlagen der Sprachmittlung*, H. Salevsky (ed.), *38–55.*
Seleskovitch, Danica and Lederer, Marianne. 1984. *Interpréter pour traduire.* Paris: Didier.
Sengupta, Mahasweta. 1990. "Translation, Colonialism and Poetics: Rabindranath Tagore in Two Worlds." In *Translation, History and Culture,* S. Bassnett and A. Lefevere (eds.), 56–63.
Sethu(madhavan), A. 1995. *Pandavapuram,* transl. P. Javakumar, Madras: Macmillan India.
Simon, Sherry. 1996. *Gender and Translation. Culture and Identity and the Politics of Transmission.* London/New York: Routledge.
———. 1999. "Translating and interlingual creation in the contact zone: border writing in Quebec." In *Postcolonial Translation,* S. Bassnett and H. Trivedi (eds.), 58–74.
Sinclair, John M. (ed.). 1987. *Looking up. An Account of the COBUILD Project in lexical computing.* London: Collins.
Singerman, Robert. 2002. *Jewish Translation History. A bibliography of bibliographies and studies.* (Benjamins Translation Library 44). Amsterdam/Philadelphia: John Benjamins.
Smith Veronica and Klein-Braley, Christine. 1997. "Advertising – A five-stage strategy for translation." In *Translation as Intercultural Communication,* M. Snell-Hornby et al. (eds.), 173–184.
Snell-Hornby, Mary. 1983. *Verb-descriptivity in German and English. A contrastive study in semantic fields.* Heidelberg: Winter.
———. 1984. "Sprechbare Sprache – Spielbarer Text. Zur Problematik der Bühnenübersetzung." In *Modes of Interpretation. Essays Presented to Ernst Leisi on the Occasion of his 65th Birthday,* R.J. Watts and U. Weidmann (eds.), 101–116. Tübingen: Narr.
———. (ed.). 1986/1994². *Übersetzungswissenschaft – Eine Neuorientierung. Zur Integrierung von Theorie und Praxis* (UTB 1415). Tübingen: Francke.
———. 1988/1995². *Translation Studies. An Integrated Approach.* Amsterdam/Philadelphia: John Benjamins.
———. 1988a. "*Angst* und *fear* – Wirklichkeit, Wörterbuch, Übersetzung." In *Angst. Interdisziplinäre Vorlesungsreihe der Privatdozenten der Philosophischen Fakultät I der Universität Zürich im Wintersemester 1987/88,* H.-J. Braun and A. Schwarz (eds), 105–119, Zürich: Verlag der Fachvereine.
———. 1989. "Andere Länder, andere Sitten. Zum Problem der kulturbedingten Interferenz in der Translation." In *Interferenz in der Translation,* H. Schmidt (ed.), 135–143.
———. 1989a. "Zur sprachlichen Norm in der literarischen Übersetzung." *Bulletin CILA* 49, 51–60.
———. 1990. "Linguistic transcoding or Cultural Transfer? A Critique of Translation Theory in Germany." In *Translation, History and Culture,* S.Bassnett and A. Lefevere (eds.), 79–86.
———. 1991. "Translation Studies – Art, Science or Utopia?" In *Translation Studies: The State of the Art,* K. Van Leuven-Zwart and T. Naaijkens (eds.), 13–23.

———. 1992. "The professional translator of tomorrow: language specialist or all-round expert?" In *Teaching Translation and Interpreting*, C.Dollerup and A. Loddegaard (eds.), 9–22.

———. 1992a. "Translation as a cultural shock: Diagnosis and therapy." In *Language and Civilization. A Concerted Profusion of Essays and Studies in Honour of Otto Hietsch*, C. Blank (ed.), 341–355. Frankfurt: Lang.

———. (ed.). 1992b. *Translation in Mitteleuropa. Beiträge aus dem Mitteleuropäischen Symposium am Institut für Übersetzer- und Dolmetscherausbildung der Universität Wien, 11.-13. November 1991.* (Folia Translatologica 1). Prague: Charles Univ. Press.

———. 1993. "Der Text als Partitur: Möglichkeiten und Grenzen der multimedialen Übersetzung." In *Traducere Navem*, J. Holz-Mänttäri and C. Nord (eds.), 335–350.

———. 1995. "On Models and Structures and Target Text Cultures: Methods of Assessing Literary Translations." In *La Traducció Literaria*, J.M. Borillo (ed.), 43–58. Castelló: Univ.Jaume I.

———. 1996. "'All the world's a stage': Multimedial translation – constraint or potential?" In *Traduzione multimediale per il cinema, la televisione e la scena*, C Heiss and R.M. Bottelieri Bosinelli (eds.), 29–45. Forlí: CLUEB.

———. 1996a. „ Übersetzungswissenschaft: Eine neue Disziplin für eine alte Kunst?" In *Translation und Text. Ausgewählte Vorträge*, 9–24. Vienna: Vienna Univ. Press.

———. 1996b. "The translator's dictionary – An academic dream?" In *Translation und Text. Ausgewählte Vorträge*, 90–96. Vienna: Vienna Univ. Press.

———. 1996c. "Interdiscipline or 'clash or worlds'? – Translation Studies in the 1990s." In *Translation und Text. Ausgewählte Vorträge*, 140–152. Vienna: Vienna Univ. Press.

–. 1997. " 'Is this a dagger which I see before me?': The non-verbal language of drama." In *Nonverbal Communication and Translation*, F. Poyatos (ed.), 187–201.

———. 1997a. "Written to be Spoken: The Audio-Medial Text in Translation." In *Text Typology and Translation*, A. Trosborg (ed.), 277–290.

———. 1997b. "The Integrated Linguist: On Combining Methods of Translation Critique." In *Modelle der Translation. Festschrift für Albrecht Neubert*, G. Wotjak and H. Schmidt (eds.), 73–88. Frankfurt: Vervuert.

———. 1997c. "Released from the grip of Empire: lingua franca as target culture?" In *La palabra vertida. Investigaciones en torno a la traducción*, M.A.Vega and R.. Martíno (eds.), 45–56. Madrid: Complutense.

———. 1998. "Kontrastive Linguistik." In *Handbuch Translation*, M. Snell-Hornby et al. (eds.), 66–70.

———. 1998a. "Audiomediale Texte." In *Handbuch Translation*, M. Snell-Hornby et al. (eds.), 273–274.

———. 1999. "The 'Ultimate Confort': Word, Text and the Translation of Tourist Brochures." In *Word, Text, Translation. Liber Amicorum for Peter Newmark*, G. Anderman and M. Rogers (eds.), 95–103. Clevedon: Multilingual Matters.

———. 2000. " 'McLanguage': The identity of English as an issue in translation today." In *Translation into Non-Mother Tongues*, M. Grosman et al. (eds.), 35–44.

———. 2000a. "Communicating in the Global Village: On Language, Translation and Cultural Identity." In *Translation in the Global Village*, C. Schäffner (ed.), Clevedon: Multilingual Matters.

———. 2001. "The space 'in between'. What is a hybrid text?" *Across Languages and Cultures* 2 (2): 207–216.

——. 2002. "Back to Square One? – On the troubled relation between Translation Studies and Linguistics." *Logos and Language* 3 (1): 21–30.

——. 2002a. "Übersetzen als interdisiplinäres Handeln. Über neue Formen des kulturellen Transfers." In *Übersetzung als Medium des Kulturverstehens und sozialer Integration*, J. Renn, J. Straub and S. Shimada (eds.), 144–160. Frankfürt: Campus.

——. 2003. "Re-creating the hybrid text: postcolonial Indian writings and the European scene." *Linguistica Antverpiensia* 2: 178–189.

——. 2003a. "Loyalität in der literarischen Übersetzung: Zwischen 'Abbildung' und Kreativität." In *Traducta Navis. Festschrift zum 60. Geburtstag von Christiane Nord*, B. Nord and P.A. Schmitt (eds.), 231–240. Tübingen: Stauffenburg.

——. 2003b. "Translationskultur und Politik. Wege und Irrwege der Kommunikation." *Studia Germanica Posnaniensia* 19: 79–93.

——. 2005. " 'Small smile': Berühmte Übersetzerin als Liebesobjekt", in: *Wortklauber, Sinnverdreher, Brückenbauer?*, I. Kurz and K.Kaindl (eds.), 173–180.

——. 2005a. "Of catfish and blue bananas: scenes-and-frames-semantics as a contrastive 'knowledge system' for translation." In *Knowledge Systems and Translation*, H.v. Dam, J. Engberg, H. Gerzymisch-Arbogast (eds.), 193–206. Berlin/New York: de Gruyter.

Snell-Hornby, Mary and Pöhl, Esther (eds.). 1989. *Translation and Lexicography. Papers from the EURALEX Colloquium, Innsbruck, 2–5 July 1987* (Special Monograph of *Paintbrush*, Journal of Poetry, Translation and Letters), Kirksville MO; repr. Amsterdam/Philadelphia: John Benjamins.

——, Franz Pöchhacker and Klaus Kaindl (eds.). 1994. *Translation Studies. An Interdiscipline* (Benjamins Translation Library 2). Amsterdam/Philadelphia: John Benjamins.

——, and Kadrić, Mira (eds.). 1995. *Grundfragen der Übersetzungswissenschaft. Wiener Vorlesungen von Katharina Reiss.* Vienna: Vienna Univ. Press.

——, Jettmarová, Zuzana and Kaindl, Klaus (eds.). 1997. *Translation as Intercultural Communication. Selected Papers from the EST Congress – Prague 1995* (Benjamins Translation Library 20) . Amsterdam/Philadelphia: John Benjamins.

——, Hönig, Hans G., Kussmaul, Paul and Schmitt, Peter A. (eds.). 1998. *Handbuch Translation.* Tübingen: Stauffenburg.

Sobotka, Eveline. 2000. "Translationsaufträge aus Kundensicht." In *Translationswissenschaft*, M. Kadrić et al. (eds.) 353–362.

Spillner, Bernd. 1980. "Semiotische Aspekte der Übersetzung von Comics-Texten." In *Semiotik und Übersetzen*, W. Wilss (ed.), 73–86. Tübingen: Narr.

Stecconi, Ubaldo. 2000. "A semiotic analysis of the translation-original relationship." In *Translationswissenschaft*, M. Kadrić et al. (eds.), 93–101.

Steiner, George. 1975. *After Babel. Aspects of Language and Translation.* London: Oxford Univ. Press.

Stellbrink, Hans-Jürgen. 1985. "Die Tätigkeit des Dolmetschers und Übersetzers in der Industrie: Meistens nicht wie im Lehrbuch," Guest Lecture Heidelberg 1.2.1985, unpubl.ms.

Stoll, Karl-Heinz. 2000. "Zukunftsperspektiven der Translation." In *Paradigmenwechsel in der Translation.* P. A. Schmitt (ed.), 235–264.

Stolze, Radegundis. 1982. *Grundlagen der Textübersetzung.* Heidelberg: Groos.

——. 1999. "Expertenwissen des juristischen Fachübersetzers." In *Übersetzen von Rechtstexten*, ed. P. Sandrini, 45–62.

——. 2003. *Hermeneutik und Translation.* Tübingen: Narr.

Stoppard, Tom. 1986. Preface to *Dalliance* and *Undiscovered Country*, adapted from Arthur Schnitzler. London: Faber.
Störig, Hans J. (ed.) 1963. *Das Problem des Übersetzens*, Stuttgart: Henry Goverts Verlag.
Strolz, Birgit. 1992. *Theorie und Praxis des Simultandolmetschens. Argumente für einen kontextuellen top-down Ansatz der Verarbeitung und Produktion von Sprache*. Vienna, unpubl. doctoral thesis.
———. 2000. "Translation versus Transkodieren beim Simultandolmetschen: Ergebnisse einer empirischen Untersuchung." In *Translationswissenschaft*, M. Kadrić et al (eds.), 271–290.
Sturge, Kathryn E. 1999. *'The Alien Within': Translation into German during the Nazi Regime*. London: unpubl. Ph.D. thesis.
Svejcer, A.D. 1989. "Literal Translation as a Product of Interference." In *Interferenz in der Translation*, H. Schmidt (ed.), 39–44.
Tan, Amy. 1996. "Mother Tongue." In *Asian American Literature: A Brief Introduction and Anthology*, S.Wong (ed.). New York: Harper Collins.
Tesnière, Lucien. 1969. *Eléments de syntaxe structurale*. Paris: Klincksieck.
Tgahrt, Reinhard (ed.). 1982. *Weltliteratur. Die Lust am Übersetzen im Jahrhundert Goethes*. München: Kösel.
Thieme, Karl, Hermann, Alfred and Glässer, Edgar. 1956. *Beiträge zur Geschichte des Dolmetschens*. München: Isar.
Tilly, Charles. 1997. "How Empires End." In *After Empire. Multiethnic Societies and Nation-Building. The Soviet Union and the Russian, Ottoman and Habsburg Empires*, K. Barkey and M. von Hagen (eds.), 1–11. Oxford: Westview.
Tirkkonen-Condit, Sonja. 1989. "Professional vs. Non-Professional Translation: A Think-Aloud Protocol Study." In *The Translation Process*, C. Séguinot (ed.), 73–85.
Toury, Gideon. 1977. *Translational Norms and Literary Translation into Hebrew, 1930–1945*. Tel Aviv: Porter Institute.
———. 1978. "The Nature and Role of Norms in Literary Translation." In *Literature and Translation*, J. S. Holmes et al. (eds.), 83–100.
———. 1980. *In Search of a Theory of Translation*. Tel Aviv: Porter Institute.
———. 1985. "A Rationale for Descriptive Translation Studies." In *The Manipulation of Literature*, T. Hermans (ed.), 16–41.
———. 1995. *Descriptive Translation Studies and Beyond*. (Benjamins Translation Library 4). Amsterdam/Philadelphia: John Benjamins.
———. 1999. "Some of Us are Finally Talking to Each Other. Would it Mark the Beginning of a True Dialogue? Comments on Responses." In *Translation and Norms*, C. Schäffner (ed.), 129–132.
———. 2001. "Probabilistic Explanations in Translation Studies: Universals – Or a Challenge to the Very Concept?" Paper given at the Third EST Congress, Translation Studies: Claims, Changes and Challenges August 30 – September 1, 2001, Copenhagen.
Tristan, Flora. 1983. *Meine Reise nach Peru. Fahrten einer Paria*. Transl. Friedrich Wolfzettel. Frankfurt: Insel.
Trömel-Plötz, Senta. 1984. *Gewalt durch Sprache. Die Vergewaltigung von Frauen in Gesprächen*. Frankfurt: Fischer.
Trosborg, Anna (ed.). 1997. *Text Typology and Translation*. (Benjamins Translation Library 26). Amsterdam/Philadelphia: John Benjamins.
Tymoczko, Maria. 1999. *Translation in a Postcolonial Context*. Manchester: St. Jerome.

Tytler, Alexander Fraser, Lord Woodhouselee. 1978. *Essay on the Principles of Translation*, ed. J.F. Huntsman. Amsterdam/Philadelphia: John Benjamins.

Van den Broeck, Raymond, 1988. Introduction to J. Holmes, *Translated!* 1988, 1-5.

Van Leuven-Zwart, Kitty. 1989, 1990. "Translation and Original. Similarities and Dissimilarities." *Target* 1(2): 151-181 and 2(1): 69-95.

Van Leuven-Zwart, Kitty and Naaijkens, Tom (eds.). 1991. *Translation Studies: The State of the Art. Proceedings of the First James S Holmes Symposium on Translation Studies.* Amsterdam: Rodopi.

Vandaele, Jereon (ed.). 2002. *Translating Humour.* Special Issue of *The Translator. Studies in Intercultural Communication* 8(2).

Vannerem, Mia and Snell-Hornby, Mary. 1986. "Die Szene hinter dem Text. 'Scenes-and-frames semantics' in der Übersetzung." In *Übersetzungswissenschaft – Eine Neuorientierung*, M. Snell-Hornby (ed.) 184-205.

Venuti, Lawrence. 1986. "The Translator's Invisibility." *Criticism* 28: 179-212.

——. 1991. "Genealogies of Translation Theory: Schleiermacher." *TTR* 4 (2): 125-150.

——, (ed.). 1992. *Rethinking Translation. Discourse, Subjectivity, Ideology.* London: Routledge.

——. 1994. "Translation and the Formation of Cultural Identities." *Current Issues in Language and Society* 1(3): 201-217.

——. 1995. *The Translator's Invisibility. A history of translation.* (Translation Studies 5). London/New York: Routledge.

——. 1995a. "Translating Thomas Mann." *The Times Literary Supplement*, 24.11.1995:17.

——. 1998. *The Scandals of Translation. Towards an ethics of difference.*London/New York: Routledge.

——. (ed.) . 2000. *The Translation Studies Reader.* London/New York: Routledge.

Vermeer, Hans J. 1978. "Ein Rahmen für eine allgemeine Translationstheorie." *Lebende Sprachen* 23: 99-102.

——. 1983. *Aufsätze zur Translationstheorie.* Heidelberg: mimeo.

——. 1984. "Textkohärenz in Übersetzungstheorie und –didaktik." In *Die Theorie des Übersetzens und ihr Aufschlusswert für die Übersetzungs- und Dolmetschdidaktik*, W.Wilss and G. Thome (eds.), 46-51.

——. 1986. "Übersetzen als kultureller Transfer." In *Übersetzungswissenschaft – Eine Neuorientierung*, M. Snell-Hornby (ed.), 30-53.

——. 1989. "Scopos and Commission in Translational Action." In *Readings in Translation Theory.* A. Chesterman (ed.), 99-104. Helsinki: Oy Finn Lectura Ab.

——. (ed.). 1989a. *Kulturspezifik des translatorischen Handelns.* Heidelberg: mimeo.

——. 1992. *Skizzen zu einer Geschichte der Translation.* Frankfurt: Verlag für Interkulturelle Kommunikation.

——. 1994. "Translation today. Old and new problems." In *Translation Studies. An Interdiscipline.* M. Snell-Hornby et al. (eds.), 3-16.

——. 1994a. "Hermeneutik und Übersetzung(swissenschaft)." *TextConText* 9 (3): 163-182.

——. 1995. *A skopos theory of translation. (Some arguments for and against.)* Heidelberg: mimeo.

——. 1996. *Das Übersetzen im Mittelalter (13. und 14. Jahrhundert).* Vol. 1. *Das arabisch-lateinische Mittelalter.* Heidelberg: TextConText.

——. 1996a. *Das Übersetzen im Mittelalter. (13. und 14. Jahrhundert).* Vol. 2. *Deutsch als Zielsprache.* Heidelberg: TextConText.

———. 1996b. *Das Übersetzen im Mittelalter (13. und 14. Jahrhundert)*. Vol. 3. *Literaturverzeichnis und Register.* Heidelberg: TextConText.
———. 1997. "Translation and the 'Meme.'" *Target* 9 (1): 155–166.
———. 1997a. Preface to *Übersetzungswissenschaft in Brasilien*, M. Wolf (ed.), 9–11.
———. 1998. "Starting to Unask What Translatology Is About." *Target* 10 (1): 41–68.
———. 2000. *Das Übersetzen in Renaissance und Humanismus (15. und 16. Jahrhundert)*. Vol. 1. *Westeuropa*. Heidelberg: TextConText.
———. 2000a. *Das Übersetzen in Renaissance und Humanismus (15. und 16. Jahrhundert)*. Vol. 2. *Der deutschsprachige Raum. Literatur und Indices.* Heidelberg: TextConText.
———. 2003. "Die sieben Grade einer Translationstheorie." *Studia Germanica Posnaniensia* 19: 19–38.
Vermeer, Hans J. and Heidrun Witte. 1990. *Mögen Sie Zistrosen? Scenes und frames und channels im translatorischen Handeln*. Heidelberg: Groos.
Viaggio, Sergio. 1997. "Kinesics and the simultaneous interpreter: The advantages of listening with one's eyes and speaking with one's body." In *Nonverbal Communication and Translation*, F. Poyatos (ed.), 283–292.
Vieira, Else Ribeiro Pires. 1994. "A postmodern translational aesthetics in Brazil." In *Translation Studies. An Interdiscipline*, M. Snell-Hornby et al. (eds), 65–72.
Villareal, Corazon. 1994. *Translating the Sugilanon: Re-framing the Sign*. Quezon City: Univ. of the Philippines Press.
Vinay, Jean-Paul and Jean Darbelnet. 1958. *Stylistique comparée du Français et de l'Anglais. Méthode de traduction*. Paris: Didier.
———. 1995. *Comparative Stylistics of French and English: A Methodology for Translation*, transl. J. Sager. (Benjamins Translation Library 11) Amsterdam/Philadelphia: John Benjamins.
Violante-Cassetta, Patricia. 1996. "Jack in the Year 2000." In *Problemi e Tendenze nella Didattica dell'Interpretazione e della Traduzione*, Y. Gambier and M. Snell-Hornby (eds.), 199–213.
Vogt, Elisabeth. 2002. *Robert McNamaras* In Retrospect. The Tragedy and Lessons of Vietnam *in der deutschen Übersetzung* Vietnam. Das Trauma einer Weltmacht. *Eine Übersetzungskritik nach dem Modell von Margret Ammann*. Vienna: unpubl. master's thesis.
Walter, Ulrike. 2001. "Die Auswirkungen der Erwerbsmöglichkeit auf Leben und Werk von Übersetzerinnen: Louise Gottsched und Sophie Mereau im Vergleich." In *Übersetzung aus aller Frauen Länder*, S. Messner and M. Wolf (eds.), 63–76.
Weale, Edna. 1997. "From Babel to Brussels: Conference interpreting and the art of the impossible." In *Nonverbal Communication and Translation*, F. Poyatos (ed.), 295–312.
Weaver, Warren. 1955. "Translation, a memorandum, 15.07.1949." In *Machine Translation of Languages*, W.N. Locke and A.D. Booth (eds.), 15–23.New York.
Weinreich, Uriel. 1966. "Explorations in semantic theory." In *Current Trends in Linguistics* 3, T. A. Sebeok (ed.), 395–477.
Wertheimer, Max. 1912/1959. *Productive Thinking*. Chicago: Chicago Univ. Press.
Widdowson, Henry. 1994. "The ownership of English." *The TESOL Quarterly* 28: 377–389.
Wildblood, Alan. 2002. "Subtitle is not a Translation. A day in the life of a subtitler." *Language International* 14/2: 40–43.
Wilss, Wolfram. 1977. *Übersetzungswissenschaft. Probleme und Methoden*. Stuttgart: Klett.
———. 1988. *Kognition und Übersetzen. Zur Theorie und Praxis der menschlichen und maschinellen Übersetzung*. Tübingen: Niemeyer.

———. 1989. "Interferenzerscheinungen beim Übersetzen. Fremdsprache - Grundsprache / Vorschläge zu einer prozeduralen Analyse." In *Interferenz in der Translation,* H. Schmidt (ed.), 7–18.

———. 1996. *Übersetzungsunterricht. Begriffliche Grundlagen und methodische Orientierungen.* Tübingen: Narr.

———. 2000. "Interdisziplinarität: ein neues übersetzungswissenschaftliches Paradigma?" In *Paradigmenwechsel in der Translation,* P.A. Schmitt (ed.), 265–278.

———. 2004. "Verschlungene Wege zum Ziel. Der unorthodoxe Werdegang eines Universitätsprofessors." In *Übersetzungswissenschaft Dolmetschwissenschaft,* W.Pöckl (ed.), 393–398.

Wilss, Wolfram and Gisela Thome (eds.). 1984. *Die Theorie des Übersetzens und ihr Aufschlusswert für die Übersetzungs- und Dolmetschdidaktik. Akten des Internationalen Kolloquiums der Association Internationale de Linguistique Appliquée (AILA), Saarbrücken, 25.-30. Juli 1983.* Tübingen: Narr.

Wing-Kwong Leung, Matthew. Forthcoming. "The Ideological Turn in Translation Studies." In *Translation Studies,* J. F. Duarte et al. (eds.)

Witte, Heidrun. 1987. "Die Kulturkompetenz des Translators - Theoretisch-abstrakter Begriff oder realisierbares Konzept?" *TextConText* 2 (2/3): 109–136.

Wittgenstein, Ludwig. 1953. *Philosophical Investigations.* Oxford: Blackwell.

Wolf, Michaela (ed.), 1997. *Übersetzungswissenschaft in Brasilien. Beiträge zum Status von "Original" und Übersetzung.* (Studien zur Translation 3).Tübingen: Stauffenburg.

———. 1999. "Zum 'sozialen Sinn' in der Translation. Translationssoziologische Implikationen von Pierre Bourdieus Kultursoziologie." *Arcadia. Zeitschrift für Allgemeine und Vergleichende Literaturwissenschaft* 34(2): 262–275.

———. 2000. "'Du weißt, dass ich Slawe, Deutscher, Italiener bin'. Hybridität in Original und Übersetzung am Beispiel Scipio Slatapers *Il Mio Carso.*" In *Translationswissenschaft,* M. Kadrić et al. (eds.), 115–131.

———. 2005. *Die vielsprachige Seele Kakaniens. Translation als soziale und kulturelle Praxis in der Habsburgermonarchie 1848 bis 1918.* Graz: unpubl. postdoctoral thesis..

Wotjak, Gerd. 2000."War das die Leipziger Übersetzungswissenschaftliche Schule?" In *Paradigmenwechsel in der Translation.* P.A. Schmitt (ed.), 279–304.

Yau, Shun-chiu. 1997. "The identification of gestural images in Chinese literary expressions." In *Nonverbal Communication and Translation,* F. Poyatos (ed.), 68–82.

Zajic, Susanne. 1994. *Atembarkeit, Spielbarkeit, Sprechbarkeit. Zur Problematik der Bühnenübersetzung.* Vienna: unpubl. master's thesis.

찾아보기

주제

[ㄹ]

[ㅁ]

[ㅂ]

[ㅅ]

인명

번역학 발전사

펴낸날 | 1판 1쇄 2010년 9월 6일
지은이 | 베리 슈넬 · 혼비
옮긴이 | 허지운 · 신혜인 · 허정 · 신오영
감 수 | 김혜림
펴낸이 | 최민숙
펴낸곳 | 이화여자대학교출판부
주소 | 서울특별시 서대문구 대현동 11-1(우 120-750)
등록 | 1954년 7월 6일 제9-61호
전화 | 02) 3277-2965, 362-2966(편집)
02) 3277-3164, 362-6076(영업)
팩스 | 02) 312-4312
전자우편 | press@ewha.ac.kr
인터넷서점 | www.ewhapress.com
찍은곳 | 백산인쇄

ISBN 978-89-7300-892-6 93700
값 18,000원